光明社科文库
GUANGMING DAILY PRESS:
A SOCIAL SCIENCE SERIES

·文学与艺术书系·

夏目漱石汉诗文译注·年谱

张士立 | 著

光明日报出版社

图书在版编目（CIP）数据

夏目漱石汉诗文译注·年谱 / 张士立著. --北京：光明日报出版社，2021.10
 ISBN 978-7-5194-6373-1

Ⅰ.①夏… Ⅱ.①张… Ⅲ.①汉诗—古典诗歌—诗集—日本②汉语—古典散文—散文集—日本③夏目漱石（1867-1916）—年谱 Ⅳ.①I313.14②K833.135.6

中国版本图书馆 CIP 数据核字（2021）第 229128 号

夏目漱石汉诗文译注·年谱
XIAMUSHUSHI HANSHIWEN YIZHU·NIANPU

著　　者：张士立

责任编辑：黄　莺　　　　　　　　　责任校对：刘文文
封面设计：中联华文　　　　　　　　责任印制：曹　净

出版发行：光明日报出版社
地　　址：北京市西城区永安路 106 号，100050
电　　话：010-63169890（咨询），010-63131930（邮购）
传　　真：010-63131930
网　　址：http://book.gmw.cn
E - mail：gmrbcbs@gmw.cn
法律顾问：北京市兰台律师事务所龚柳方律师

印　　刷：三河市华东印刷有限公司
装　　订：三河市华东印刷有限公司
本书如有破损、缺页、装订错误，请与本社联系调换，电话：010-63131930

开　　本：170mm×240mm
字　　数：260 千字　　　　　　　　印　张：17.5
版　　次：2022 年 3 月第 1 版　　　　印　次：2022 年 3 月第 1 次印刷
书　　号：ISBN 978-7-5194-6373-1
定　　价：95.00 元

版权所有　　翻印必究

序

　　这部《译注·年谱》书稿是张士立博士论文《夏目漱石汉诗文研究》的姊妹篇。夏目漱石是日本近代首屈一指的"国民大作家",本书稿作者多年前在课题调查中发现,我国学界对夏目漱石了解不多,研究薄弱,显著表征是基本文献少有译介,高校等图书馆中夏目漱石全集的日文版也很难读到,而后于夏目漱石的芥川龙之介等多有全集规模的中译本。张士立博士当初是通过在日本的校友而购得《漱石全集》(29卷)原版。研读过程中又发现,夏目漱石不仅创作了大量和文小说、随笔、俳句等,而且也留下了数量可观的汉诗文作品。这些汉诗文作品的价值如何?日本研究界的评价如何?其与夏目漱石小说创作有怎样的关系?其与中国古典诗文又有怎样的关系?数年后作者在博士论文中回答了这些问题。回答这些问题的前提是对夏目漱石汉诗文作贴近日文原典的考察,本书稿是由此研讨的结晶。此前我国曾有《夏目漱石汉诗文集》(殷旭民,华东师范大学出版社2009年)一书刊印,本书稿则不仅在整体篇目上多有补充和校订,而且是国内首部研究性译注本。本书稿的特色首先是借鉴吸收融汇了日本学者的相关研究。作者发挥了精通日文而在中文专业深造的长处,曾专门赴日本研修访学,搜集了几乎所有日文版的夏目漱石汉诗文注释研究本。书稿所附夏目漱石"汉诗年谱"与"汉诗文典故概览"等,也是综合考量日本学者研究成果后作成。日本长崎大学连清吉教授对张士立博士的研修访学给予鼎力帮助和热忱指导,在此衷心感谢。

　　本书稿关涉的博士论文《夏目漱石汉诗文研究》得到长期从事日本汉

1

诗文研究的前辈学者王晓平教授的奖饰："夏目漱石以小说家著称，其汉诗文在明治汉文学中占有重要地位。作者将整体考察与精细解读结合起来，探讨了夏目漱石汉诗的成就、特色及其与中国古典文学的关系。从典故、意象等方面论述了夏目漱石汉诗接受的陶渊明、杜甫、李商隐、高青丘诗歌影响，对夏目漱石诗歌精神与小说创作的关系，在对比中提出了有益的见解。作者阅读了大量中日学者研究成果，力图再现夏目漱石汉诗创作的语境，所附夏目漱石汉诗文典故概览与创作年表，证明了作者在文献研究方面也具有一定实力。""作者在打通中日诗歌的工作中，做了相当努力，如翻译、训读以及对相关问题的译介等。"（摘自王晓平先生评阅书）

本书稿关涉的博士论文还得到复旦大学中文系古典文学导师陈引驰教授的肯定："论文掌握了丰富的文献材料，基于最为完整齐备的夏目漱石汉诗文文本，充分利用既往学者的整理、注疏，细致比对，悉数列举夏目漱石汉诗文中所包含的中国古典的蛛丝马迹，力图指实两者之间的确定关联。不唯如是，以上述工作为基础，进一步提升，申论了汉诗文对于夏目漱石文学精神的重大意义，指出夏目漱石所最为倾心的中国古代诗人及其在他不同生命阶段中的消长变化，对夏目漱石汉诗的精神与他在文学史上最重要的小说创作的关系也有认真的探讨，凡此皆有诸多新的观察和见解，显示了相当好的研究能力和研究水平。"（摘自陈引驰先生评阅书）

张士立博士是我历届学生中唯一从日文系转入中文专业的研究者。很多年前我读博时承导师王元化先生引荐而赴日本师从汉学家冈村繁教授学习，其后又有机会在日本客座任教数年。缘此而日益感触吾国汉文学与日本文学的悠久密切之关系，也缘此而时有惋惜兼通两厢汉诗文之人才难觅。而今张士立博士这部夏目漱石汉诗文研究书稿可望出版，为之欣慰的不啻是个人吧！

陆晓光

2021 年 4 月 28 日

前　言

　　夏目漱石在日本被誉为"和汉洋"三才兼备的"国民大作家"，漱石研究在日本是一门"显学"。有关研究不仅限于文学，也及于美学、文化、思想甚至医学等领域。作为"显学"的漱石文学研究，自夏目漱石逝世（1916年12月9日）以来100余年内，研究专著和论文等颇丰。而中国对夏目漱石的研究，多集中在文学、思想文化、语言学、翻译等方面。国内对夏目漱石的普遍认知，还多停留在其作为"小说家"的存在。日本研究者对夏目漱石汉诗文给予极高评价，如松冈让认为"足以传于后世的优秀作品，就数量而言，明治以来的日本汉诗人中无出其右者"①。江藤淳认为"夏目漱石是日本汉诗的优秀继承者、装点了从《怀风藻》为起点的日本汉诗的终焉，是位不可思议的，才华横溢的诗人"②。而国内就夏目漱石汉诗文展开的专题研究较为鲜见。究其原因有三：

　　第一，众所周知，日本汉诗深受中国古典诗歌的影响，已是中国文学在东亚汉字文化圈的一条支流。普遍认为日本汉诗多属于学舌之作，没有创意，所以有轻视的态度。甚至也有日本学者如此认为，例如堀口九万一（1865—1945）曾说："日本人历来所写的汉诗中，大多数都不是真正的创作。是中国汉诗的模仿、学舌、翻版……不啻字句的踏袭，甚至其意味、意匠也不过是反复陈述中国人一两千年前的陈词。即所谓的热剩饭、现学

---

　① ［日］松冈让. 漱石的汉诗［M］. 东京：朝日新闻社，1966：前言.
　② ［日］江藤淳. 朝日小事典 夏目漱石［M］. 东京：朝日新闻社，1977：43.

现卖。"①

第二，现代以来虽然翻译和研究成果越来越多，但与夏目漱石的文学地位仍不相称，尚缺乏全面的关注，最显著的表现就是至今尚无《漱石全集》的全译本，翻译多集中在几部经典小说方面，其他如小品文、评论文章等多数未翻译，这也限制了国内对夏目漱石的了解和研究。夏目漱石汉诗文的传入也不过是2009年殷旭民编辑了一本《夏目漱石汉诗文集》（华东师范大学出版社），既无注释也无论述。

第三，对夏目漱石仍停留在小说家、思想家的认识上，鲜有以"汉学家"定位夏目漱石的观点。在中日两国研究者编写的"日本汉学史"或"日本汉文学史"等著作中很少提及夏目漱石，即便有，也鲜有将夏目漱石定位为"汉文学家"的。如在三浦叶的《日本汉文学史》一书中也只是称夏目漱石为"明治文士"；加藤周一在《日本文学史序说》一书中称"夏目漱石是诗人"②，也很大程度上取决于夏目漱石的俳句创作。一海知义曾说："有关作家漱石，我并非热心的读者，略懂的是汉诗人漱石"③，这是比较明确称呼其为"汉诗人"的说法。国内有关日本汉学的研究，近来颇有硕果，如李庆《日本汉学史》第一部《起源和确立（1868—1918）》时间上与夏目漱石的生卒年月（1867—1916）基本吻合，却未提及夏目漱石；高文汉《日本近代汉文学》一书中，将夏目漱石及其汉诗归为"和文文学家与汉诗"，并写道："夏目漱石的主要文学成就不是汉诗，而是和文小说，但是其诗风超凡脱俗、淡雅飘逸，犹如老僧说禅，似哲人谈天，字里行间都洋溢着崇高的人格魅力，其赋诗才能只是被极负盛名的和文小说掩盖了而已。"④ 明确将夏目漱石称为"汉文学家"的是陈福康先生："他一生钟爱汉文学，直到晚年还写汉诗。今存他的汉诗共有200余首，完全

---

① ［日］平川祐弘. 作家的世界 夏目漱石［M］. 东京：番町书房，1977：140.
② ［日］加藤周一. 日本文学史序说［M］. 叶渭渠，唐月梅，译. 北京：外语教学研究出版社，2011：324.
③ ［日］一海知义. 漱石与河上肇［M］. 东京：藤原书店，1996：3.
④ 高文汉. 日本近代汉文学［M］. 银川：宁夏人民出版社，2005：136.

可称他为汉文学家。"① 这是我国首次将夏目漱石明确称作"汉文学家"。

笔者博士论文以"夏目漱石汉诗文研究"为题，曾赴日本大学访问并做专题文献调查。在考察基本文献资料时发现，中国古典文学的印记在夏目漱石作品中随处可见，仅就其中直接引用的汉诗文典故而言，数量就极为可观，其出处则包括自先秦迄明清的历代中国古典文学作品。他早年自述"幼时喜读汉籍"，"咏唐宋数千言，喜作为文章"，生平创作汉诗200余首外，还撰有《居移气说》《观菊花偶记》及效法《世说新语》的文艺散论《木屑录》等汉文，晚年留下"则天去私"的著名遗言，后者形式上汉文学印记鲜明，而实为漱石作为日本现代文学家的"自铸伟辞"（《文心雕龙·辨骚》语）。可以并不夸张地说，汉诗文典故构成了漱石文学的某种底色。

夏目漱石汉诗文有如下几点较为鲜明的特征：

第一，"无用之用"与"盛满风流之器"。1908年夏目漱石辞去东京帝国大学教师身份，加入朝日新闻社，专门从事小说创作，并按合同完成相应的工作量。换言之，从"职业"角度而言，小说创作是本职工作，是职责所在。如果说小说创作是"有用"的，汉诗则是"无用"的。然而，恰恰是这种"无用"的汉诗才使得夏目漱石内心世界得到净化和抚慰，这就是"无用之用"。夏目漱石汉诗创作相对于小说创作而言，纯属兴趣使然。而且，夏目漱石认为汉诗是"盛满风流之器"，这种东洋的风流趣味是西方文学所不具备的，也是夏目漱石汉诗创作的重要特质。

第二，夏目漱石汉诗与小说之间的互动互补关系。"国民大作家"夏目漱石以维新志士般的英勇进行小说创作②，用文学这一工具针砭时弊，对日本近代文明进行批判，展现了"猛志"的一面。同时，通过创作汉诗

---

① 陈福康. 日本汉文学史（下）[M]. 上海：上海外语教育出版社，2011：209.
② 夏目漱石未入职朝日新闻社前，就已有这样的意识，在给狩野亨吉的书简（1906年10月23日）中写道"我现在明白了世间就是一大战场。是奋勇杀敌，还是为敌人所降，想看下到底谁是赢家"，以及在给铃木三重吉的书简（1906年10月26日）中写道"我一面涉足俳句文学的同时，另一方面想以像或生或死、拼个你死我活般的维新志士的壮烈精神，从事文学"等。参阅夏目金之助. 漱石全集第二十二卷[M]. 东京：岩波书店，1997：595，606。

营造了"白云乡"世界，这是夏目漱石向往的理想家园，是可以为其"浴血奋战"后提供"了俗"和"疗伤"的短暂休憩之所。汉诗精神和小说创作之间有着密不可分的关系。

第三，夏目漱石汉诗文中，随处可见中国古典文学的印记。据本人调查梳理，发现夏目漱石在汉诗创作过程中，对中国古典诗句信手拈来，不愧是"幼时喜读汉籍"①，从第一部诗歌总集《诗经》至清朝中期诗人的汉诗，都有借用，何止"诵唐宋数千言"②！

第四，漱石汉诗与陶渊明关系最密切，最鲜明的表征是"归去来"意象频繁出现。夏目漱石一生经历了从"喜读汉籍"到留学英国、再由英文教授转为职业作家的两次"归去来"。他的大部分小说和汉诗都是在两次"归去来"后创作的。在这个意义上可以说，夏目漱石诗文中的"归去来"意象与他实际生涯中的"归去来"经历不仅密切相关，而且互文见义。

夏目漱石何以对汉诗及陶渊明诗文情有特钟？这个问题的关键点相当程度上在于其汉诗中何以频繁出现陶渊明式的"归去来"意象。夏目漱石是明治时期经历了东西文化交流冲突的最早的日本文学家，他在一则题为"东西的开化"笔记中，曾用英汉两种文字记下关于"伟大的人物"的遐思。如下：

great man（伟大的人物）

insight into human nature——Shakespeare，粹人，诗人，心理学者，哲学者

holy，virtuous，active negative——宗教家，隐君子

　　　　　　　　　　　　　　　↓　　↓
　　　　　　　　　　　　　　　西洋　东洋—渊明，寒山拾得③

他将莎士比亚作为西洋伟大人物的代表，而东洋代表则是陶渊明及寒山与拾得，陶渊明是古今隐逸诗人之宗，后两位诗人也是中国古代著名隐僧。陶渊明通过《归去来兮辞》及《归园田居》等作品，表达了辞官归田

---

① 夏目金之助. 漱石全集（第十四卷）[M]. 东京：岩波书店，1995：8.
② 夏目金之助. 漱石全集（第十八卷）[M]. 东京：岩波书店，1995：77.
③ 夏目金之助. 漱石全集（第二十一卷）[M]. 东京：岩波书店，1995：80.

后的喜悦，其诗文中的"归去来"无疑也是实际生涯的真实写照。

夏目漱石之所以转入报社，直接原因是"深受神经衰弱的折磨"。他在《入社辞》中写道："对方这样答道：只需在适宜的时候，适量地写些与文艺有关的工作即可。对我这种把文艺视作生命般重要的人来说，没有比这更难得的工作了，没有什么待遇比这更令人心情愉快了……生活中的疲于奔命让漱石我患上神经衰弱……夏目漱石我深受神经衰弱的折磨。"神经衰弱是困扰夏目漱石的顽疾，纵观夏目漱石文学创作历程的后期，每当症状严重时，都是汉文学的高产期，如晚年的汉诗、绘画创作等。

其深层原因则是仰慕"像陶渊明、寒山拾得那样的人"。1900年（明治32年），应聘《日本邮政》记者的第四年，夏目漱石在《杜鹃》上发表《英国文人与报纸杂志》一文："像陶渊明、寒山拾得那样的人即使有创作文章诗句的能力，也没有将自己的作品传于后世的想法，因此这也是很特殊的。"[1] 这是夏目漱石未成为职业作家前的文章，他在评价英国文人时，首先想到的是陶渊明、寒山拾得等中国隐逸文学的代表人物，这些诗人都具有"不为五斗米折腰"、不委曲求全的秉性。在夏目漱石所熟识的人中就有这样的"怪人"，"在骏河台开办医院的佐佐木博士，其养父就是无人不识的怪人，不委曲求全，非常了不起"[2]，还有大学时劝自己选择文学专业的米山保三郎等，夏目漱石认为世界上需要这样的"怪人"，可见夏目漱石的仰慕之情。

更深层的原因恐怕是夏目漱石寻求"隐世之处"。夏目漱石认为自己"不适合做教育家，没有作为教育家的资格"[3]，这并非他学识不够，而是当时的教育状况在近代化进程中发生翻天覆地的变化，"昔日学子，负笈游历四方，遇可为师者，便投身门下，故敬重师者甚于父兄，先生待弟子亦如己出。若非如此，则不可谓教育者。而今之书生，视学校如旅社，不过付钱暂住而已，生厌则移居他处。校长如旅社之老板，教师如伙计。作为老板的校长，须时刻讨好房客，伙计更是如此。故当下之情景即书生趾

---

[1] 夏目金之助. 漱石全集（第十三卷）[M]. 东京：岩波书店，1995：78.
[2] 夏目金之助. 漱石全集（第二十五卷）[M]. 东京：岩波书店，1996：280.
[3] 夏目金之助. 漱石全集（第十六卷）[M]. 东京：岩波书店，1995：4.

高气扬，教师甘拜下风"①。他甚至认为"报社同大学一样都是买卖，区别仅在于，前者是民间行为，后者是政府行为，仅此而已"②。夏目漱石为了生计，在多个学校兼课，疲于奔命，这是违背自己意愿的行为，即陶渊明所说的"心为形役""世与我而相违"。入职朝日新闻社让夏目漱石如获新生，所做的一切都比教书愉快，"心性怡然，将四年来的尘埃从肺底倾吐殆尽"。犹如陶渊明"归去来"后的"登东皋以舒啸，临清流而赋诗。聊乘化以归尽，乐夫天命复奚疑"。（《归去来兮辞》）由此可见，入职朝日新闻社相当程度上符合他对"隐世之处"的期望。总而言之，夏目漱石入职朝日新闻社有他所崇拜的诗人陶渊明的影响，这一行为可看作是夏目漱石生涯中的"归去来"。夏目漱石的大部分诗文作品都是在此从英文教授转为职业作家的"归去来"后创作的。

　　截至目前，我国尚无夏目漱石汉诗文的注释，因此本人结合所学和所整理的材料尝试注释，着重注释了有关中国古典文学的部分，以凸显夏目漱石汉诗文与中国古典文学的关系。若对中国的夏目漱石汉诗文研究乃至整体夏目漱石文学研究有丝毫帮助，则幸甚至哉。本人学识粗浅，谬误之处，欢迎批评指正。

---

① 夏目金之助. 漱石全集（第十六卷）[M]. 东京：岩波书店，1995：3.
② 夏目金之助. 漱石全集（第十六卷）[M]. 东京：岩波书店，1995：61.

目 录
CONTENTS

凡 例 1

一 汉 诗 3

  鸿台二首 3

  题画 4

  送奥田词兄归国 4

  离愁次友人韵 5

  即时 5

  即时二首 6

  《七草集评》九首 7

  《木屑录》中的十四首 10

  无题 抱剑听龙鸣 16

  山路观枫 16

  无题 江山容不俗怀尘 17

  无题 仙人堕俗界 18

  函山杂咏八首 19

  送友到元函根三首 25

  归途口号二首 27

  谢正冈子规见惠小照次其所赠诗韵却呈 28

  御返事咒文 29

1

大井川舟中	30
无题　闲却花红柳绿春	30
无题五首	31
无题　海南千里远	36
丙申五月。恕卿所居庭前生灵芝。恕卿因徵余诗。余辞以不文。恕卿不听。赋以为赠。恕卿者片领氏。余僚友也。五首	37
无题　掉头辞帝阙	40
春兴	41
失题　吾心若有苦	43
春日静坐	44
菜花黄	45
客中逢春寄子规	46
无题　眼识东西字	48
古别离	49
失题　仰瞻日月悬	51
无题　长风解缆古瀛洲	54
无题　生死因缘无了期	55
无题　君病风流谢俗纷	56
无题　一衾楼角雨	57
无题　来宿山中寺	57
无题　秋风鸣万木	57
无题　圆觉曾参棒喝禅	58
无题　风流人未死	58
无题　仰卧人如哑	59
无题　日似三春永	59
无题　梦绕星潢泫露幽	59
无题　淋漓绛血腹中文	60
无题　万事休时一息回	60
无题　天下自多事	61

无题　伤心秋已到	62
无题　秋露下南碙	62
无题　客梦回时一鸟鸣	63
无题　遗却新诗无处寻	63
无题　缥缈玄黄外	65
无题　桃花马上少年时	68
无题　马上青年老	68
春日偶成十首	69
无题　雨晴天一碧	73
无题　芳菲看渐饶	74
无题　高梧能宿露	75
无题　绿云高几尺	75
酬横山画伯惠画　独坐空斋里	76
酬横山画伯惠画　大观天地趣	76
明治百家短册帖序	77
妙云寺观瀑	77
题自画　山上有山路不通	78
题自画　独坐听啼鸟	78
无题　夜色幽扉外	79
题画竹	79
偶成	80
戏画竹加赞	80
题自画	81
题画	81
题自画	81
得健堂先生自寿诗及七寿杯次韵以祝	82
闲居偶成似临风词兄	82
游子吟书似圆月词兄	83
题自画　十里桃花発	84

题自画　碧落孤云尽 ……	84
题自画　一路萧条尽 ……	85
题画　隔水东西住 ……	85
题西川一草亭画 ……	86
题自画　机上蕉坚稿 ……	86
题结城素明画 ……	87
题自画　栽松人不到 ……	87
闲居偶成 ……	88
题自画　唐诗读罢倚阑干 ……	88
无题　幽居正解酒中忙 ……	89
无题　双鬟有丝无限情 ……	90
无题　五十年来处士分 ……	90
无题　无心礼佛见灵台 ……	91
无题　行到天涯易白头 ……	92
无题　老去归来卧故丘 ……	93
无题　两鬓衰来白几茎 ……	93
无题　寻仙未向碧山行 ……	94
无题　不作文章不论经 ……	95
无题　香烟一炷道心浓 ……	95
无题　寂寞光阴五十年 ……	96
题丙辰泼墨 ……	97
无题　何须漫说布衣尊 ……	98
无题　不爱帝城车马喧 ……	99
无题　经来世故漫为忧 ……	100
无题　诗思杳在野桥东 ……	100
无题　不入青山亦故乡 ……	101
无题　石门路远不容寻 ……	102
无题　满目江山梦里移 ……	102
无题　大地从来日月长 ……	103

无题	独往孤来俗不齐	……	103
无题	散来华发老魂惊	……	104
无题	人间谁道别离难	……	104
无题	绝好文章天地大	……	105
无题	虚明如道夜如霜	……	106
无题	曾见人间今见天	……	107
无题	绢黄妇幼鬼神惊	……	108
无题	东风送暖暖吹衣	……	109
无题	我将归处地无田	……	109
无题	挂剑微思不自知	……	110
无题	山居日日恰相同	……	111
无题	素秋摇落变山容	……	111
无题	思白云时心始降	……	112
无题	好焚香烬护清宵	……	113
无题	钉铛焚时大道安	……	113
无题	截断诗思君勿嫌	……	114
无题	作客谁知别路赊	……	115
无题	闻说人生活计艰	……	116
无题	苦吟又见二毛斑	……	116
无题	漫行棒喝喜从横	……	117
无题	拟将蝶梦诱吟魂	……	118
无题	孤卧独行无友朋	……	118
无题	大道谁言绝圣凡	……	119
无题	欲求萧散口须缄	……	119
无题	朝洗青研夕爱鹅	……	120
无题	闲窗睡觉影参差	……	120
无题	谁道蓬莱隔万涛	……	121
无题	不爱红尘不爱林	……	122
无题	逐蝶寻花忽失踪	……	122

无题	百年功过有吾知	123
无题	非耶非佛又非儒	124
无题	宵长日短惜年华	125
无题	休向画龙漫点睛	125
无题	诗人面目不嫌工	126
无题	忽怪空中躍百愁	126
无题	死死生生万境开	127
无题	途逢啐啄了机缘	128
无题	吾面难亲向镜亲	129
无题	人间翻手是青山	129
无题	古往今来我独新	130
无题	旧识谁言别路遥	130
无题	门前高柳接花郊	131
无题	半生意气抚刀镮	132
无题	吾失天时併失愚	133
无题三首		134
无题三首		135
无题	秋意萧条在画中	136
无题	君卧一圆中	136
无题	自笑壶中大梦人	137
无题	大愚难到志难成	138
无题	真踪寂寞杳难寻	139
未定稿一	眼识东西字	141
未定稿二	日长如赤子	141
未定稿三	山中多古意	141
未定稿四	风流因疾病	142
未定稿五	服药红尘外	142
未定稿六	获疾风尘外	143
未定稿七	不解丹青枝	143

  未定稿八　无心却是最神通 …………………………………… 143

二　汉　文 …………………………………………………… 145
  观菊花偶记 …………………………………………………… 145
  《七草集》评 ………………………………………………… 147
  居移气说 ……………………………………………………… 152
  东海道兴津纪行 ……………………………………………… 155
  木屑录 ………………………………………………………… 157
  题结城素明画 ………………………………………………… 178

三　夏目漱石年谱 …………………………………………… 179

主要参考文献 ………………………………………………… 255

凡 例

　　本书以岩波书店《漱石全集》（2002年版，全29卷）第十八卷《汉诗文》卷为底本。岩波书店是最早从事《漱石全集》编辑出版的，也是日本迄今为止出版和收集有关夏目漱石作品最权威、最全的出版社。据考察，目前出版夏目漱石汉诗文集的也唯有岩波书店。

　　注释版本主要参考了和田利男《漱石汉诗研究》（人文书院，1937年）、松冈让《漱石的汉诗》（朝日新闻社，1967年）、吉川幸次郎《漱石汉诗注》（岩波书店，1967年）、和田利男《漱石的汉诗和俳句》（めるくまーる社，1974年）、饭田利行《漱石诗集译》（国会刊行会，1976年）等资料。其中，以吉川幸次郎的《漱石汉诗注》为主。吉川幸次郎是日本京都中国学的第二代代表人物，在中国文学和日本文学研究方面，被称为泰斗级人物，著有《吉川幸次郎全集》（筑摩书店，27卷）。1967年岩波书店出版他的单行本《漱石汉诗注》之后，《漱石全集》之《汉诗文卷》均以该单行本为底本，从而也结束了夏目漱石《汉诗文卷》为"白文"的历史。当然，其他注释本对研究夏目漱石汉诗文而言也有重要参考价值。另外，夏目漱石年谱制作参考了《漱石全集》（岩波书店，1997年）第二十七卷，以及荒正人著《漱石文学全集别卷》（集英社，1975年）等。

　　本书将夏目漱石汉诗文均译为中文，且以简体字输入。由于中日汉字有所差异，日文个别字体与中文不一致，为求准确性，不将这些文字字体统一化。

　　笔者在参考日本学者注释版本的基础上，查阅相关中国古典诗词，进行了适当的增补。尽可能突显夏目漱石汉诗与中国古典诗歌的渊源，进而管窥夏目漱石文学创作深受中国文学影响之一斑。

　　夏目漱石汉诗中"无题"诗居多，为便于查阅，在制作目录时，"无题"以及"失题""题画""题自画"等诗后，附加该诗的首句。在文中，均标识了创作年份日期（日本年号），且在首次出现不同年号处标识与之对应的公元年号。如：明治二十八年（1895年）等。

一　汉　诗

鸿台二首

案：以下八首汉诗是夏目漱石少年时的诗友奥田必堂发表在明治三十九年（1906年）的小杂志《时运》上的，署名"文学士夏目漱石"，是夏目漱石二十岁之前的作品。因并非夏目漱石本人的投稿，具体日期暂未可知。

其一

鸿台冒晓访禅扉　孤磬沉沉断续微
一扣一推人不答　惊鸦撩乱掠门飞

注：七言绝句，上平声五微韵（扉、微、飞）。

一叩一推：源自"推敲"的典故。唐朝诗人贾岛在创作《题李凝幽居》这首诗时，对其中的"僧敲（推）月下门"，初拟用"推"字，又思改为"敲"字，在驴背上引手做推敲之势，不觉一头撞到京兆尹韩愈的仪仗队，随即被人押至韩愈面前。贾岛便将作诗得句下字未定的事情说了，韩愈不但没有责备他，反而思之良久，对贾岛说："作'敲'字佳矣。"两人从此成了朋友。

其二

　　高刹耸天无一物　伽蓝半破长松郁
　　当年遗迹有谁探　蛛网何心床古佛

注：七言绝句，入声五物韵（物、郁、佛）。
无一物：即"什么都没有"，源自禅宗所说的"无一物"。

题画

　　何人镇日掩柴扃　也是乾坤一草亭
　　村静牧童翻野笛　簷虚斗雀蹴金铃
　　溪南秀竹云垂地　林后老槐风满庭
　　春去夏来无好兴　梦魂回处气泠泠

注：七言律诗，下平声九青韵（扃、亭、铃、庭、泠）。
①镇日：即"一天当中"。见宋朝朱熹《邵武道中》中："镇日长空饥"。
②乾坤一草亭：借用唐朝诗人杜甫《暮春题瀼西新赁草屋五首》（其三）中的："身世双蓬鬓，乾坤一草亭。"
③簷：同檐。
④斗雀：见唐朝诗人元稹《芳树》中的："游蜂竞攒刺，斗雀亦纷拏。"

送奥田词兄归国

　　汽笛声长十里烟　烟残人逝暗凄然
　　一朝缔好虽新识　廿日謦欢是宿缘

小别无端温绿酒　　芜诗何事上红笺
　　又怜今夜刀川客　　梦冷篷窗听雨眠

注：七言律诗，下平声一先韵（烟、然、缘、笺、眠）。
奥田：即奥田必堂，是夏目漱石同时代的好友。

离愁次友人韵

　　离愁别恨梦寥寥　　杨柳如烟翠堆遥
　　几岁春江分袂后　　依稀纤月照红桥

注：七言律诗，下平声二萧韵（寥、遥、桥）。
杨柳：实指柳树，与杨树无关。在中国古代，对即将踏上旅途的人，多赠以柳枝，以表达依依惜别之情。中国古典诗歌中有关"杨柳"的名句不胜枚举，最早在《诗经》中就有记载，如《小雅·采薇》篇中便有这样的名句"昔我往矣，杨柳依依。今我来思，雨雪霏霏"，以及唐朝诗人白居易《忆江南》中"曾栽杨柳江南岸，一别江南两度春。遥忆青青江岸上，不知攀折是何人"等。

即时

　　杨柳桥头人往还　　绿蓑隐见暮烟间
　　疏钟未破满江雨　　一带斜阳照远山

注：七言绝句，上平声十五删韵（还、间、山）。
绿蓑：见唐朝诗人韦庄《桐庐县作》中的"绿蓑人钓季鹰鱼"。

即时二首

其一
雨晴云亦散　夕照落渔湾
谁道秋江浅　影长万丈山

注：五言绝句，上平声十五删韵（湾、山）。

其二
满岸蘋花白　青山影欲流
渔翁生计好　画里棹轻舟

注：五言绝句，下平声十一尤韵（流、舟）。
①影欲流：形容倒映在流水中的山影。见南朝梁刘孝绰《月半夜泊鹊尾》中："月光随浪动，山影逐波流"。
②渔翁：即在大自然中自由自在生活的渔夫。这一形象是中国文人自古以来的理想之一，常出现在诗歌、绘画题材作品中。如唐柳宗元《渔翁》诗："渔翁夜傍西岩宿，晓汲清湘燃楚竹。烟销日出不见人，欸乃一声山水绿。回看天际下中流，岩上无心云相逐"。

整体而言，该诗与柳宗元的《酬曹侍御过象县见寄》"破额山前碧玉流，骚人遥驻木兰舟。春风无限潇湘意，欲采蘋花不自由"的意境相似。

按：以上八首均是夏目漱石二十岁之前的诗作，模仿古人的痕迹较为明显。这也是夏目漱石此阶段汉诗创作的典型特征。

《七草集评》九首

明治二一二年丑月（1889年12月）

其一

青袍几阅帝京秋　酒点泪痕忆旧游
故国烟花空一梦　不耐他乡写闲愁

注：七言绝句，下平声十一尤韵（秋、游、愁）。

①青袍：见白居易《约心》（《白乐天诗集》第七卷）一诗首联："黑鬓丝雪侵，青袍尘土浣"，苏东坡《次前韵送程六表弟》（《苏东坡诗集》第三十卷）一诗中："青衫莫厌百僚底，白首上有千薪积"。另见下文第五十五首。

②烟花：见唐朝诗人李白《黄鹤楼送孟浩然之广陵》中的"烟花三月下扬州"一句。

③他乡：是上句"故国"的对应语。

④写：即"书写"，表现为诗歌的形式。《诗经·邶风·泉水》中有"写忧"一词，《十三经注疏毛诗正义》中注释为"写，除也"。此处或许是"除去"之意。第三十首《别后忆京中诸友》同。

其二

几年零落亦风流　好赁江头香月楼
麦绿菜黄吟欲尽　又逢红蓼白苹秋

注：七言绝句，下平声十一尤韵（流、楼、秋）。

①好：字同唐朝诗人杜甫《闻官军收河南河北》"青春作伴好还乡"一句中的"好"的用法，后面的第四十二、五十一、一百六十七首中的用法相同。

②红蓼白苹：秋天的景物。在夏目漱石《文学论》（张我军译）中有

如下论述："假使从诗除掉色的观念，诗的大半也许不得不自减，而其诗也许将索然无味吧。像中国的诗，可以说在这方面大放异彩。红灯绿酒、白苹红蓼、麦绿菜黄、白云青山等语，始终被用入诗中，添了不可名状的妙味。"

其三

江东避俗养天真　一代风流饯逝春
谁知今日惜花客　却是当年剑舞人

注：七言绝句，上平声十一真韵（真、春、人）。
剑舞人：此处指正冈子规。正冈子规在松山中学时代受自由民权运动的影响，立志到东京成为政治家。

其四

艳骨化成塚上苔　于今江上杜鹃哀
怜君多病多情处　偏吊梅儿薄命来

注：七言绝句，上平声十灰韵（苔、哀、来）。
梅儿：指日本传统能乐中的经典故事《梅若传说》中的主人公梅若丸。

其五

长堤尽处又长堤　樱柳枝连樱柳枝
此里风光君独有　六旬闲适百篇诗

注：七言绝句，上平声四支韵（枝、诗）。
①闲适：白居易将诗划分为三类，其中称政治批判的诗为"讽喻诗"，称哀伤抒情的诗为"感伤诗"，歌颂闲散的日常生活的诗为"闲适诗"。与第一百五十二首中的"闭户空为闲适诗"同。
②百篇诗：见杜甫《饮中八仙歌》中"李白一斗诗百篇"。

其六

浴罢微吟敲枕函　江楼日落月光含
想君此际苦无事　漫数篝灯一二三

注：七言绝句，下平声十三覃韵（函、含、三）。

①枕函：即箱枕。详见五代时期王仁裕所撰《开元天宝遗事》"每至秋时，宫中妃妾辈皆以小金笼捉蟋蟀，闭于笼中，置于枕函畔，夜听其声"。另见，唐朝诗人韩偓《闻雨》中"罗帐四垂红烛背，玉钗敲著枕函声"。

②一二三：这是模仿中国古诗的用法，如唐朝诗人卢仝《村醉》中有"昨夜村饮归，健倒三四五"。

其七

洗尽尘怀忘我物　只看窗外古松郁
乾坤深夜阒无声　默坐空房如古佛

注：七言绝句，下平声二萧韵（物、郁、佛）。
①忘我物：即无我之境。
②阒：形容寂静。

其八

京客多情都鸟谣　美人有泪满叉潮
香髅艳骨两黄壤　片月长高双枕桥

注：七言绝句，下平声二萧韵（谣、潮、桥）。
香髅艳骨：据吉川幸次郎注，此处的"香髅"指梅若丸，"艳骨"指第二句的"美人"，即在《七草集》之"瞿麦卷"中出现的高雄大夫。

其九

长命寺中鬻饼家　当垆少女美如花
芳姿一段可怜处　别后思君红泪加

注：七言绝句，下平声六麻韵（家、花、加）。

当垆：一般做酒店讲。《汉书·司马相如传》中"相如与俱之临邛尽卖车骑，买酒舍，乃令文君当垆"记载有"当垆"一词。

《木屑录》中的十四首

明治二十二年（1889年）九月

其一

风稳波平七月天　韶光入夏自悠然
出云帆影白千点　总在水天仿佛边

注：七言绝句，下平声一先韵（天、然、边）。
出云帆影白千点　总在水天仿佛边：见李白《黄鹤楼送孟浩然之广陵》诗，同样见下文的第十九、三十五、三十七首。

其二

西方决眥望茫茫　几丈巨涛拍乱塘
水尽孤帆天际去　长风吹满太平洋

注：七言绝句，下平声七阳韵（茫、塘、洋）。
①决眥：即睁裂眼角，形容张目极视的样子。见杜甫《望岳》中"决眦入归鸟"一句中的"决眦"。
②孤帆：见李白《黄鹤楼送孟浩然之广陵》中"孤帆远影碧空尽，唯见长江天际流"。同样见下文的第三十五、三十七首。

其三

二十余年住帝京　倪黄遗墨暗伤情
如今闲却壁间画　百里丹青入眼明

注：七言绝句：下平声八庚韵（京、情、明）。

倪黄：指中国元代的山水画家倪瓒和黄公望。二人与吴镇、王蒙四人被称为"元末四大家"。

其四

南出家山百里程　海涯月黑暗愁生
涛声一夜欺乡梦　漫作故园松籁声

注：七言绝句，下平声八庚韵（程、生、声）。

月黑：每月阴历十五月圆之后的月夜，称之为"黑月"，前十五日的月夜称之为"白月"。如唐代诗人卢纶《塞下曲》中"月黑雁飞高，单于夜遁逃"、宋朝诗人苏轼《留别蹇道士拱辰》中"黑月在浊水，何曾不清明"、陆游《夜意二首》第一首中"幌外灯青见鼠行，林梢月黑有枭鸣"等。另外，夏目漱石很欣赏的明代诗人高启的诗中也有几处有关"月"的，如《夜起观月》中的"一春夜多雨，今宵初月明"等。

其五

咸气射颜颜欲黄　丑容对镜易悲伤
马龄今日廿三岁　始被佳人呼我郎

按：此诗在《木屑录》（十一）中记载："客舍得正冈獭祭之书。书中戏呼余曰郎君、自称妾。余失笑曰、獭祭谐谑、一何至此也。辄作诗酬之曰、咸气射颜颜欲黄、丑容对镜易悲伤、马龄今日廿三岁、始被佳人呼我郎。"其中的"獭祭"是王冈子规的号，出自唐朝诗人李商隐自称的"獭祭鱼"（宋杨亿《谈苑》）。

注：七言绝句，下平声七阳韵（黄、伤、郎）。

其六

脱却尘怀百事闲　尽游碧水白云间
仙乡自古无文字　不见青编只见山

11

注：七言绝句，上平声十五删韵（闲、间、山）。

①碧水白云：指与俗世隔绝的境界，频现于夏目漱石的诗中。"碧水"一词在后文的第一百一十八、一百四十七、二百〇八首同义。"白云"一词在漱石汉诗中共出现十六处。《庄子·天地篇》中有"乘彼白云，至于帝乡"，漱石此诗中的"仙乡"与"帝乡"同义。

②见山：见陶渊明的饮酒诗《饮酒二十首》（其五）中的"悠然见南山"。

其七

锯山如锯碧崖嵬　上有伽蓝倚曲隈
山僧日高犹未起　落叶不扫白云堆
吾是北来帝京客　登临此日怀往昔
咨嗟一千五百年　十二僧院空无迹
只有古佛坐磅礴　雨蚀苔蒸阅桑沧
似嗤浮世荣枯事　冷眼下瞰太平洋

注：七言古诗，上平声十灰韵（嵬、隈、堆）、入声十一陌韵（客、昔、迹）、下平声七阳韵（礴、沧、洋）。

①磅礴：形容气势恢宏连绵起伏的山脉。见东汉马融《长笛赋》："鄰琅磊落，骈闐磅唐"（"唐"通"礴"）。根据李善所注"磅唐"为广大盘礴之意。"盘礴"为起伏之意。"磅礴"还用来指位于扶桑东五万里的山名。

②雨蚀：雨水侵蚀之意。在元朝诗人萨都剌《过居庸关》一诗中，有"雨蚀风吹失颜色"一句。

③桑沧："桑田"和"沧海"，常称之为"沧桑"。此处因押韵需要，夏目漱石做了适当调整，在漱石汉诗中，此类现象有多处。顾名思义，"沧桑之变"就是指由沧海变成桑田的巨大变化。另见夏目漱石汉文《七草集评》（三）。

其八

君不见锯山全身石稜稜　古松为发发鬅鬙
横断房总三十里　海涛洗麓声渤渫
别有人造压天造　劈岩凿石作隧道
窟老苔厚龙气腥　苍崖水滴多行潦
洞中遥望洞外山　洞外又见洞中湾
出洞入洞几曲折　洞洞相望似连环
连环断处岸崭窄　还喜奇胜天外落
头上之石脚底涛　石压头兮涛濯脚

注：七言古诗，下平声十蒸韵（稜、鬙、渫）、上声十九皓韵（造、道、潦）、上平声十五删韵（山、湾、环）、入声十药韵（落、脚）。

①鬅鬙：读作 péng sēng，意为头发散乱貌。
②渤渫：形容波涛激烈碰撞的声音。晋朝郭璞《江赋》中有"鼓窟以渫渤，乃溢涌而驾隈"。漱石诗中的"渤渫"，出于押韵目的，将"渫渤"倒置。
③天外落：天外突然现身之意，多指始料未及的事物。见唐李白《登金陵凤凰台》诗中："三山半落青天外，二水中分白鹭洲"。
④兮：是《楚辞》作品中常见的休止符音节。
⑤濯脚：虽是实景描写，多使人联想到辞官归隐时"浪沧之水浊兮，可以濯吾足"（《沧浪之水歌》）的意境。

其九

自东金至铫子途上口号

风行空际乱云飞　雨锁秋林倦鸟归
一路萧萧荒驿晚　野花香溅绿蓑衣

注：七言绝句，上平声五微韵（飞、归、衣）。

倦鸟：疲于飞翔之鸟。见陶渊明《归去来兮辞》中"云无心以出岫，鸟倦飞而知还"。夏目漱石此处也是因押韵所需，做了调整。

其十

赁舟溯刀水、舟中梦鹃娘、鹃娘者女名、而非女也

扁舟行尽几波塘　满岸新秋芳草长
一片离愁消不得　白苹花底梦鹃娘

注：七言绝句，下平声七阳韵（塘、长、娘）。

一片：见唐王昌龄《芙蓉楼送辛渐》诗中："洛阳亲友如相问，一片冰心在玉壶。"另外漱石汉诗中第三十一、四十八、八十二首也有同样的用法。

其十一

天明、舟、达三堀、旗亭即事

烟雾梦梦见不看　黎明人倚碧栏干
江村雨后加秋意　萧瑟风吹衰草寒

注：七言绝句，上平声十四寒韵（看、干、寒）。

①梦梦：昏暗不明的样子。见《诗经·小雅·节南山之什》中"民今方殆，视天梦梦"。

②萧瑟：寂寞、凄凉之意，用来形容秋天凋落悲凉之情。见《楚辞·九辩》中："秋之为气也。萧瑟兮，草木摇落而变衰。"另外，漱石汉诗第九十一首有同样的用法。

其十二

客中忆家

北地天高露若霜　客心虫语两凄凉
寒砧和月秋千里　玉笛散风泪万行
他国乱山愁外碧　故园落叶梦中黄
何当后苑闲吟句　几处寻花徙绣床

注：七言律诗，下平声七阳韵（霜、凉、行、黄、床）。

①露若霜：阴历九月的风情。出自《诗经·秦风·蒹葭》中"蒹葭苍苍，白露为霜"一句。

②寒砧：寒风中的捣衣声。出自唐朝诗人沈佺期《古意》中"九月寒砧催木叶，十年征戍忆辽阳"。

③和月：与冰冷的月光协调、相称。见唐朝诗人李白《子夜吴歌》四首中的第三首："长安一片月，万户捣衣声。秋风吹不尽……"

④玉笛：优美的笛声。"玉"为美称。见李白《春夜洛城闻笛》中"谁家玉笛暗飞声，散入春风满洛城。次夜曲中闻折柳，何人不起故园情"。

⑤乱山：高低不齐耸立着的山。与第二十六首中的"乱云"一词同样用法，多见于宋诗中。

其十三

别后忆京中诸友

魂飞千里墨江湄　湄上画楼杨柳枝
酒带离愁醒更早　诗含别恨唱殊迟
银釭照梦见蛾聚　素月匿秋知雨随
料得洛阳才子伴　锦笺应写断肠词

注：七言律诗，上平声四支韵（湄、枝、迟、随、词）。

①杨柳枝：送别时，手折柳枝，赠予即将踏上旅途的人，表达依依惜别之情。见第五首。

②釭：读作 gāng，意为油灯。

其十四

自嘲书木屑录后

白眼甘期与世疏　狂愚亦懒买嘉誉
为讥时辈背时势　欲骂古人对古书
才似老驽驾且呆　识如秋蜕薄兼虚
唯赢一片烟霞癖　品水评山卧草庐

注：七言律诗，上平声六鱼韵（疏、誉、书、虚、庐）。

①白眼：冷淡的目光。见晋朝阮籍（竹林七贤之一）以白眼冷对世俗之人的典故。见《晋书·阮籍传》中"籍又能为青白眼。见礼俗之士，以

白眼对之"。另见，第五十六首汉诗具有同样用法。

②烟霞：烟霭、云霞，泛指山水自然。中国古代诗歌中高频词汇。如唐代李世民《帝京篇十首》中的"烟霞交隐映，花鸟自参差"、李白《梦游天姥吟留别》中的"惟觉时之枕席，失向来之烟霞"、宋代宋太宗《逍遥咏》中的"洞里烟霞何缥缈，神仙景致没休年"等。

③草庐：多指隐者居住之所，也是中国古代诗歌中高频词汇。如唐朝李山甫《代孔明哭先主》中的"忆昔南阳顾草庐，便乘雷电捧乘舆"、宋陆游《夜雨》中的"齿牙摇动鬓毛疏，四壁萧然卧草庐"等。

无题

明治二十二年九月二十日
抱剑听龙鸣　读书骂儒生
如今空高逸　入梦美人声

注：五言绝句，下平声八庚韵（鸣、生、声）。

龙鸣：拔剑如龙鸣一般的声音。即名剑化身为龙，发出龙吼一般的声响。见中国古代南北朝时期前秦王嘉《拾遗记》"未用之时，常于匣里如龙虎之吟"之典故。另见，李白乐府诗《独漉篇》"雄剑挂壁，时时龙鸣"。指少年血气方刚。

山路观枫

明治二十二年十一月
石苔沐雨滑难攀　渡水穿林往又还
处处鹿声寻不得　白云红叶满千山

注：七言绝句，上平声十五删韵（攀、还、山）。

①石苔：见杜甫《雨》（《杜少陵诗集》卷二十）中"楚雨石苔滋，京华消息迟"。

②沐雨：出自成语"沐雨栉风"，即风梳发、雨洗头，形容人经常在外不避风雨辛苦奔波。见《庄子·天下篇》中"沐甚雨，栉疾风"。又见《后汉书·明帝纪》中"京师冬无宿雪，春不燠沐"。

③滑：见《长恨歌》中"温泉水滑洗凝脂"，耶律楚材《用万松老人韵作诗十首寄郑景贤》（其十）（《湛然居士文集》卷三）中"路僻苍苔滑，舟横古渡深"。

④渡水：见明代诗人高青邱《寻胡隐君》诗中"渡水复渡水，看花还看花"。

⑤穿林：见陆游《梦中作游山绝句》中"忽到云山幽绝处，穿林啼鸟不知名"。

⑥处处：见孟浩然《春晓》诗中"春眠不觉晓，处处闻啼鸟"。

无题

明治二十三年（1890年）八月末
江山容不俗怀尘　君是功名场里人
怜杀病躯多客气　漫将翰墨论诗神

注：七言绝句，上平声十一真韵（尘、人、神）。

按：明治二十三年八月末，夏目漱石在给正冈子规的书简中写道："既然你无情地嘲弄我，我也以左边的诗予以反击。"即此首及下首汉诗。

①容不：应为"容不容"，此处省略了第二个"容"字。

②俗怀：即俗念。

③诗神：未见于中国古典诗中。此处是夏目漱石对好友正冈子规的嘲弄之言。

无题

明治二十三年八月末

仙人堕俗界	遂不免喜悲
啼血又吐血	憔悴怜君姿
漱石又枕石	固陋欢吾痴
君痾犹可瘳	仆痴不可医
素怀定沈郁	愁绪乱如丝
浩歌时几曲	（缺少一句）
一曲唾壶碎	二曲双泪垂
曲阕呼咄咄	衷情欲诉谁
白云蓬勃起	天际看蛟螭
笑指函山顶	去卧苇湖湄
岁月固悠久	宇宙独无涯
蜉蝣飞湫上	大鹏嗤其卑
嗤者亦泯灭	得丧皆一时
寄语功名客	役役欲何为

注：五言古诗，上平声四支韵（悲、姿、痴、丝、垂、谁、螭、湄、涯、卑、时、为）。

①漱石：见晋朝孙楚（子荆）"枕石漱流"的典故，隐居山林之意。详见《世说新语·排调篇》中"孙子荆年少时欲隐，语王武子'当枕石漱流'，误曰'漱石枕流'。王曰：'流可枕，石可漱乎？'孙曰：'所以枕流，欲洗其耳；所以漱石，欲砺其齿'"，表达了作者的不流俗世之志。

②唾壶：痰盂。见晋朝王敦之典故。详见《世说新语·豪爽篇》中："（晋朝）王敦（处仲）每酒后，辄咏曹操乐府诗《步出夏门行》'老骥伏枥，志在千里。烈士暮年，壮心不已'。以如意打唾壶，壶口尽缺。"

③双泪垂：两眼垂泪。见唐朝诗人贾岛《题诗后》中的"两句三年得，一吟双泪流"。可以看出夏目漱石此句汉诗的创作，有明显的模仿痕迹。

④蓬勃：形容事物繁茂。见汉贾谊《旱云赋》中："遥望白云之蓬勃兮，滃澹澹而妄止。"另外，夏目漱石汉文《东海道兴津纪行》（二）有同样的用法。

⑤大鹏：想象中的大鸟。见《庄子·逍遥游篇》中："北冥有鱼，其名为鲲。鲲之大，不知其几千里也。化而为鸟，其名为鹏。鹏之背，不知其几千里也。怒而飞，其翼若垂天之云""水击三千里，抟扶摇而上者九万里"。

⑥寄语：忠告之意。见陶渊明饮酒诗《饮酒二十首》第十三首中的"寄言酣中客，日没烛当秉"。另见漱石汉诗第六十九首中的"寄语子规子，莫为官游人"以及第一百三十六首中的"殷勤寄语寒山子，饶舌松风独待君"。

⑦役役：形容劳苦不息。见《庄子·齐物论》："终身役役，而不见其成功。"另见夏目漱石汉文《居移气说》（四）。

函山杂咏八首

明治二十三年九月

按：以下八首，是夏目漱石在第一高等中学毕业后，明治二十三年八月下旬至九月上旬，赴箱根旅行期间所作。此八首汉诗均为五言律诗，也是现存漱石汉诗中最早的五言律诗。

其一

昨夜着征衣　今朝入翠微
云深山欲灭　天阔鸟频飞
驿马铃声远　行人笑语稀
萧萧三十里　孤客已思归

注：五言律诗，上平声五微韵（衣、微、飞、稀、归）。

①昨夜着征衣：见王维《喜祖三至留宿》（《王右丞集》卷七）："门前洛阳客，下马拂征衣。不枉故人驾，平生多掩扉。行人返深巷，积雪带馀晖。早岁同袍者，高车何处归。"另见下文第四十四、四十五首汉诗。

②入翠微：见《尔雅·释山》中"未及上，翠微"以及清代诗人吴伟业《丁未三月廿四日从山后过湖宿福源精舍》（《梅村诗集》卷三）中的"客梦入翠微，人事良可忘"等。

③行人：见韦应物《送姚孙还河中》（《韦苏州诗集》卷四）诗中"风尘满路起，行人何处归"、杜甫《黄草》（《杜少陵诗集》卷十五）诗中"黄草峡西船不归，赤甲山下行人稀"、耶律楚材《和黄山张敏之拟黄庭词韵》（《湛然居士文集》卷十）中"沙堤行人羡轻肥，凤凰到底凤池栖"等。

④萧萧：见韦苏州《秋夜二首》（《韦苏州集》卷六）诗中："庭树转萧萧，阴虫还戚戚。"

⑤孤客：见王维《送友人南归》诗中："连天汉水广，孤客郢城归。"

其二

函领势峥嵘　　登来廿里程
云从鞋底涌　　路自帽头生
孤驿空边起　　废关天际横
停筇时一顾　　苍霭隔田城

注：五言律诗，下平声八庚韵（嵘、程、生、横、城）。

①峥嵘：见耶律楚材《再用前韵》（《湛然居士文集》卷二）诗中："峥嵘突出峰峭直，山顶连天才咫尺。"

②帽头：帽子、头顶之意。见李白《送友人入蜀》："山从人面起，云傍马头生。"在中国的诗歌作品中，未见"帽头"的用法，此乃夏目漱石模仿李白之作。

③苍霭：见白居易《九日宴集，醉题郡楼，兼呈周、殷二判官》中："姑苏台榭倚苍霭，太湖山水含清光。"

其三

来相峰势雄　恰似上苍穹
落日千山外　号风万壑中
马陉逢水绝　鸟路入天通
决眦西方望　玲珑岳雪红

注：五言律诗，上平声一东韵（雄、穹、中、通、红）。

①峰势：见耶律楚材《用张道享韵》（《湛然居士文集》卷十一）诗中："瀚海波声寒汹涌，金山峰势高崔嵬。"

②苍穹：青空，青天。见高青邱《寓感二十首》（明《青邱诗集》卷三）（其十五）"其颠摩苍穹，欲上不可攀"以及李白乐府诗《蜀道难》"蜀道之难，难于上青天！"

③万壑：见明代诗人徐祯卿《送萧若愚》（《明诗别裁集》卷六）一诗"送君南下巴渝深，予亦迢迢湘水心。前路不知何地别，千山万壑暮猿吟"。

④鸟路：见耶律楚材《和移剌继先韵三首》（其三）（《湛然居士文集》卷一）诗中："坐晚犹迷一色边，崎岖鸟道横秋鹗。"

⑤玲珑岳雪：同上"玲珑四面亦无门，充塞十方绝壁落"。另见，韦应物《寄中书刘舍人》（《韦苏州集》卷三）诗中："应向横门度，环珮杳玲珑。"

其四

飘然辞故国　来宿苇湖湄
排闷何须酒　遣闲只有诗
古关秋至早　废道马行迟
一夜征人梦　无端落柳枝

注：五言律诗，上平声四支韵（湄、诗、迟、枝）。

①飘然：见高青邱《赠陶篷先生》（《青邱诗集》卷四）诗中："中解龙虎鬬（同斗），飘然去难亲。"

②"排闷……"二句：是基于唐杜甫《可惜》中的"宽心应是酒，遣兴莫过诗"所作。更是引用了杜甫《江亭》"故林归未得，排闷强裁诗"一句中的"排闷"一词。

③征人梦：见高青邱《闻角吟》（《青邱诗集》卷二）诗中："此时吹动关山意，十万征人归梦中。"

④柳枝：同前文"杨柳"的用法。落：亡，同"帝乃殂落，百姓如丧考妣"（《尚书·虞书·舜典》）中"落"的用法。

其五

百念冷如灰　灵泉洗俗埃
鸟啼天自曙　衣冷雨将来
幽树没青霭　闲花落碧苔
悠悠归思少　卧见白云堆

注：五言律诗，上平声十灰韵（灰、埃、来、苔、堆）。

①百念冷如灰：见何逊《相送》诗（清 沈德潜编《古诗源》卷十三）中："客心已百念，孤游重千里。江暗雨欲来，浪白风初起。"又，宋朝苏轼《送参寥师》中："上人学苦空，百念已灰冷"。冷：夏目漱石初案为"去"，即"百念去如灰"。

②俗埃：见唐诗人刘道昌《龟市告别》诗："还丹功满气成胎，九百年来混俗埃。自此三山一归去，无因重到世间来。"

③幽树：见谢灵运《悲哉行》中："幽树虽改观，终始在初生。"

④闲花落碧苔：幽雅绽放的花。见王维《闺人春思》中"闲花落遍青苔地，尽日无人谁得知"、高青邱《雨中遣兴》（《青邱诗集》卷六）中"好鸟不频啼，闲花自迟落"、耶律楚材《过青冢次贾搏霄韵》（《湛然居士文集》卷三）中"愁云暗锁天山路，野草闲花也怨春"、《真山民诗集》（宋）之《次韵章剑溪山居》中"静倚长松立，藤花点翠苔"。另见漱石汉诗第六十七首中："闲花落空庭，素琴横虚堂。"

⑤悠悠归思：见陶渊明《和胡西曹示顾贼曹》中"悠悠待秋稼，寥落将赊迟"、韦应物《闻雁》"故园渺何处，归思方悠哉。淮南秋雨夜，高斋

闻雁来"。

⑥白云：表示实景"白云"的同时，也是远离俗世理想乡的象征。见前文第二十三、二十四首。正冈子规在该诗的第七、八句处批注"结句有悠然见南山之趣"。"悠然见南山"原文出自陶渊明《饮酒二十首》（其五）中："采菊东篱下，悠然见南山。结庐在人境，而无车马喧。"

其六

奈此宿痾何　眼花凝似珂
豪怀空挫折　壮志欲蹉跎
山老云行急　雨新水响多
半宵眠不得　灯下默看蛾

注：五言律诗，下平声五歌韵（何、珂、跎、多、蛾）。

①宿痾：见王安石《贺生皇子表六道》（《临川先生文集》卷五十八）中的"以宿痾而自困"。

②眼花：见杜甫《饮中八仙歌》诗中"知章骑马似乘船，眼花落井水底眠"、苏东坡《八月十七日复登望海楼》（《苏东坡诗集》卷八）诗中"秋花不见眼花红，身在孤舟兀兀中"、耶律楚材《和非熊韵》（《湛然居士文集》卷十）诗中"他年击破疑团后，始觉从来尽眼花"。

③蹉跎：见张九龄《照镜见白发》中"宿昔青云志，蹉跎白发年"，以及李白《忆襄阳旧游，赠马少府巨》中"壮志恐蹉跎，功名若云浮"。

其七

三年犹患眼　何处好医盲
崖户浴场立　湖连牧野平
云过峰面碎　风至树头鸣
偏悦游灵境　入眸景物明

注：五言律诗，下平声八庚韵（盲、平、鸣、明）。

①三年犹患眼：见张籍《患眼》中："三年患眼今年校，免与风光便隔生。"

②牧野：原为中国古代一地名，现位于中国河南新乡，历史上有"牧野之战"，不过，此处应该指牧场之意。

③灵境：见梁简文帝《神山寺碑》（明代张溥编《汉魏六朝百三家集》卷八十二）中"鹫岳灵境，净土不烧"，及明王宠《旦发胥口经湖中瞻眺》（《明诗别裁集》卷六）诗中"仙人蜕化处，千载空芙蓉。灵境指顾间，行当往追从"。

其八

恰似泛波鸥　乘闲到处留
溪声晴夜雨　山色暮天秋
家湿菌生壁　湖明月满舟
归期何足意　去路白云悠

注：五言律诗，下平声十一尤韵（鸥、留、秋、舟、悠）。

①鸥：此处为自由的象征，如杜甫《旅夜书怀》中"飘飘何所似，天地一沙鸥"所云。另见，漱石汉诗第七十三首"缥缈离怀怜野鹤，蹉跎宿志愧沙鸥"一联中的"沙鸥"一词。

②溪声：山川流水声，与下文"山色"相对应。见宋苏轼《赠东林总长老》中"溪声便是广长舌，山色岂非清净身"一联。

③归期何足意：见唐王维《送孙秀才》（《王右丞集》卷八）诗中"莫厌田家苦，归期远复赊"、杜甫《陪郑广文游何将军山林》中"幽意忽不惬，归期无奈何。出门流水住，回首白云多"。另见，漱石汉诗第八十五首中的"归期"。

④去路白云悠："去路"与"归期"相对应。见耶律楚材《和张敏之诗七十韵》（《湛然居士文集》卷九）诗中："闲云迷去路，疏雨润行装。"另见漱石汉诗第一百六十七、一百七十一首。"白云"参照前文第二十三首汉诗。

送友到元函根三首

明治二十三年九月

其一

风满扁舟秋暑微　水光岚色照征衣
出京旬日滞山馆　还卜朗晴送客归

注：七言绝句，上平声五循韵（微、衣、归）。
①扁舟：见苏东坡《前赤壁赋》中"驾一叶之扁舟，举匏尊以相属"。
②秋暑：见苏东坡《初秋寄子由》（《苏东坡诗集》卷二十二）诗中："忆在怀远驿，闭门秋暑中。"
③岚色：见白乐天《奉酬侍中夏中雨后游城南庄见示八韵》（《白乐天诗后集》卷十三）诗中："四山岚色重，五月水声寒。"
④山馆：山上的旅舍，另见漱石汉诗第四十八首中"漫识读书涕泪多，暂留山馆拂愁魔"一联。唐杜甫曾有以"山馆"为题的诗。全诗如下：

南国昼多雾　北风天正寒
路危行木杪　身远宿云端
山鬼吹灯灭　厨人语夜阑
鸡鸣问前馆　世乱敢求安

⑤卜：此处为"选择"之意，见《诗经·小雅》之《天保篇》中："君曰：卜尔，万寿无疆。"
⑥朗晴：汉语"晴朗"的倒置，应是平仄押韵的需要。另，该词多出现在《世说新语》中。如《世说新语·排调》中的"天甚晴朗，祖参军如从屋漏中来"等。

其二

烟澹天澄秋气微　风尘不着旧征衣
东都诸友如相问　饱看江山犹未归

注：七言绝句，上平声五微韵（微、衣、归）。

①烟澹：见白居易《江夜舟行》（《白乐天诗集》卷十五）诗之首联"烟澹月蒙蒙，舟行夜色中"。

②风尘：见永嘉真觉大师《证道歌》（《景德传灯录》卷三十）中"从来蹭蹬觉虚行，多年枉作风尘客"，以及耶律楚材《用张道亨韵》（《湛然居士文集》卷十一）中"万里龙庭谒天子，辂车轧轧风尘埋"。

③征衣：见前文第三十六首汉诗。另见，耶律楚材《和王巨川题武成王庙》（《湛然居士文集》卷七）诗中："诗思远随秦岭雁，征衣全染灞桥尘。"

④"东都"一句：此处"东都"指东京。该句诗可以联想到唐王昌龄《芙蓉楼送辛渐》中的"洛阳亲友如相问，一片冰心在玉壶"一联。

其三

客中送客暗愁微　秋入函山露满衣
为我愿言相识士　狂生出国不知归

注：七言绝句，上平声五微韵（微、衣、归）。

①满衣：见岑参《送崔子还京》（《唐诗选》卷七）诗中："送君九月交河北，雪里题诗泪满衣。"

②狂生出国不知归：见高青邱《青邱子歌》（《青邱诗集》卷十一）中"旁人不识笑且轻，谓是鲁迂儒，楚狂生"，及王维《送崔九兴宗游蜀》（《王右丞集》第八卷）诗中"江汉风流地，游人何岁归"。

归途口号二首

明治二十三年九月

其一

得闲廿日去尘寰　囊里无钱自识还
自称仙人多俗累　黄金用尽出青山

注：七言绝句，上平声十五删韵（寰、还、山）。

①口号：随口吟成的诗。同前文第二十六首《自东金至铫子途上口号》。六朝以来，多作为诗题使用。始见于南朝梁简文帝《仰和卫尉新渝侯巡城口号》诗。

②尘寰：见苏东坡《单同年求德兴俞氏聚远楼诗三首》（《苏东坡诗集》卷十二）诗中"闻说楼居似地仙，不知门外有尘寰"，及明代诗人吴伟业《言怀》（《梅村诗集》卷十一）诗中"苦留踪迹住尘寰，学道无成且闭关"。

③囊里：即囊中，见唐贺知章《题袁氏别业》（《唐诗选》卷六）诗中："莫谩愁沽酒，囊中自有钱。"

④识还："识"与"知"同义。见陶渊明《归去来兮辞》中："云无心以出岫，鸟倦飞而知还。"

⑤自称：见杜甫《饮中八仙歌》中的"天子呼来不上船，自称臣是酒中仙"一联。

⑥仙人：见吴伟业《题朱子葵鹤州草堂》（《梅村诗集》卷十二）一诗中："仙人收箭云归浦，道士开笼月满天。"

⑦俗累：见白居易《刑部尚书致仕》（《白乐天诗后集》卷十七）一诗首联："十五年来洛下居，道缘俗累两何如。"

⑧青山：宋诗人苏轼以"予以事系御史台狱狱吏稍见侵自度不能堪死狱中不得一别子由故作二诗授狱卒梁成以遗子由"为序，创作《狱中寄子

由二首》。其第二首中有"是处青山可埋骨，他年夜雨独伤神"一联。该诗中的"黄金"与"青山"颜色相对应，或许是夏目漱石的戏作手法。另见下文第四十九首中"悔负青山休耨耕"一句。

其二

漫识读书涕泪多　暂留山馆拂愁魔
可怜一片功名念　亦被云烟抹杀过

注：七言绝句，下平声五歌韵（多、魔、过）。
①漫识读书涕泪多：见苏东坡《石苍舒醉墨堂》（《苏东坡诗集》卷六）一诗首联"人生识字忧患始，姓名粗记可以休"，及杜甫《野望》（《唐诗选》卷五）诗中"海内风尘诸弟隔，天涯涕泪一身遥"。
②山馆：见前文第四十四首。
③愁魔：即愁思，谓如魔缠身，故云之。见宋苏轼《子玉家宴用前韵见寄复答之》中："诗病逢春转深痼，愁魔得酒暂奔忙。"

谢正冈子规见惠小照次其所赠诗韵却呈

明治二十三年十月二十四日

非是求名滞帝城　唯怜病羸归思生
凭亲黄卷忘荣辱　悔负青山休耨耕
银烛绣屏吟瘦影　竹风蕉雨听秋声
多情从住弦歌巷　漠漠尘中傲骨清

注：七言律诗，下平声八庚韵（城、生、耕、声、清）。
①荣辱：荣耀与耻辱，常见于《易经》等作品中。如《易传·系辞》中："言行，君子之枢机。枢机之发，荣辱之主也。"另见陶渊明《挽歌诗三首》（其一）中："千秋万岁后，谁知荣辱共"。
②青山：参见前文第四十七首。漱石汉诗中有多处"青山"，皆为

此意。

③秋声：告知秋天来临的声音。

④漠漠：广阔迷茫的样子，也指昏暗的样子。另见下文第五十五、六十六、一百九十二首。参考唐代杜甫《秋日夔府咏怀奉寄郑监李宾客一百韵》一诗中"兵戈尘漠漠，江汉月娟娟"一联。

⑤傲骨：不向人低头的骨气。见宋 戴埴《鼠璞》一文中，有"唐人言李白不能屈身，以腰间有傲骨"的说法。

御返事咒文

明治二十四年（1891年）七月二十四日

毁尽朱颜烂疽痕　失来轻伞却开昏
痴汉悟道非难事　吾是宛然不动尊

注：七言绝句，上平声十三元韵（痕、昏、尊）。

①朱颜：见苏东坡《纵笔三首》（《苏东坡诗集》卷四十三）诗中："小儿误喜朱颜在，一笑那知是酒红。"

②昏：见苏东坡《阮籍啸台》（《苏东坡诗集》卷二）中"醒为啸所发，饮为醉所昏"，以及《尚书·周书·牧誓》中"昏弃厥肆祀弗答"（其中"昏"注解为"乱也"）。但未见"开昏"一词的用例，饭田利行将其注解为"启蒙"之意。

③痴汉：有的版本写作"癡汉"，即愚蠢之人。见《景德传灯录》卷三十之《南岳懒瓒和尚歌》中所吟"向外觅功夫，总是痴顽汉"，及《碧岩录》第七则中"三级浪高鱼化龙，痴人犹戽夜塘水"。

④悟道：见王维《与胡居士皆病寄此诗兼示学人》（《王右丞集》卷三）："洗心讵悬解，悟道正迷津。"

⑤宛然：见《诗经·秦风·蒹葭》第一章中的"宛在水中央"。

大井川舟中

青州从事好相亲　鳌背啸风豪气伸
十八洋头秋似水　一痕新月度苍旻

注：七言绝句，上平声十一真韵（亲、伸、旻）。

青州从事：美酒的别称。出自《世说新语·术解》中"主簿辨酒"的典故。原文如下："恒公有主簿善别酒，有酒则令先尝，好者谓'青州从事'，恶者谓'平原督邮'。"青州、平原本为山东地名，从事、督邮为官名。青州有个齐郡，齐与脐同音，好酒力一直达到脐部。平原郡有个鬲县，鬲与膈同音，次酒的酒力只能到达胸腹之间。后遂用"青州从事、从事青州、从事到齐、白酒到齐"等称好酒，或形容酒味佳美；以"平原督邮、薄酒督邮、督邮"等称劣酒，或形容酒味淡薄。宋代黄庭坚《醇道得蛤蜊复索舜泉舜泉已酌尽官酝不堪不敢》中有云："青州从事难再得，墙底数樽犹未眠。"

无题

明治二十七年（1894年）三月九日

闲却花红柳绿春　江楼何暇醉芳醇
犹怜病子多情意　独倚禅床梦美人

注：七言绝句，上平声十一真韵（春、醇、人）。

①花红柳绿：本为禅语，见《金刚经注》"川禅师云：目前无法，从教柳绿花红；耳畔无闻，一任莺啼燕语"，此处用来形容明媚春天的美好景色，可见五代蜀国魏承班《生查子》词"花红柳绿间晴空"。

②江楼：见陆游《简谭德称排闷》诗中："探春苑路花篛帽，看月江楼酒满衫。"

③芳醇：见南朝梁张率五言诗《对酒》（《玉台新咏》卷六）首句："对酒诚可乐，此酒复芳醇。"

④情意：见南朝梁吴均《行路难》（其三）诗中："何言岁月忽若驰，君之情意与我离。"

⑤美人：见明代诗人郑善夫《棹歌》（《明诗别裁》卷六）中："风尘一别一万里，美人驾车伤我心。"

无题五首

明治二十八年（1895年）五月

其一

快刀切断两头蛇　不顾人间笑语哗
黄土千秋埋得失　苍天万古照贤邪
微风易碎水中月　片雨难留枝上花
大醉醒来寒彻骨　余生养得在山家

注：七言律诗，下平声六麻韵（蛇、哗、邪、花、家）。

①两头蛇：见汉贾谊《新书·春秋》。原文如下："孙叔敖之为婴儿也，出游而还，忧而不食。其母问其故，泣而对曰：'今日吾见两头蛇，恐去死无日矣。'其母曰：'今蛇安在？'曰：'吾闻见两头蛇者死，吾恐他人又见，吾已埋之也。'其母曰：'无忧，汝不死。'吾闻之：'有阴德者，天报之以福。'"果不其然，孙叔敖未死，后来做了楚国的宰相。夏目漱石用此来比喻基于自己正义的言行。也有说"两头"是指松山赴任的两个原因，即世间的烦恼与内心的苦恼等。

②笑语哗：笑语，如王维《班婕妤》（《王右丞集》卷十三）诗中：

"总向春园里，花间笑语声。"哗：亦作哗。

③黄土千秋埋得失：见苏东坡《和王巩六首并次韵》（《苏东坡诗集》卷二十一）诗中："春蔬黄土软，冻笋苍崖圻。"

④苍天万古照贤邪：见高青邱《登凤凰山寻故宫遗迹》（《青邱诗集》卷三）诗中："苍天何悠悠，未得问兴丧。"

⑤水中月：禅语，见《景德传灯录》（卷二十二）中："问：'应物现形如水中月。如何是月。'师提起拂子。僧曰：'古人为什么道水月无形。'师曰：'见什么。'"

⑥片雨：即阵雨。见唐岑参《晚发五渡》诗："江村片雨外，野寺夕阳边。"

⑦寒彻骨：见宋黄庭坚《题石恪画尝醋翁》诗："石媪忍酸喙三尺，石皤尝味面百摺。谁知耸膊寒至骨，图画不减吴生笔。"

其二

辜负东风出故关　　鸟啼花谢几时还
离愁似梦迢迢淡　　幽思与云澹澹间
才子群中只守拙　　小人围里独持顽
寸心空托一杯酒　　剑气如霜照醉颜

注：七言律诗，下平声八庚韵（关、还、间、顽、颜）。

①辜负：见清吴伟业《喜愿云师从庐山归》（《梅村诗集》卷十）诗中："乱离兄弟恨，辜负十年盟。"

②出故关：见唐诗人储光羲《送王上人归襄阳》（《全唐诗》卷五）诗中："送客临伊水，行车出故关。"

③花谢：见唐诗人崔涂《春夕旅怀》诗首联："水流花谢两无情，送尽东风过楚城。"

④离愁：见宋诗人真山民《兰溪舟中》诗颈联："橹声摇客梦，帆影挂离愁。"

⑤迢迢：见《景德传灯录》（卷二十三）中"师住后僧问：迢迢一路时如何。师曰：天晴不肯去直待雨淋头"，以及李商隐《寄令狐郎中》诗

"嵩云秦树久离居，双鲤迢迢一纸书。休问梁园旧宾客，茂陵秋雨病相如"。

⑥幽思：见唐诗人刘沧《洛阳月夜书怀》诗颔联："独榻闲眠移岳影，寒窗幽思度烟空。"

⑦澹澹：见高青邱《雨中游宁真道院》（《青邱诗集》卷七）诗颔联："池消澹澹花，庭解翻翻箨。"

⑧才子：见王维《送孙二》诗颈联："书生邹鲁客，才子洛阳人。"

⑨守拙：见晋代陶渊明《归园田居》诗中的"开荒南野际，守拙归园田"，另见韦应物《答僩奴、重阳二甥》（《韦苏州集》卷五）首句"弃职曾守拙，玩幽遂忘喧"，以及宋真山民《枕上偶成》（《真山民诗集》）诗颔联"守拙疏生理，安贫识世情"。夏目漱石很喜欢用"守拙"二字。

⑩小人围里：见耶律楚材《和裴子法韵》（《湛然居士文集》卷一）中："君子道消小人用，贞夫远弃利名酒。"

⑪寸心空托一杯酒：见唐诗人孟郊《游子吟》诗中"谁言寸草心，报得三春晖"，以及高青邱《春草堂》（《青邱诗集》卷六）诗中"寸心虽难报，拔去还当生"。

其三

二顷桑田何日耕　　青袍敝尽出京城
稜稜逸气轻天道　　漠漠痴心负世情
弄笔慵求才子誉　　作诗空博冶郎名
人间五十今过半　　愧为读书误一生

注：七言律诗，下平声八庚韵（耕、城、情、名、生）。

①二顷：指田地的面积。见《史记·苏秦列传》：苏秦喟然叹曰："此一人之身，富贵则亲戚畏惧之，贫贱则轻易之，况众人乎！且使我有雒阳负郭田二顷，吾岂能佩六国相印乎！"借指供温饱的田产，或用作归隐之词。另见苏东坡《送乔施州》（《苏东坡诗集》卷十四）诗首联"恨无负郭田二顷，空有载行书五车"，以及《赠王子直秀才》（《苏东坡诗集》卷三十九）诗颈联"五车书已留儿读，二顷田应为鹤谋"，还有元诗人耶律

楚材《壬午西域河中游春十首》(《湛然居士文集》卷五)第九首颈联"文史三冬输曼倩，田园二顷忆渊明"。

②青袍：见前文第九首注释。

③天道：见《中庸》第二十章中的"诚者天下之道也"。在夏目漱石爱情三部曲之一的《后来的事》(三)中也有该词语的用法："父亲的头顶上方挂着一副写着'诚者天下之道也'的夺人眼目的匾，父亲说过这是请上代的一位旧藩主写的，所以爱如珍宝。代助是十分讨厌这块匾的，首先那字就写得叫人不喜欢，此外这句子也叫人没有好感。代助简直想在这'诚者天下之道也'的后面加上'非人之道也'。"

④漠漠：见陶渊明《命子》诗中："纷纷战国，漠漠衰周。"

⑤世情：见陶渊明《辛丑岁七月赴假还江陵夜行涂口》诗中："诗书敦夙好，园林无世情。"

⑥弄笔：见韩愈《寄卢仝》诗中："往年弄笔嘲同异，怪辞惊众谤不已。"

⑦慵：见白乐天《偶成》诗颈联："坐闷低眉久，行慵举足迟。"

⑧冶郎：游冶郎。见李白《采莲曲》(《李太白诗集》卷三)诗颈联："岸上谁家游冶郎，三三五五映垂杨。"

⑨人间五十：人的一生。见《论语·为政篇》中："五十而知天命。"

⑩"愧为"一句：据吉川幸次郎所注"读书反而误了人生的行路，按杜甫的诗来讲'儒冠多误身'"，出自唐代杜甫《奉赠韦左丞丈二十二韵》中的首联"纨绔不饿死，儒冠多误身"。同前文第四十八首中的"漫识读书涕泪多"。

其四

驽才恰好卧山隈　凤把功名投火灰
心似铁牛鞭不动　忧如梅雨去还来
青天独解诗人愤　白眼空招俗士哈
日暮蚊军将满室　起挥纨扇对崔嵬

注：七言律诗，上平声十灰韵(隈、灰、来、哈、嵬)。

①驽才：见《史记·蔺相如列传》："相如虽驽，独畏廉将军哉？"

②夙把功名投火灰：见魏征《述怀》（《唐诗选》卷一）诗中："人生感意气，功名谁复论。"

③铁牛：据传大禹治水时，曾铸造铁牛，用于镇海。如今，在浙江钱塘江一带仍有"铁牛镇海"的风景点。见《空谷集》第二十三则中："铁牛镇断陕关西"。

④忧如梅雨去还来：见苏东坡《代席上人赠别》（《苏东坡诗集》卷九）诗中："泪眼无穷似梅雨，一番匀了一番多。"

⑤诗人愤：见司马迁在《史记·太史公自序》："诗三百篇，大抵贤圣发愤之所为作也。"以及《景德传灯录》（卷十二）中："路逢剑客须呈剑，不是才人莫献诗"、耶律楚材《从圣安澄老借书》（《湛然居士文集》卷二）诗中"剑逢剑客须拈出，诗逢诗人何必藏"。

⑥白眼：参见前文第三十一首"白眼甘期与世疏"所注。

⑦崔嵬：有石头的土山或山顶。见《诗经·国风·周南·卷耳》中："陟彼崔嵬，我马虺隤。我姑酌彼金罍，维以不永怀。"以及韦应物《观早朝》（《韦苏州集》卷七）诗中："丹殿据龙首，崔嵬对南山"、耶律楚材《用张道享韵》（《湛然居士文集》卷十一）中："瀚海波声寒汹涌，金山峰势高崔嵬"。

其五

破碎空中百尺楼　巨涛却向月宫流
大鱼无语没波底　俊鹘将飞立岸头
剑上风鸣多杀气　枕边雨滴锁闲愁
一任文字买奇祸　笑指青山入予洲

注：七言律诗，下平声十一尤韵（楼、流、头、愁、洲）。

①空中百尺楼：本为空中楼阁、海市蜃楼之意，转指心中的烦闷。见李商隐《安定城楼》诗首联："迢递高城百尺楼，绿杨枝外尽汀洲"。吴伟业《海市四首》（其三）（《梅村诗集》卷十）诗中："东南天地望中收，神鬼苍茫百尺楼。"

②俊鹘：凶猛的鹰。见《景德传灯录》（卷十一）中"师云，猛虎当轩谁是敌者。蘗曰，俊鹘冲天阿谁捉得"及吴伟业《海户曲》（《梅村诗集》卷六）中的"荒台百尺登临胜，俊鹘重经此地飞"。

③闲愁：见宋朝诗人真山民《独坐》诗中"有书遮老眼，无药疗闲愁"以及耶律楚材《还燕京题披云楼和诸士大夫韵》（《湛然居士文集》卷三）诗中"好梦安排诗句里，闲愁分付酒杯中"。

无题

明治二十九年（1896年）一月十二日

海南千里远　欲别暮天寒
铁笛吹红雪　火轮沸紫澜
为君忧国易　作客到家难
三十巽还坎　功名梦半残

注：五言律诗，上平声十四寒韵（寒、澜、难、残）。

①千里远：见《孟子·梁惠王》："叟不远千里而来，亦将有以利吾国乎？"

②红雪：一般为桃花的雅称。此处或许指火车烟囱喷出的火星，也可能指夕阳映照下的白雪。该句间接受到元萨都剌《升龙观夜烧香印上有吕洞宾老树精》诗中的"铁笛一声吹雪散，碧云飞过岳阳楼"的影响。

③火轮：据吉川幸次郎所注"火轮指蒸汽船，是当时中国产生的新词"。

④为君：见《论语·子路篇》中："为君难，为臣不易。"另见东汉曹植《怨歌行》："为君既不易，为臣良独难。"

⑤忧国易：见《李云传》（《后汉书》卷四十七）中："云素刚，忧国将危。"

⑥作客到家难：见杜甫《登高》诗中"万里悲秋常作客，百年多病独登台"、陆游《临安春雨初晴》诗尾联"素衣莫起风尘叹，犹及清明可到

家"。下文第一百七十首"作客谁知别路赊"同。

⑦巽还坎:"巽""坎"为中国易经八卦中的两卦。八卦象征各种各样的事物,其中"巽"表示顺调,"坎"象征险难。"还"见魏征《述怀》诗中:"中原还逐鹿,投笔事戎轩。"

> 丙申五月。恕卿所居庭前生灵芝。恕卿因徵余诗。余辞以不文。恕卿不听。赋以为赠。恕卿者片领氏。余僚友也。五首

明治二十九年十一月十五日

按:以下第五十九首至第七十五首,为夏目漱石任熊本第五高等学校教授时所作。

其一

> 阶前一李树　其下生灵芝
> 想当天长节　李红芝紫时

注:五言绝句,上平声四支韵(芝、时)。

①阶前:见朱熹《偶成诗》中:"未觉池塘春草梦,阶前梧叶已秋声。"

②灵芝:见班固《郊祀灵芝歌》(《全汉三国晋南北朝诗》卷二)中:"因露寝兮产灵芝。"

③天长节:唐玄宗天保七年开始的。见白居易《长恨歌》中:"天长地久有时尽,此恨绵绵无绝期。"

④芝紫:灵芝变成紫色。见《淮南子鸿烈解》卷十六之《说山训》中:"紫芝生于山,而不能生于磐石之上。"

其二

> 禄薄而无愠　旻天降厥灵
> 三茎抱石紫　瑞气满门庭

注：五言绝句，下平声九青韵（灵、庭）。
①愠：生气之意。见《论语·学而篇》："人不知而不愠，不亦君子乎？"
②旻天：见《尔雅·释天》："春为苍天，夏为昊天，秋为旻天，冬为上天。"
③厥："其"的古语。于《诗经》等古典作品中常见，如《诗经·大雅·生民》中的"厥初生民"等。

其三

朱盖涵甘露　紫茎抽绿苔
恕卿三顾出　公退笑颜开

注：五言绝句，上平声十灰韵（苔、开）。
①甘露：见《老子》（三十三章）中："天地相合，以降甘露。"
②三顾：见诸葛亮《前出师表》中："三顾臣于茅庐中。"
③公退：公务完毕，退出官厅之意。见《诗经·召南·羔羊》："委蛇委蛇，自公退食。"
④笑颜开：见刘禹锡《送李友路秀才赴举》诗尾联："伫俟明年桂，高堂开笑颜。"

其四

茯苓今懒采　石鼎那烹丹
日对灵芝坐　道心千古寒

注：五言绝句，上平声十四寒韵（丹、寒）。
①茯苓：道家仙药之一，《史记·龟策传》中称之为"伏灵"，"伏灵者，千岁松根也，食之不死"。《淮南子·说林训》载有："千年之松，下有茯苓，上有兔丝。"高青邱在《赠金华隐者》诗中吟道："茯苓夜煮倘许餐，铁杖来敲石门响。"
②石鼎：煎茶之物。见苏东坡《雪后至临平与柳子玉同至僧舍见陈尉列》（《苏东坡诗集》卷十一）诗中："铜炉擢烟穗，石鼎浮霜沤。"

③灵芝：见耶律楚材《怀古一百韵寄张敏之》（《湛然居士文集》卷十二）诗中："阿房修象魏，徐福觅灵芝。"

④道心：求道之心。见韦应物《经少林精舍寄都邑亲友》（《韦苏州集》卷二）诗中"鸣钟生道心，暮磬空云烟"以及高青邱《送衍师还相川》（《青邱诗集》卷二）诗中"道心深悟俱浮幻，不奈诗名满世传"、吴伟业《维摩枫林绝胜》（《梅村诗集》卷十）中的"道心黄叶淡，胜事白云忘"。

其五

氤氲出石罅　幽气逼禅心
时诵寒山句　看芝坐竹阴

注：五言绝句，下平声十二侵韵（心、阴）。

①氤氲：云气弥漫的样子。见韦应物《贾常侍林亭燕集》（《韦苏州集》卷一）诗中："缭绕接都城，氤氲望嵩丘。"

②石罅：石缝。见韦应物《同元锡题琅琊寺》（《韦苏州集》卷七）诗中："山中清景多，石罅寒泉洁。"

③幽气：见金元好问《蒲桃酒赋》（《遗山先生文集》卷一）中："挹幽气之薰然，释烦悁于中怀。"

④禅心：无为寂静的悟道之心。见耶律楚材《用昭禅诗韵》（《湛然居士文集》卷五）诗中："禅心说破劫前春，山中跋挈无为客。"

⑤寒山：唐朝诗人，多与"拾得"并称，为夏目漱石所喜爱，并在漱石文学中多次出现。如下文第一百三十六首："殷勤寄语寒山子，饶舌松风独待君。"另见夏目漱石《文学论》第三篇第一章中的"寒山为枯淡的禅僧，后人将其诗集录成册称为寒山诗"。

无题

明治三十年（1897年）十二月十二日

　　掉头辞帝阙　　倚剑出城闉
　　萃崒肥山尽　　滂洋筑水新
　　秋风吹落日　　大野绝行人
　　索寞乾坤矖　　苍冥哀雁频

注： 五言律诗，上平声十一真韵（阙、闉、新、人、频）。

①掉头：见唐 杜甫《送孔巢父谢病归游江东，兼呈李白》诗中："巢父掉头不肯住，东将入海随烟雾。"

②帝阙：见高青邱《杂诗》（《青邱诗集》卷四）诗中："谁云帝阙远，有路不在天。"

③倚剑：以剑为杖。书和剑是中国古时书生旅行随身携带之物。

④出城闉：城闉即城内重门。见高青邱《蒿里歌》（《青邱诗集》卷一）诗中"素骖驾广柳，萧萧出城闉"。

⑤萃崒：形容山高峻险陡的样子。《水浒传》（卷十七）中载有："崒崒萃萃，忽喇喇，天崩地塌……"

⑥滂洋：形容众多而广大的样子。见宋玉《高唐赋》中："滂洋洋而四施兮，蓊湛湛而弗止。"

⑦落日、行人：见高青邱《凉州曲》中："关外垂杨早换秋，行人落日旆悠悠。"

⑧乾坤：指天地。见《易经说卦》中"天为干，地为坤"以及杜甫《登岳阳楼诗》中"吴楚东南坼，乾坤日夜浮"。

⑨矖：昏暗。比如晋代束皙《补亡诗》中的"矖矖重云，辑辑和风"，将其用来形容重叠的云层。

⑩苍冥：即苍天。参见宋代文天祥《正气歌》："于人曰浩然，沛乎塞

40

苍冥。"

⑪哀雁：哀鸣的孤雁，多用在咏别离的诗歌中。见《诗经·小雅·鸿雁》中："鸿雁于飞，哀鸣嗷嗷。"夏目漱石借此比喻自己的境遇。

春兴

明治三十一年（1898年）三月

出门多所思　春风吹吾衣
芳草生车辙　废道入霞微
停筇而瞩目　万象带晴晖
听黄鸟宛转　睹落英纷霏
行尽平芜远　题诗古寺扉
孤愁高云际　大空断鸿归
寸心何窈窕　缥缈忘是非
三十我欲老　韶光犹依依
逍遥随物化　悠然对芬菲

注：五言古诗，上平声五微韵（衣、微、晖、霏、扉、归、非、依、菲）。

①出门：即外出，离开家门。在中国古典诗词中，常作为诗词名称，如《出门》（唐·韩愈）、《杂曲歌辞·出门行》（唐·元稹）、《出门》（宋·李复）、《出门》（宋·裘万顷）、《病后衰甚非篮舆不能出门感叹有赋》（宋·陆游）、《出门寄弟睹子得》（宋·陈着）等。另见高适五言绝句《田家春望》诗："出门何所见，春色满平芜。可叹无知己，高阳一酒徒。"

②所思：该词常出现在中国乐府诗中。例如，南北朝时期的《木兰辞》中"问女何所思，问女何所忆。女亦无所思，女亦无所忆"以及唐代宋之问《下山歌》中的"下嵩山兮多所思，携佳人兮步迟迟"等。

③春风：见高青邱《西陂》（《青邱诗集》卷十六）诗中："芳草水东

西，春风路不迷。"

④晴晖：晴朗的阳光。见吴伟业《约诸君游范园看杏花》（《梅村诗集》卷三）诗中："明日寻君君莫违，共随游蝶弄晴晖。"

⑤宛转：同"婉转"。见白居易《夜宴醉后留献裴侍中》诗颔联："翩翩舞袖双飞蝶，宛转歌声一索珠。"

⑥落英纷霏：散落，纷纷飘落的样子，原作为"霏霏"。见陶渊明《桃花源记》中："忽逢桃花林……落英缤纷，渔人甚异之。"

⑦平芜：草木丛生的平旷原野。见王维《方城送韦明府》（《王右丞集》卷八）诗中："高鸟长淮水，平芜故郢城。"

⑧孤愁：见陆游《九月二十五日鸡鸣前起待旦》诗中："断梦不妨寻枕上，孤愁还似客天涯。"

⑨断鸿：落单的大雁。见苏东坡《老人行》（《苏东坡诗集》卷四十七）诗中："故国日边无信息，断鸿空逐水长流。"

⑩寸心：见杜甫《偶题》（《杜少陵诗集》卷十八）诗首句："文章千古事，得失寸心知。"真山民《牧儿歌》（《真山民诗集》）诗中："两脚不踏红尘边，寸心不受功名牵。"

⑪窈窕：深邃幽美之意，另有沉着稳重之意。见《诗经·国风·周南·关雎》："窈窕淑女，君子好逑。"陶渊明《归去来兮辞》中："既窈窕以寻壑，亦崎岖而经丘。"

⑫缥缈：高远空旷，隐隐约约，若有若无的样子。形容空虚渺茫。见唐代白居易《长恨歌》："忽闻海上有仙山，山在虚无缥缈间。"

⑬韶光：见白居易《早春独游曲江》诗中："闲地心俱静，韶光眼共明。"

⑭依依：形容柔弱、依恋不舍的样子。见陶渊明《归田园居》（五首）第一首中："暧暧远人村，依依墟里烟。"

⑮逍遥随物化："逍遥"见《庄子·逍遥游篇》："彷徨乎无为其侧，逍遥乎寝卧其下。"成玄英疏："逍遥，自得之称。""物化"同样出自《庄子·齐物论》："昔者庄周梦为蝴蝶，栩栩然蝴蝶也。自喻适志与！不知周也。俄然觉，则蘧蘧然周也。不知周之梦为蝴蝶与？蝴蝶之梦为周

与？周与蝴蝶，则必有分矣。此之谓物化。"

⑯悠然：见陶渊明《饮酒二十首》（其五）诗中："采菊东篱下，悠然见南山。"

失题

明治三十一年（1898年）三月

吾心若有苦　求之遂难求
俯仰天地际　胡为发哀声
春花几开落　世事几迭更
乌兔促鬓发　意气轻功名
昨夜生月晕　飙风朝满城
梦醒枕上听　孤剑匣底鸣
慨然振衣起　登楼望前程
前程望不见　漠漠愁云横

注：五言古诗，下平声八庚韵（声、更、名、城、鸣、程、横）。

按："失题"即忘记该诗的题目之意，同"无题"。该诗是夏目漱石在熊本五高任教期间所作，曾获得同事长尾雨山（明治时代汉学家）的添削。松冈让在《漱石的汉诗》一书中记载有长尾雨山对该首诗的评语："长叹深喟，慨乎言之。"

①俯仰：低头与抬头。另见第七十二首中的"俯仰"一词。见唐代王维《叹白发》诗："俯仰天地间，能为几时客。"

②鬓：鬓的异体字。

③孤剑匣底鸣：参考前文第三十二首中"龙鸣"一词的注释。另见唐钱起《适楚次徐城》中"感激念知己，匣中孤剑鸣"一联。

④愁云：充满愁思、使人郁闷的云。见唐朝诗人窦庠《陪留守韩仆射巡内至上阳宫感兴二首》中"愁云漠漠草离离，太乙句陈处处疑"一联。

43

春日静坐

明治三十一年三月

青春二三月　愁随芳草长
闲花落空庭　素琴横虚堂
螟蛸挂不动　篆烟绕竹梁
独坐无双语　方寸认微光
人间徒多事　此境孰可忘
会得一日静　正知百年忙
遐怀寄何处　绵邈白云乡

注：五言古诗，下平声七阳韵（长、堂、梁、光、忘、忙、乡）。

①青春二三月："青春"即春天。根据中国五行说将四季进行色彩分配，于是有"青春""朱夏""白秋""玄冬"的说法。按照阴历来讲，一、二、三月为春天。见晋代谢尚《大道曲》诗中"青阳二三月，柳青桃复红"一联。在夏目漱石原作中该句为"春心三月尽"，"春心"即春天的心情。

②素琴：顾名思义，毫无装饰的琴。据梁代沈约撰《宋书·陶潜传》所载："潜不解音声，而畜素琴一张，无弦，每有酒适，辄抚弄以寄其意。"

③人间徒多事："多事"即俗事繁多之意。见《庄子·渔父篇》："今子既上无君侯有司之势而下无大臣职事之官，而擅饰礼乐，选人伦，以化齐民，不泰多事乎！"

④绵邈白云乡："绵邈"即遥远之意。"白云乡"引申为理想之地。见《庄子·天地篇》中的"乘彼白云，至于帝乡"，以及宋代苏轼的散文《潮州韩文公庙碑》中的"公昔骑龙白云乡"等。在漱石汉诗中包括实景的"白云"一词，出现16次。即使是在夏目漱石最后一首汉诗中，也有

"空中独唱白云吟"。可见夏目漱石对"白云"意向的钟情。

菜花黄

明治三十一年三月

菜花黄朝暾　菜花黄夕阳
菜花黄里人　晨昏喜欲狂
旷怀随云雀　冲融入彼苍
缥缈近天都　迢递凌尘乡
斯心不可道　厥乐自潢洋
恨未化为鸟　啼尽菜花黄

注：五言古诗，下平声七阳韵（暾、阳、狂、苍、乡、洋、黄）。

①云雀：古代指凤凰。《文选·左思〈魏都赋〉》载有："云雀踶甍而矫首，壮翼摛镂于青霄。"吕向注："云雀，凤也……言作凤于檐，踏立而举首也。"夏目漱石在《草枕》（又翻译为《旅宿》，该作品被中国译者陈德文评价为"这是一部凭借超凡的觉醒精神，有意逃离现实，一味追求唯美意识的非同一般的杰作"）中写道："春，睡了。猫忘记了捕鼠。人忘掉了借债，有时会变得魂不守舍，忘其所在。只有远远望见菜花的时候，眼睛才苏醒过来。只有听到云雀鸣叫的时候，灵魂才分明有了着落。云雀鸣叫不是靠嘴，而是用整个灵魂鸣叫。灵魂的活动通过声音表达出来，当数云雀的鸣叫显得更有力量。啊，真愉快！这样思想，这样愉快，正是诗。"

②冲融：冲和，恬适之意。见晋 木华所作辞赋《海赋》中载有"沖瀜沆瀁"（亦作冲融，水深广袤之意）。该词在夏目漱石汉文《木屑录》以及小说《草枕》中均有出现。

③彼苍：天、苍天之意。见《诗经·秦风·黄鸟》："彼苍者天，歼我良人！"

④天都：古代传说为上天帝王居住的地方。唐代王维《终南山》诗云："太乙近天都。"

⑤迢递：即遥远之意。递：递的异体字。

⑥潢洋：水流深而宽广之意。见《楚辞·九辩》中："被荷裯之晏晏兮，然潢洋而不可带。"

客中逢春寄子规

明治三十二年（1899年）

春风遍东皋　门前碧芜新
我怀在君子　君子隔嶙岣
嶙岣不可跋　君子空穆忞
怅望不可就　碧芜徒伤神
忆昔交游日　共许管鲍贫
斗酒凌乾坤　豪气逼星辰
而今天一涯　索居负我真
客土我问礼　旧庐君赋春
二百余里别　三十一年尘
尘缨无由濯　徘徊沧浪津
寄语子规子　莫为官游人

注：五言古诗：上平声十一真韵（新、岣、忞、神、贫、辰、真、春、尘、津、人）。

①东皋：东边的小山岗。"东"按中国五行的说法属春天的方位，而"皋"则是潮湿地带中的丘陵。见陶渊明《归去来兮辞》中的"登东皋以舒啸，临清流而赋诗"。

②跋：跨越山川之意。见《左传·襄公二十八年》中的"必使而君弃而封守，跋涉山川，蒙犯霜露，以逞君心"。

③穆忞：指德在于内在，而不在于外表，现代汉语解释为"杳然无形"。见《淮南子·原道训》："穆忞隐闵，纯德独存。"据东汉高诱所注："穆忞隐闵，皆无形之类也。"

④管鲍贫：管仲和鲍叔是好友，年轻时都非常贫困。见《史记·管晏列传》中的"管仲，鲍叔年轻时贫穷"，以及唐代杜甫《贫交行》中的"翻手为云覆手雨，纷纷轻薄何须数。君不见管鲍贫时交，此道今人弃如土"。

⑤斗酒：即一斗酒之意。见唐代杜甫《饮中八仙歌》中的"李白一斗诗百篇"一句。

⑥索居：与亲人朋友分开，一个人居住生活。见《礼记·檀弓》中有言"离群索居"。

⑦客土：此处指旅行地的土地而言，而如《汉书·成帝记》中所记载"天下虚耗，百姓罢（疲）劳，客土疏恶，终不可成"，以及唐代李白《树中草》诗中"客土植危根，逢春犹不死"的"客土"则指从别处带来的土。另，清代官修大型词藻典故词典《佩文韵府》中，收录了唐朝诗人阎宽的一首《秋怀》，其中也有"客土"一词，全句为"秋风已振衣，客土（去）何时归"。

⑧问礼：见《论语·八佾篇》中"林放问礼之本"的典故。孔子进入祭祀周公的庙堂时，就祭祀的顺序向旁边的人逐一询问，而被人讥讽道："那不是深受好评的博学之士吗？"孔子听后说道："这本身就是'礼'。"夏目漱石借此典故表达在陌生的异乡，过着诸事一一请教于他人的生活状况。

⑨无由濯：没有洗濯的机会。见《孟子·离娄上篇》之《孺子歌》"沧浪之水清兮，可以濯我缨。沧浪之水浊兮，可以濯我足"。此歌又出现在《楚辞·渔夫篇》中，为渔夫所唱。"濯缨"指洗去帽带上的灰尘，引申为虽有辞官之意，却无此机会。

⑩沧浪：见前文《孟子》中所提到的河流名称。

⑪官游人：做官之人，离开故乡异地就任之人。在中国，做官之人由于频繁调动，而奔走于各地。官与宦同义，所以又称之为"宦游"。

无题

明治三十二年

眼识东西字　心抱古今忧
廿年愧昏浊　而立才回头
静坐观复剥　虚怀役刚柔
鸟入云无迹　鱼行水自流
人间固无事　白云自悠悠

注：五言古诗，下平声十一尤韵（忧、头、柔、流、悠）。

①眼识东西字："东西字"为东洋、西洋的文字。

②古今忧：见《古诗十九首·生年不满百》首联："生年不满百，常怀千岁忧。"另外，在唐朝诗人李白的乐府诗《将进酒》中的"五花马，千金裘，呼儿将出换美酒，与尔同销万古愁"，以及宋代诗人苏轼《石苍舒醉墨堂》中的"人生识字忧患始，姓名粗记可以休"都可以发现有相似的词句。可知，夏目漱石对中国古诗的吸收与转化。

③昏浊：污浊、混浊之意。见宋代欧阳修《归田录》卷二："然其人状貌昏浊，垢秽不可近。"

④而立：三十岁的别称。见《论语·为政篇》中："吾十有五而志于学，三十而立，四十而不惑，五十而知天命，六十而耳顺，七十而从心所欲，不逾矩。"

⑤复剥：二者均是《易经》中"卦"的名称。即"剥"为"不利有攸往"，穷迫的象征。"复"则反其道，"利有攸往"。故中国有用成语"剥极必复"来比喻物极必反，否极泰来。

⑥刚柔："柔"和"刚"表示阴阳。《易经》中有言"剥，柔变刚也"，以及"刚柔相推而生变化"。

⑦鸟入云无迹：即鸟入云中，消失了踪影之意。见唐代杜甫《望岳》

诗中"荡胸生层云，决眦入归鸟"一联。

古别离

明治三十二年四月

上楼湘水绿　卷帘明月来
双袖蔷薇香　千金琥珀杯
窈窕鸣紫篷　徒倚暗泪催
二八才画眉　早识别离哀
再会期何日　临江思邈哉
徒道不相忘　君心曷得回
迢迢从此去　前路白云堆
抚君金错刀　怜君夺锦才
不赠貂襜褕　却报英琼瑰
春风吹翠鬟　怅忉下高台
欲遗君子佩　兰渚起徘徊

注：五言古诗，上平声十灰韵（来、杯、催、哀、哉、回、堆、才、瑰、台、徊）。

①"古别离"：中国古代民谣风格的诗歌即乐府诗的题名。昭明太子《文选》中收录有南朝梁江淹的《杂题诗·古别离》一首。

②湘水：流经中国湖南、注入洞庭湖的一条河流。在中国古代有"湘水女神"的神话故事。据传娥皇女英，又称皇英，长曰娥皇，次曰女英，是中国古代神话传说中帝尧的两个女儿。姐妹同嫁帝舜为妻。舜继尧位，娥皇女英之其妃，后舜至南方巡视，死于苍梧。两位夫人闻此噩耗，便一起去南方寻找舜王。娥皇、女英痛不欲生，便跳入波涛滚滚的湘江，化为湘江女神。东汉张衡《四愁诗》诗中有言："我所思兮在桂林，欲往从之湘水深。"

③千金琥珀杯：顾名思义，价值千金的琥珀杯。见宋代苏轼《皇太后阁六首》（其二）诗中："万岁菖蒲酒，千金琥珀杯。"据吉川幸次郎所注："理论上讲该句与上句当如何连接另当别论，这种意向是汉诗所具有的。如杜甫《郑驸马宅宴洞中》诗中有言'春酒杯浓琥珀薄，冰浆碗碧玛瑙寒'。"

④紫篴："篴"为"笛"的古字。见唐 李白五言古诗《经乱后将避地剡中留赠崔宣城》中"胡床紫玉笛，却坐青云叫"一联。

⑤徙倚：留恋，徘徊之意。见昭明太子《文选》中《古诗十九首·凛凛岁云暮》尾联"徙倚怀感伤，垂涕沾双扉"，以及三国·魏时曹植《洛神赋》中"于是洛灵感焉，徙倚彷徨，神光离合，乍阴乍阳"等诗句。

⑥二八：十六岁的别称，借指妙龄少女。见《楚辞·招魂》中："二八齐容，起郑舞些。"

⑦画眉：出自"张敞画眉"的典故。据《汉书·张敞传》记载："敞为人敏疾，赏罚分明，见恶辄取，时时越法纵舍，有足大者。其治京兆，略循赵广汉之迹。方略耳目，发伏禁奸，不如广汉，然敞本治《春秋》，以经术自辅，其政颇杂儒雅，往往表贤显善，不醇用诛罚，以此能自全，竟免于刑戮。京兆典京师，长安中浩穰，于三辅尤为剧。郡国二千石以高弟入守，及为真，久者不过二三年，近者数月一岁，辄毁伤失名，以罪过罢。唯广汉及敞为久任职。敞为京兆，朝廷每有大议，引古今，处便宜，公卿皆服，天子数从之。然敞无威仪，时罢朝会，过走马章台街，使御吏驱，自以便面拊马。又为妇画眉，长安中传张京兆眉怃。有司以奏敞。上问之，对曰：'臣闻闺房之内，夫妇之私，有过于画眉者。'上爱其能，弗备责也。然终不得大位。"

⑧金错刀：指中国古代嵌有黄金的小刀型货币。见东汉张衡《四愁诗》中："美人赠我金错刀，何以报之英琼瑶。美人赠我貂襜褕，何以报之明月珠。"这种场合，"金错刀"应为刀，而非货币。

⑨夺锦：在君王面前展示作诗才华，胜出者以锦袍作为奖品。见中国"夺锦之才"的典故。据《新唐书·宋之问传》记载："武后游洛南龙门，诏从臣赋诗，左史东方虬诗先成，后赐锦袍，之问俄顷献，后鉴之嗟赏，

更夺袍以赐。"另,深受夏目漱石喜爱的中国明代诗人高启(字青丘)有诗《谢赠衣》一首,有言:"被泽徒深厚,惭无夺锦才"。

⑩貂襜褕:貂皮大衣。"襜褕"有直裾之意。《四愁诗》中所见馈赠之物,原文为:"美人赠我貂襜褕,何以报之明月珠。"

⑪英琼瑰:精美的宝石,"英"同"瑛"。《四愁诗》中为"英琼瑶",同样为馈赠之物,原文为:"美人赠我金错刀,何以报之英琼瑶。"因韵脚的需要,夏目漱石将"瑶"改为了"瑰"。

⑫佩:指古代男子腰间佩戴之物,一般指宝玉,而此处根据《楚辞·离骚篇》中"扈江离与辟芷兮,纫秋兰以为佩"一句,或许指为兰花。

⑬日本明治时期著名汉学家长尾雨山曾评论该诗为:"情思缠绵,语言藻荟,颇复古调,结语遗君子佩,滞归旨敦厚,极得风人意。"其中,"敦厚"见《礼记·经解篇》中的"其为人也温柔敦厚,诗教也","风人"指真正的诗人,"风"指《诗经》中的国风。

失题

明治三十二年四月

仰瞻日月悬　俯瞰河岳连
旷哉天地际　浩气塞大千
往来暂逍遥　出处唯随缘
称师愧咕哔　拜官足缗钱
澹荡爱迟日　萧散送流年
古意寄白云　永怀抚朱弦
兴尽何所欲　曲肱空堂眠
鼾声撼屋梁　炊粱飏黄烟
被发驾神飙　寥沵昆仑巅
长啸抱珠去　饮泣蛟龙渊

　　　　　寤寐终归一　盈歇自后先
　　　　　胡僧说顿渐　老子谈太玄
　　　　　物命有常理　紫府孰求仙
　　　　　眇然无倚托　俯仰地与天

　　注：五言古诗，下平声一先韵（连、千、缘、钱、年、弦、眠、烟、巅、渊、先、玄、仙、天）。

　　①浩气：浩大刚正的精神。见《孟子·公孙丑章句上》第二节"我知言，我善养吾浩然之气……其为气也，至大至刚，以直养而无害，则塞于天地之间"中"浩然之气"的省略语。

　　②塞：满。漱石汉诗中该诗句的原作为"满"。应为作者根据《孟子》中"塞于天地之间"而改写。

　　③呫哔：读 tiè bì，诵读之意。见《礼记·学记篇》中："今之教者，呻其占毕，多其讯，言及于数，进而不顾其安。"会泽正志斋在《下学迩言》中言道："今人徒务呫哔，未能咀嚼也。"

　　④澹荡：淡泊闲适之意。见唐代李白《相逢行》诗中："春风正澹荡，暮雨来何迟。"（另见，《草枕》（六）中的澹荡）漱石汉诗中该诗句的原作为"沆瀁"。见晋代木华《海赋》中"沖瀜沆瀁"。

　　⑤迟日：指白昼变长的春日，或者阳光。见《诗经·豳风·七月》中："春日迟迟。"

　　⑥古意：怀古之意。见杜甫《登兖州城楼》诗中"从来多古意，临眺独踌躇"一联。

　　⑦永怀：见《诗经·周南·卷耳》中："我姑酌彼金罍，维以不永怀。"

　　⑧兴尽：尽兴。见《世说新语·任诞篇》之《王子猷雪夜访戴》中："吾本乘兴而行，兴尽而返，何必见戴？"

　　⑨曲肱：屈臂（而枕）之意。见《论语·述而篇》中："饭疏食，饮水，曲肱而枕之，乐亦在其中矣。"言贫者之乐。另见，夏目漱石于明治二十九年所作俳句"夫子暖かに无用の肱を曲げてねる"（孔夫子暖曲无

用之胘)。

⑩炊粱飏黄烟：煮小米饭冒出的黄烟。"飏"即升起、扬起之意。漱石汉诗该诗句原文为"扬"，意思相同。该句出自中国古代"黄粱一梦"的典故。见唐代沈既济的传奇小说《枕中记》。讲述一个年轻人卢生在邯郸旅店住宿，其入睡后做了一场享尽一生荣华富贵的好梦。醒来的时候小米饭还没有熟，因而大彻大悟，三生浮屠。

⑪寥泬：形容清朗空旷貌。见《楚辞·九辩》："泬寥兮天高而气清。"据东汉文学家王逸所注："泬寥，旷荡空虚也。或曰，泬寥犹萧条。萧条，无云貌。"

⑫抱珠：源自中国古代"和氏璧"的典故，借以象征被埋没的才能。见《韩非子·和氏》，原文如下："楚人和氏得玉璞楚山中，奉而献之厉王。厉王使玉人相之。玉人曰：'石也。'王以和为诳，而刖其左足。及厉王薨，武王即位。和又奉其璞而献之武王。武王使玉人相之。又曰：'石也。'王又以和为诳，而刖其右足。武王薨，文王即位。和乃抱其璞而哭于楚山之下，三日三夜，泪尽而继之以血。王闻之，使人问其故，曰：'天下之刖者多矣，子奚哭之悲也？'和曰：'吾非悲刖也，悲夫宝玉而题之以石，贞士而名之以诳，此吾所以悲也。'王乃使玉人理其璞而得宝焉，遂命曰：'和氏之璧。'"

⑬饮泣：指极度悲伤，无声而哭。见西汉司马迁《报任安书》中："士无不起躬流涕，沫血饮泣。"另见《楚辞·七谏》中"和抱璞而泣血兮，安得良工而剖之"等。

⑭寤寐：醒来睡去之意。见《诗经·国风·周南·关雎》中："窈窕淑女，寤寐求之。"

⑮胡僧：西方僧人。"胡僧"与"老子"相对，"老子"在中国作为道教的始祖，"胡僧"或为印度禅宗的始祖达摩。"达摩"一词见禅宗的代表性著作《碧岩录》，其第四十二则中有"碧眼胡僧"之说。

⑯太玄：虚无恬淡的说教。见昭明太子《文选》所录嵇康《赠秀才入军》诗中："俯仰自得，游心太玄。"

⑰倚托：依靠、仰仗之意。宋代欧阳修的文章《义勇指挥使代贫民差

役奏状》中有言："凡一家三两丁者，一人上州教阅，一人供送，一人在州县执役或远地输纳税租，所存但有衰老，或有全无倚托者，废业忘家，不胜其苦。"另见陶渊明《咏贫士》诗中："万族各有托，孤云独无依。"

无题

明治三十三年（1890年）

长风解缆古瀛洲　欲破沧溟扫暗愁
缥渺离怀怜野鹤　蹉跎宿志愧沙鸥
醉扪北斗三杯酒　笑指西天一叶舟
万里苍茫航路杳　烟波深处赋高秋

注：七言律诗，下平声十一尤韵（洲、愁、鸥、舟、秋）。

①长风：从远处吹来的风。前文第十九首亦有"长风吹满太平洋"一句。见梁代沈约撰《宋书·宗悫传》中："悫年少时，炳问其志，悫曰：'愿乘长风破万里浪。'"

②古瀛洲：指日本。"瀛洲"在中国传说中是位于东海中的神仙岛。《史记·秦始皇本纪》中有记载："言海中有三神山，名曰蓬莱、方丈、瀛洲，仙人居之。"这应该是对日本最早的称呼。"瀛"的字面意思就是大海。

③缥渺：见前文第六十五首注释。

④蹉跎：形容不平坦且挫折很多。见前文第四十一首注释所引唐朝诗人张九龄《照镜见白发》诗中"宿昔青云志，蹉跎白发年"一联。

⑤沙鸥：沙滩上的海鸥，与前句中的"野鹤"同为自由的象征。见唐代杜甫《旅夜书怀》诗中"飘飘何所似，天地一沙鸥"一联。"鸥"在前文第四十三首也有注解。

⑥一叶舟：即小船，与大海形成鲜明对比。见唐代李商隐《无题》诗中"万里风波一叶舟，忆归初罢更夷犹"一联。

⑦烟波:"烟"即烟霭,"烟波"即烟雾笼罩的水波。见宋代陆游《烟波即事十首》(其二)诗中"烟波深处卧孤篷,宿酒醒时闻断鸿"一联。

无题

明治三十三年
　　生死因缘无了期　　色相世界现狂痴
　　迍邅屦校尘中滞　　迢遰正冠天外之
　　得失忘怀当是佛　　江山满目悉吾师
　　前程浩荡八千里　　欲学葛藤文字技

注:七言律诗,上平声四支韵(期、痴、之、师、技)。

①迍邅:动作缓慢、行进困难之意。见《易经·屯卦》中"迍如邅如,乘马班如"等。

②屦校:"屦"即戴,"校"即镣铐之类的刑具,所以该词为戴上镣铐之意。也是出自《易经·噬嗑》中:"屦校灭趾,无咎。"

③正冠:将帽子戴正,即正身之意。出自子路"结缨而死"的典故。据《史记·仲尼弟子列传》记载:"子路为卫大夫孔悝之邑宰……于是子路欲燔台,黄聩惧,乃下石乞、壶黡攻子路,击断子路之缨。子路曰:'君子死而冠不免。'遂结缨而死。"

④得失忘怀:"得失"即成功与失败,或利害得失,见前文第五十三首。"忘怀"即不放在心上。见陶渊明《五柳先生传》中:"忘怀得失,以此自终。"

⑤悉吾师:见《论语·述而篇》中:"三人行,必有我师焉。"

⑥浩荡:常出现在杜甫诗中,如《桥陵诗三十韵因呈县内诸官》诗中"何当摆俗累,浩荡乘沧溟"等。

无题

明治三十三年

君病风流谢俗纷　吾愚牢落失鸿群
磨砖未彻古人句　呕血始看才子文
陌柳映衣征意动　馆灯照鬓客愁分
诗成投笔蹒跚起　此去西天多白云

注：七言律诗，上平声十二支韵（纷、群、文、分、云）。

①牢落：孤独寂寞的样子。见晋代陆机《文赋》中："心牢落而无偶，意徘徊而不能揣。"

②磨砖：砖原文为"甎"，《汉诗文》卷注释为"此处同'瓦'"。《江西马祖道一禅师语录》开头写道："江西道一禅师。汉州什方县人也。姓马氏本邑罗汉寺出家。容貌奇异。牛行虎视。引舌过鼻。足下有二轮文。幼岁依资州唐和尚落发。受具于渝州圆律师。唐开元中。习定于衡岳传法院。遇让和尚。知是法器。问曰。大德坐禅图什么。师曰。图作佛。让乃取一砖。于彼庵前磨。师曰。磨砖作么。让曰。磨作镜。师曰。磨砖岂得成镜。让曰。磨砖既不成镜。坐禅岂得成佛耶。"夏目漱石借此典故在《我是猫》中写道："过去据说有位学者去访问某一高僧，这个和尚打着赤膊正在磨瓦罐。问他：'你在做什么？'和尚回答说：'没什么，我是想造一面镜子，所以正拼命在磨哪。'于是那位学者大吃一惊，说道：'尽管你是高僧，恐怕也不可能把瓦罐磨成镜子吧。'和尚一边哈哈大笑，一边责骂道：'哦，你说得对，那我就不磨了，不过，那种读破万卷书，却不懂得我佛门之道的人，恐怕也和我用瓦罐磨镜子一样的。'"

③柳：谐音"留"，中国古代的风俗，常在送别亲友时，赠送柳枝，以表达依依不舍之情。

④此去西天多白云："此去"一词，常出现在唐诗中，如李商隐《无题》

中的"蓬山此去无多路，青鸟殷勤为探看"等；"白云"见前文，如第二十三首注释。该句整体参照唐代王维《送别》中："但去莫复问，白云无尽时。"

无题

　　一奁楼角雨　闲杀古今人
　　忽晤弹琴响　垂杨惹恨新

注：五言绝句，上平声十一真韵（人、新）。
一奁楼角雨："奁"即化妆盒，或镜台。"楼角"即高楼的一角，或二楼房间的一角。见唐代杜甫《东楼》中："楼角临风迥，城阴带水昏。"

无题

明治四十三年（1910年）七月三十一日
　　来宿山中寺　更加老衲衣
　　寂然禅梦底　窗外白云归

注：五言绝句，上平声五微韵（衣、归）。
寂然：寂静之意。见《易经·系辞上》中："易无思也，无为也，寂然不动，感而遂通天下之故。"

无题

明治四十三年九月二十日
　　秋风鸣万木　山雨撼高楼
　　病骨稜如剑　一灯青欲愁

注：五言绝句，下平声十一尤韵（楼、愁）。

山雨撼高楼：见唐代许浑《咸阳城东楼》诗中"溪云初起日沉阁，山雨欲来风满楼"一联。

无题

明治四十三年九月二十二日
圆觉曾参棒喝禅　瞎儿何处触机缘
青山不拒庸人骨　回首九原月在天

注：七言绝句，下平声一先韵（禅、缘、天）。
①青山不拒庸人骨："青山"与"骨"的关系，参照前文第四十七首注释所引苏轼的诗《狱中寄子由二首》。
②九原：即墓地。见基于《礼记·檀弓篇》"赵文子与叔誉观乎九原"中的成语"九原可作"。

无题

明治四十三年九月二十五日
风流人未死　病里领清闲
日日山中事　朝朝见碧山

注：五言绝句，上平声十五删韵（闲、山）。
①风流：指亲近自然，吟诵诗作。夏目漱石在《往事漫忆》（五）中写道："那时的我独喜风流这一趣味，而这是西洋语中所罕见的。"
②日日山中事：见唐代太上隐者《答人》中："山中无历日，寒尽不知年。"而此处的"山中事"为夏目漱石在山中疗养之事。

③朝朝见碧山："碧山"即绿意葱葱的深山。见唐代李白《山中问答》诗中"问余何意栖碧山，笑而不答心自闲"一联。

无题

  明治四十三年九月二十九日
  仰卧人如哑　默然见大空
  大空云不动　终日杳相同

注：五言绝句，上平声一东韵（空、同）。
见：夏目漱石日记中为"对"字，而在修善寺公园的诗碑上刻作了"看"字。

无题

  明治四十三年十月一日
  日似三春永　心随野水空
  床头花一片　闲落小眠中

注：五言绝句，上平声一东韵（空、中）。

无题

  明治四十三年十月二日
  梦绕星潢泫露幽　夜分形影暗灯愁
  旗亭疢近修禅寺　一椀疏钟已九秋

注：七言绝句，上平声十一尤韵（幽、愁、秋）。

①梦绕星潢泫露幽："星潢"即天河。"潢"即渡口。"泫露"即滴落的露珠。昭明太子《文选》中收录谢灵运《从斤竹涧越岭溪行》中的"岩下云方合，花上露犹泫"（泫：水珠欲滴的样子）。"幽"形容深远寂静。此句，在夏目漱石日记中的初案为"梦拥银河白露流"。"拥"即环绕包围之意。"白露"即露。见《礼记·月令篇》中："孟秋之月……凉风至，白露降，寒蝉鸣，鹰乃祭鸟……"

②形影：此处指人的身体和影子。参见《庄子·外篇·天地》，另见陶渊明《形影神三首》。

无题

明治四十三年十月三日

淋漓绛血腹中文　呕照黄昏漾绮纹
入夜空疑身是骨　卧床如石梦寒云

注：七言绝句，上平声十文韵（文、纹、云）。

无题

明治四十三年十月四日

万事休时一息回　余生岂忍比残灰
风过古涧秋声起　日落幽篁暝色来
漫道山中三月滞　讵知门外一天开
归期勿后黄花节　恐有羁魂梦旧苔

注：七言律诗，上平声十灰韵（回、灰、来、开、苔）。

①万事休：束手无策之意，此处指夏目漱石大吐血事件。引用中国谚语"三寸气在千般用，一旦呜呼万事休"，以及"人到中年万事休"等。

②风过古涧秋声起："古涧"即古老的山涧，有着悠久历史的山涧。"秋声"即通知秋天到来的万物的声音。见前文第四十九首注释。宋代欧阳修著有《秋声赋》。

③日落幽篁暝色来："幽篁"即深幽僻静的竹林。见唐代王维《竹里馆》："独坐幽篁里，弹琴复长啸。深林人不知，明月来相照。"

④黄花节：菊花节，即阴历九月九日重阳节。

无题

明治四十三年十月七日

天下自多事　被吹天下风
高秋悲鬓白　衰病梦颜红
送鸟天无尽　看云道不穷
残存吾骨贵　慎勿妄磨砻

注：五言律诗，上平声一东韵（风、红、穷、砻）。

①多事：俗事繁多之意，参见前文第六十七首注释。

②被吹天下风：该句为中文的被动句，意为世间风潮所左右。

③颜红：是"红颜"的倒装，押韵所需。指少年、少年时代。

④送鸟天无尽　看云道不穷：这两句诗，在夏目漱石日记中的初案为"爱友仇不到　读书道不穷"，并将"爱"改为"怀"、"不"改为"无"。"仇"并非对手、仇敌之意，见《书经·周书·召诰篇》"予小臣敢以王之仇民百君子越友民，保受王威命明德"中，"仇民"乃伙伴、朋友之意。

无题

明治四十三年十月七日
伤心秋已到　呕血骨犹存
病起期何日　夕阳还一村

注：五言绝句，上平声十三元韵（存、村）。

夕阳还一村：即已是黄昏时候，尚能遇到一个村庄。见宋代陆游《游山西村》中："山重水复疑无路，柳暗花明又一村。"

无题

明治四十三年十月八日
秋露下南硐　黄花粲照颜
欲行沿硐远　却得与云还

注：五言绝句，上平声十五删韵（颜、还）。

①秋露下南硐："硐"即"涧"，同为山川之意。受唐代柳宗元《南涧中题》诗中"秋气集南涧，独游亭午时"一联的影响。柳宗元诗中的"南涧"也指地名。

②黄花：见上一首注释。

③欲行沿硐远 却得与云还："硐"字在本诗的第一句和第三句重复出现，不符合绝句的格式。"却"即转折之意。此联或许受到唐代王维《终南别业》诗中"行到水穷处，坐看云起时"一联的影响。

无题

明治四十三年十月十日

客梦回时一鸟鸣　夜来山雨晓来晴
孤峰顶上孤松色　早映红暾郁郁明

注：七言绝句，下平声八庚韵（鸣、晴、明）。
①夜来：见唐代孟浩然《春晓》中："夜来风雨声，花落知多少。"
②孤峰：孤立耸峙的山峰。见《碧岩录》第四则评唱："此子已后，向孤峰顶上盘结草庵，呵佛骂祖去在。"
③郁郁：此处指孤松长势繁茂的样子。吉川幸次郎注解该诗言道："这首诗中除使用叠字郁郁外，还有夜来和晓来中来字的重复，以及孤峰和孤松中孤字的重复，违背了近体诗中同一个字不能重复使用的通例，但是此句法在杜甫诗中频频出现，如《绝句漫兴九首》第四首中的'二月已破三月来，渐老逢春能几回'。"

无题

明治四十三年十月十一日

遗却新诗无处寻　嗒然隔牖对遥林
斜阳满径照僧远　黄叶一村藏寺深
悬偈壁间焚佛意　见云天上抱琴心
人间至乐江湖老　犬吠鸡鸣共好音

注：七言律诗，下平声十二侵韵（寻、林、深、心、音）。
①遗却：忘记、丢去、放在何处之意。见唐代崔国辅《长乐少年行

（一作古意）》："遗却珊瑚鞭，白马骄不行。章台折杨柳，春日路傍情。"

②嗒然：忘我、茫然之意。见《庄子·齐物论篇》中："仰天而嘘，苔焉似丧其耦。"另见宋代苏轼《书晁补之所藏与可画竹三首》（其一）诗中"岂独不见人，嗒然遗其身"。以及宋代真山民《拙叹》中："一拙缚四体，百不能鄙事。少也弃农桑，妄意学煮字。毛锥七寸管，错认作耒耜。纸田日已荒，憔悴饥欲死。饥死尽可忧，饱死亦可耻。嗒然空山中，嚼梅漱玉水。"

③黄叶一村："黄叶"指泛黄的枫叶，见宋代苏轼《书李世南所画秋景二首》（其一）中："扁舟一棹归何处？家在江南黄叶村。""一村"同前文第八十七首中的"夕阳还一村"，见宋代陆游《游山西村》中："山重水复疑无路，柳暗花明又一村。"该首诗颔联的初案为"夕阳半径好移榻　黄叶一窗也入塔"，又将其改为"夕阳半岸照舟淡　黄叶一村藏寺深"，更进一步将"淡"改为"远"。而且该诗的颔联曾受到中国日本古典文学研究专家的高度评价。中国近代著名作家、翻译家谢六逸先生曾在《关于日本古典文学》（《改造》大正十五年七月临时号）一文中言道："日本人诗没有必要做汉诗的。我所读到的汉诗当中，只有夏目漱石先生《想起的事等》中的两句最好，即'斜阳满径照僧远，黄叶一村藏寺深'。能写出此等汉诗，真是佩服至极……"

④焚佛：见中国佛教禅宗史书之一《五灯会元》（卷五）中"丹霞烧佛"的典故。据该书记载："后于慧林寺，遇天大寒，取木佛烧火向。院主诃曰：'何得烧我木佛？'师以杖子拨灰曰：'吾烧取舍利。'主曰：'木佛何有舍利？'师曰：'既无舍利，更取两尊烧。'主自后眉须堕落。"此公案旨在阐明真正信佛者方为续佛慧命，若视偶像为佛，反损佛之慧命。

⑤抱琴心：见唐代张说《湘州北亭》中："悠然白云意，乘兴抱琴过。"另见，李白《山中与幽人对酌》用"两人对酌山花开，一杯一杯复一杯。我醉欲眠卿且去，明朝有意抱琴来"来表达脱俗的心境。

⑥犬吠鸡鸣：见陶渊明咏唱田园风光的诗歌，如《归田园居五首》（其一）中的"狗吠深巷中，鸡鸣桑树颠"、《桃花源记》中的"阡陌交通，鸡犬相闻"等。《老子》（第八十章）论"小国寡民"一章，用"鸡

犬相闻"来表达这一理想境地。

无题

明治四十三年十月十六日
缥缈玄黄外　死生交谢时
寄托冥然去　我心何所之
归来觅命根　杳官竟难知
孤愁空绕梦　宛动萧瑟悲
江山秋已老　粥药鬓将衰
廓寥天尚在　高树独余枝
晚怀如此澹　风露入诗迟

注：五言古诗，上平声四支韵（时、之、知、悲、衰、枝、迟）。

①缥缈玄黄外："缥缈"参考前文第六十五首注释。"玄黄"指天地。"玄"（黑），天之色；"黄"，地之色。见《千字文》开头部分："天地玄黄，宇宙洪荒。"吐血后的夏目漱石徘徊于虚无缥缈的天地之外、宇宙之中。该诗的第一句，十六日初案为"天地有无里"，十七日改为"缥缈天地外"，十八日最终确定为"缥缈玄黄外"，可见夏目漱石对汉诗创作的反复推敲、精益求精。

②寄托冥然去："寄托"即依靠、依赖之意，此处指依赖他人而活之意。见《论语·泰伯篇》中："可以托六尺之孤，可以寄百里之命。""冥然"即黑暗之意。"冥然去"即消失在黑暗之中。夏目漱石十月十六日此句的初案定为"人间失寄托"，十七日改为"杳然无寄托"，十八日定稿为"杳然无寄托"。"杳然"即渺远之意。而"冥然"一词，据吉川幸次郎所注："初稿中虽为'杳然'，杜甫诗中可见，从汉语角度而言较为稳妥。"（杜甫《题张氏隐居二首》诗中："乘兴杳然迷出处，对君疑是泛虚舟。"）

③归来觅命根 杳窅竟难知："归来"即回归现实世界之意；"觅"即探求之意；"命根"，佛教用语，即生命。此联在夏目漱石十六日的初案中为"命根何处来　灵台不可知"，其中，"灵台"指心、内心，见《庄子·达生篇》中："工倕旋而盖规矩，指与物化而不以心稽，故其灵台一而不桎。"夏目漱石于十七日将"何处来"改为"何处在"、"灵台"改为"窈窕"（见前文第六十五首注释），即"命根何处在，窈窕不可知"。

④萧瑟：用来形容凋落的秋天的悲凉之语。见《楚辞·九辩》中："悲哉！秋之为气也。萧瑟兮，草木摇落而变衰。"参考前文第二十八首注释。

⑤粥药：即药粥，病人饮用的粥和药。中医中有"食治"之说，在中医经典著作如《伤寒杂病论》《千金方》《本草纲目》等书中，均有记载。

⑥廓寥天尚在：参照《楚辞·远游》中"下峥嵘而无地兮，上寥廓而无天"的写法。

⑦晚怀：晚年的感怀。见唐代刘禹锡《裴祭酒尚书见示春归城南青松坞别墅寄王左丞》诗中："早宦阅人事，晚怀生道机。"

在夏目漱石十六日日记中，该诗第六句后，有定稿中删去的十句，如下：

窈窕日月遏　岌岌万象危
幽明忽咫尺　乾坤半饷移
单躯跨双界　双眼挂大疑
幸生天子国　未逢当代师
四十犹兀兀　斯道果属谁

注：
①窈窕：见前文第六十五首注释。
②岌岌：不安定，危险之意。见《韩非子·忠孝篇》中："孔子曰：当是时也，危哉，天下岌岌！"
③咫尺：周制八寸为咫，十寸为尺。形容距离非常近。
④乾坤：指天地。见前文第三首注释。

⑤四十：指四十岁，已是不惑之年。见《论语·为政篇》中："吾十有五而志于学，三十而立，四十而不惑，五十而知天命，六十而耳顺，七十而从心所欲，不逾矩。"

⑥斯道：原本指孔孟之道，此处或为人应当坚持的道路、真理等。

在夏目漱石十七日日记中，前文所述的第五、六句（命根何处在，窈窕不可知）后，又有如下未定稿的十二句（夏目漱石继续进行推敲）。

唯觉天日暗　翻怪人间奇
幽明固比邻　乾坤一瞬移
单躯入双界　双眼挂大疑
休言阅两极　曷得穷两仪
生住天子国　未许称人师
四十犹兀兀　斯道果属谁

注：
①两极：生与死两个极端。
②两仪：阴和阳，即支配宇宙的大法。同"两极"一样，见《易经》。

在夏目漱石十七日日记中，仍有如下六句（夏目漱石做了仔细推敲）。

孤愁澹难语　况逢箫飒悲
仰卧秋已阑　一病欲银髭
寥廓天空在　默看（见）高果枝

在夏目漱石十八日日记中，前文所述的第五、六句（命根何处在，窈窕不可知）后，又有如下十八句：

只惊白日暗　翻怪人间奇
羊心贯双界　双眼挂大疑
幽明呲嗟变　乾坤顷刻移
敢言阅两极　曷得明二仪
语默共勃窣　吾事问向谁

67

孤愁来落枕　又摇萧飒悲
仰卧秋已阑　苦病欲银髭
寥廓天空在　高树空余枝
对此怦怅久　晚怀无尽期

无题

明治四十三年十月二十四日
桃花马上少年时　笑据银鞍拂柳枝
绿水至今迢遰去　月明来照鬓如丝

注：七言绝句，上平声四支韵（时、枝、丝）。

①少年时：见唐代杜审言《戏赠赵使君美人》诗中："红粉青娥映楚云，桃花马上石榴裙。""桃花马上"的初案为"桃花饮马"。

②笑据银鞍拂柳枝："银鞍"即用银装饰的、漂亮的马鞍。见唐代李白《少年行二首》（其二）诗中："五陵年少金市东，银鞍白马度春风。落花踏尽游何处，笑入胡姬酒肆中。""柳枝"也是唐诗中描写衣着华丽的年轻人的常用词，如唐代崔国辅《长乐少年行（一作古意）》诗中："遗却珊瑚鞭，白马骄不行。章台折杨柳，春草路旁情。"（亦见前文第三十九首注释）该句的初案为"笑下锦鞯折柳枝"。

无题

明治四十三年十月二十七日
马上青年老　镜中白发新
幸生天子国　愿作太平民

注：五言绝句，上平声十一真韵（新、民）。

①镜中白发新：感叹镜中白发的诗句，在唐诗中为数不少。其中最有名的，当属张九龄《照镜见白发》诗："宿昔青云志，蹉跎白发年。谁知明镜里，形影自相怜。"

②愿作太平民："作"与"为"同义。日记中，该句初案为"未耻称武臣"，后改为"甘作太平民"。夏目漱石所喜爱的中国明代诗人高启（青丘），著有《和王耕云与愚庵倡和诗二首》，其一为："灌花移石不辞勤，苔润流泉雨后新。一坞绿杨鸡犬静，老来欣作太平人。"该诗中的"灌花""移石""太平"等词语在漱石汉诗后文中用到过。此外宋代邵雍《病亟吟》诗中重复使用"太平"一词，如"生于太平世，长于太平世。老于太平世，死于太平世"。

春日偶成十首

明治四十五年（1912 年）五月二十四日

其一

莫道风尘老　当轩野趣新
竹深莺乱啭　清昼卧听春

注：五言绝句，上平声十一真韵（新、春）。

①风尘老："风尘"即俗世间。见前文第四十五首注释。另参考唐代高适《人日寄杜二拾遗》诗中："一卧东山三十春，岂知书剑老风尘。"

②竹深：竹林深幽之意。漱石藏书《宋元明诗选三百首》中收录的宋朝诗人刘敞《雨后回文》诗有"竹深啼鸟乱，庭暗落花残"一联。

③听：侧耳倾听。"听春"，侧耳倾听春天的声音。据吉川幸次郎所注："该词在以往的诗中未曾出现过。"不过，有"听秋"的用例，如唐李商隐《十字水期韦潘侍御同年不至时韦寓居水次故郭汾宁宅》诗中：

"西园碧树今谁主，与近高窗卧听秋。"

其二
竹密能通水　花高不隐春
风光谁是主　好日属诗人

注：五言绝句，上平声十一真韵（春、人）。

①通水：即流水毫无停滞地通过。见宋真宗年间释道原所撰《景德传灯录》（卷二十）"竹密岂妨流水过，山高那阻野云飞？"

②谁是主：谁是主人。见上首诗注释中所引李商隐的诗句（西园碧树今谁主）。另见宋代苏轼《赤壁赋》中："且夫天地之间，物各有主，苟非吾之所有，虽一毫而莫取。惟江上之清风，与山间之明月，耳得之而为声，目遇之而成色，取之无禁，用之不竭。"

其三
细雨看花后　光风静坐中
虚堂迎昼永　流水出门空

注：五言绝句，上平声一东韵（中、空）。

①细雨：见唐代王维《酌酒与裴迪》诗中"草色全经细雨湿，花枝欲动春风寒"一联。

②光风：此处指雨后天晴的风景。见《楚辞·招魂》中："光风转蕙，泛崇兰些。"其中，"光风"指雨过天晴、微风吹拂、草木清新之意。

③流水出门空：为平仄押韵所需，夏目漱石将"出门流水空"倒置，意为河水无声地流淌着。见杜甫《陪郑广文游何将军山林十首》（其十）诗中"出门流水住，回首白云多"一联。另外，"出门"见前文第六十五首。

其四
树暗幽听鸟　天明仄见花
春风无远近　吹到野人家

注：五言绝句，下平声六麻韵（花、家）。

①树暗幽听鸟：此句在夏目漱石日记中，初案为"鸟啼时听鸟"。

②天明仄见花：此句在夏目漱石日记中，初案为"花开复见花"。

③春风无远近："无远近"即或远或近，无法分别。见宋代真山民《新春》诗中："东风无薄厚，例随到卫门。"此句在夏目漱石日记中，初案为"春愁来几度"。

④吹到野人家："野人家"在王安石或陆游等诗人的诗中可见。如王安石《初晴》诗中的"小雨初晴好天气，晚花残照野人家"、陆游的《过野人家有感》等。此句在夏目漱石日记中，初案为"人老四时家"。

其五

抱病衡门老　忧时涕泪多
江山春意动　客梦落烟波

注：五言绝句，下平声五歌韵（多、波）。

①抱病：即带病状态。见唐代杜甫《东屯月夜》诗中："抱疾漂萍老，防边旧谷屯。春农亲异俗，岁月在衡门。"

②衡门：横木为门。多指隐者所居住的简陋的屋舍。来源于《诗经·国风·陈风》之《衡门》诗。

③春意：中国古典诗歌中使用频率较高的词语。如白居易《嘉陵夜有怀二首》诗中"露湿墙花春意深，西廊月上半床阴"、孟浩然《春意》诗中"春情多艳逸，春意倍相思"、苏轼《虎丘寺》诗中"熙熙览生物，春意颇凄冷"等。

④客梦落烟波："客梦"，顾名思义，就是旅途睡梦，前文第八十九首亦有该词。此处或指思旅之梦。"烟波"见唐代崔颢《黄鹤楼》诗中："日暮乡关何处是？烟波江上使人愁。"

其六

渡口春潮静　扁舟半柳荫
渔翁眠未觉　山色入江深

注：五言绝句，下平声十二侵韵（荫、深）。

入江：逆注入大海的河流而上。中国明代诗人高启（青丘）著有《题杂诗》十二首，其第二首为："欲寻江寺僧，渡口孤帆发。落日浦风生，不畏春潮润。"

其七

流莺呼梦去　微雨湿花来
昨夜春愁色　依稀上绿苔

注：五言绝句，下平声十灰韵（来、苔）。

①呼梦去：梦中警醒而飞走。见宋代王炎《到胡道士草庵》诗中："春深只有鸟呼梦，地僻略无人叩关。"另外，李白《春日醉起言志》诗中也有此景的描写："觉来盼庭前，一鸟花间鸣。借问此何时？春风语流莺。"

②春愁：同上首诗中的"春意"一样，也是中国古代诗歌中使用频率较高的词语。如唐代韦庄《菩萨蛮·劝君今夜须沉醉》诗中"须愁春漏短，莫诉金杯满"、宋代欧阳修《蝶恋花·面旋落花风荡漾》诗中"春愁酒病成惆怅"等。

其八

树下开襟坐　吟怀与道新
落花人不识　啼鸟自残春

注：五言绝句，上平声十一真韵（新、春）。

①开襟：即解开领口，宽衣之意。见唐 白居易《开襟》诗："开襟何处好，竹下池边地。余热体犹烦，早凉风有味。黄萎槐蕊结，红破莲芳坠。无奈每年秋，先来入衰思。"

②不识：即不留心、不觉之意。见唐代王维《竹里馆》诗："独坐幽篁里，弹琴复长啸。深林人不知，明月来相照。"

③啼鸟自残春：即鸟的啼鸣声宣告着春天的结束。见北宋时期黄龙宗禅师晦堂的一首诗《逢刘居士》："去年别我龙沙岸，今日逢君楚水滨。相别相逢两无语，落花啼鸟又残春。"

其九
　　草色空阶下　萋萋雨后青
　　孤莺呼偶去　迟日满闲庭

注：五言绝句，下平声九真韵（青、庭）。
①萋萋：形容草木茂盛的样子。见《楚辞·招隐士》中的"王孙游兮不归，春草生兮萋萋"。
②迟日：参考前文第七十二首注释。

其十
　　渡尽东西水　三过翠柳桥
　　春风吹不断　春恨几条条

注：五言绝句，下平声二萧韵（桥、条）。
①东西水：见明代高启（青丘）《西陂》诗中"芳草水东西，春风路欲迷。归时不觉晚，山与夕阳低"，以及高启的另一首《寻胡隐君》诗中"渡水复渡水，看花还看花。春风江上路，不觉到君家"。
②春风、春恨：在中国诗词中，两词与前文中的"春愁""春意"等都属于出现频率较高的词语。如唐代贺知章《咏柳》："碧玉妆成一树高，万条垂下绿丝绦。不知细叶谁裁出，二月春风似剪刀"、宋代王安石《泊船瓜洲》"京口瓜洲一水间，钟山只隔数重山。春风又绿江南岸，明月何时照我还？"、唐代温庭筠《菩萨蛮·竹风轻动庭除冷》中"春恨正关情，画楼残点声"、宋代朱淑真的《春恨》等。

无题

　　　　明治四十五年六月
　　雨晴天一碧　水暖柳西东
　　爱见衡门下　明明白地风

按：该诗出现在夏目漱石当年六月十日至十六日的日记中。
注：五言绝句，上平声一东韵（东、风）。
①水暖柳西东：见宋代苏轼《惠崇春江晚景》诗中："竹外桃花三两枝，春江水暖鸭先知。蒌蒿满地芦芽短，正是河豚欲上时。"
②衡门：见前文第九十八首注释。

无题

明治四十五年六月
芳菲看渐饶　韶景荡诗情
却愧丹青技　春风描不成

在夏目漱石日记（明治四十五年六月二十二日至二十九日）中，有该首诗未定稿前的推敲之作，如下：

不解丹青技　却负故人情
袖里春长在　春风描不成

注：五言绝句，下平声八庚韵（情、成）。
①看：见杜甫《绝句二首》（其二）诗中："江碧鸟逾白，山青花欲燃。今春看又过，何日是归年。"
②丹青：该词在中国诗词中也属于高频率使用的词语，据统计，关于"丹青"的诗句有一千余句。如唐代杜甫《丹青引赠曹将军霸》诗中"丹青不知老将至，富贵于我如浮云"、宋代文天祥《正气歌》诗中"时穷节乃见，一一垂丹青"、元代乔吉的《折桂令·崔徽休写丹青》等。
③描不成：难以描绘。见《无门关》（南宋无门慧开禅师撰，为禅门代表性公案集）第二十三则《不思善恶》之颂中："描不成兮画不就，赞不及兮休生受。"在夏目漱石藏书《禅林集句》（又称《句双纸》，释英朝编，明治二十二年，文光堂刊）中有"丹青画不成"之说。另见，唐代高

蟾《金陵晚望》："曾伴浮云归晚翠，犹陪落日泛秋声。世间无限丹青手，一片伤心画不成。"

无题

明治四十五年六月

高梧能宿露　疏竹不藏秋
静坐团蒲上　寥寥似在舟

注：五言绝句，下平声十一尤韵（秋、舟）。

①团蒲：即"蒲团"，坐禅时所用。见宋代苏轼《腊日游孤山访惠勤惠思二僧》诗："纸窗竹屋深自暖，拥褐坐睡依团蒲。"

②似在舟：见唐代杜甫《题张氏隐居二首》诗中"乘兴杳然迷出处，对君疑是泛虚舟"一联。

无题

明治四十五年七月

绿云高几尺　叶叶叠清阴
雨过更成趣　蜗牛跂翠岑

按：该诗出现在夏目漱石明治四十五年七月一日至十三日日记中。

注：五言绝句，下平声十二侵韵（阴、岑）。

绿云：意为绿叶如云一般繁茂。见白居易《云居寺孤桐》诗中"一株青玉立，千叶绿云委"一联。

酬横山画伯惠画

明治四十五年七月
独坐空斋里　丹青引兴长
大观居士赠　圆觉道人藏
野水辞君巷　闲云入我堂
徂徕随所澹　住在自然乡

注：五言律诗，下平声七阳韵（长、藏、堂、乡）。

①独坐空斋里：见王维《竹里馆》："独坐幽篁里，弹琴复长啸。深林人不知，明月来相照。"

②丹青引兴长："丹青"见前文第一百零五首注释。"引兴长"，见杜甫《秋野五首》（其三）诗中的"礼乐攻吾短，山林引兴长"。

③闲云：即悠然飘浮的云，该词在中国诗歌中也常出现。如唐代王勃《滕王阁》诗中"闲云潭影日悠悠，物换星移几度秋"、明代张居正《答藩伯王麟洲书》一文中"闲云出岫，倦翼投林，何容心于意必乎"。

④住在自然乡：该句的初案为"好在自然乡"。

酬横山画伯惠画

明治四十五年七月
大观天地趣　圆觉自然情
信手时挥洒　云烟笔底生

按：该首诗与上首题目相同，虽未注明具体日期，多认为两首诗是同一时期所写。

注：五言绝句，下平声八庚韵（情、生）。

云烟：指云雾和烟气。见杜甫《饮中八仙歌》诗中"自称臣是酒中仙，张旭三杯草圣传。脱帽露顶王公前，挥毫落纸如云烟"两联。这两联也记述了杜甫对天才书法家张旭的称赞。

明治百家短册帖序

明治四十五年七月
云笺有响墨痕斜　　好句谁书草底蛇
九十九人浑是锦　　集将春色到吾家

注：七言绝句，下平声六麻韵（斜、蛇、家）。

①好句：即好的诗句，不过此处的"句"，应指日语中的俳句。"好句"一词也多出现在唐宋诗词中，如宋代苏轼《和张昌言喜雨》诗中"梦觉酒醒闻好句，帐空簟冷发余薰"、陆游《奉送姜邦杰出关》诗中"十年好句满人间，不欠诗名只欠闲。剩欲贺君君领否，新衔两字是梅山"。

②草底蛇：即在草丛中爬行的蛇，此处或为用来形容草书体，出处未详。或许出自上首诗注释中提到的对于唐代书法家张旭书法的赞扬：如"飞鸟出林，惊蛇入草。"而吉川幸次郎认为，这或许与将拙劣的书法称之为"春蚓秋蛇"有关。"春蚓秋蛇"则见《晋书·王羲之传》诗中："行之若萦春蚓，字字如绾秋蛇。"

妙云寺观瀑

大正元年（1912年）九月十七日
萧条古刹倚崔嵬　　溪口无僧坐石苔
山上白云明月夜　　直为银蟒佛前来

注：七言绝句，上平声十灰韵（嵬、苔、来）。

题自画

大正元年十一月

山上有山路不通　柳荫多柳水西东
扁舟尽日孤村岸　几度鹅群访钓翁

注：七言绝句，上平声一东韵（通、东、翁）。
①山上有山：见《玉台新咏》之《古绝句》诗中："槁砧今何在，山上复有山"，"山上复有山"为"出"的隐语。在夏目漱石的画上，一座山上又淡淡地画了一座山，意在描绘实景的同时，也是"出路不通"的风趣表达。
②水西东：见前文第一百零四首注释。
③钓翁：该词在中国古代诗歌中使用频率也较高，较早出现在唐代李贺《南园十三首》（其十）中："舍南有竹堪书字，老去溪头作钓翁。"其他如白居易、杜甫、岑参等诗人的作品中也有这种意象，如白居易《凭李睦州访徐凝山人（凝即睦州之民也）》："郡守轻诗客，乡人薄钓翁。解怜徐处士，唯有李郎中"等。

题自画

大正元年十一月

独坐听啼鸟　关门谢世哗
南窗无一事　闲写水仙花

注：五言绝句，下平声六麻韵（哗、花）。

①听：即侧耳倾听。不过，此处与孟浩然《春晓》诗中的"处处闻啼鸟"的意境不同。
②关门：见陶渊明《归去来兮辞》中的"门虽设而常关"。
③南窗：同样出自《归去来兮辞》中的"倚南窗以寄傲"。

无题

夜色幽扉外　辞僧出竹林
浮云回首尽　明月自天心

注：五言绝句，下平声十二侵韵（林、心）。
该诗及以下九首，均排列在夏目漱石大正元年十月五日的日记（记事本）后面，并未标明具体日期，如今按原貌列出。
①幽扉：寂静的栅栏门。见宋代韩维《答公懿以屡游薛园见诒》诗中："幽扉深隐竹，小约度平堑。"夏目漱石的记事本上为"闲门"。
②自天心：即天心自在之意。见宋代邵雍《清夜吟》诗中："月到天心处，风来水面时。"

题画竹

叶密看风动　枝垂听雨新
南轩移植后　君子不忧贫

注：五言绝句，上平声十一真韵（新、贫）。
①听：见前文第一百一十三首注释。
②君子不忧贫：见《论语·卫灵公篇》中的"君子忧道不忧贫"。竹与兰、菊、梅并称"四君子"。表达了作者因有"四君子"之一的竹子在

身边，自己也成了君子，即使贫穷也不在乎之意。

偶成

竹里清风起　石头白晕生
幽人无一事　好句嗒然成

注：五言绝句，下平声八庚韵（生、成）。

①白晕："晕"乃墨晕之晕。见宋代苏《答李端叔书》文中："木有瘿，石有晕，犀有通，以取妍于人；皆物之病也。"不过，就一般意义而言，多指月晕，如第六十六首中的"昨夜生月晕"。

②幽人：远离俗世悄悄度日之人，隐者。见李白一首诗的诗题《山中与幽人对酌》，以及唐代韦应物《秋夜寄丘二十二员外》诗中："山空松子落，幽人应未眠。"

③好句：见前文第一百一十首注释。

戏画竹加赞

二十年来爱碧林　山人须解友虚心
长毫渍墨时如雨　欲写铿锵戛玉音

注：七言绝句，下平声十二侵韵（林、心、音）。

①碧林：本意为郁郁葱葱的树林，此处指竹林。见唐太宗《首春》："寒随穷律变，春逐鸟声开。初风飘带柳，晚雪间花梅。碧林青旧竹，绿沼翠新苔。芝田初雁去，绮树巧莺来。"

②山人：指居住在山中的隐者。见唐代王勃《赠李十四四首》（其一）诗中"野客思茅宇，山人爱竹林"一联。

③渍墨：见唐代韩愈《答张彻》诗中"渍墨窜旧史，磨丹注前经"一联。

④戛：弹奏之意。

题自画

大正三年（1914年）

厓临碧水老松愚　路过危桥仄径迂
伫立筇头云起处　半空遥见古浮图

注：七言绝句，上平声七虞韵（愚、迂、图）。
浮图：指寺庙的塔、寺庙。

题画

大正三年二月

涧上淡烟横古驿　峡中白日照荒亭
萧条十里南山路　马背看过松竹青

注：七言绝句，下平声九青韵（亭、青）。

题自画

大正三年

起卧乾坤一草亭　眼中只有四山青
闲来放鹤长松下　又上虚堂读易经

注：七言绝句，下平声九青韵（亭、青、经）。
①乾坤一草亭：直接借用杜甫《暮春题瀼西新赁草屋五首》诗中的"身世双蓬鬓，乾坤一草亭"。
②易经：儒家经典五经之一，又称《周易》。见唐代高骈《步虚词·青溪道士人》："青溪道士人不识，上天下天鹤一只。洞门深锁碧窗寒，滴露研朱写周易。"

得健堂先生自寿诗及七寿杯次韵以祝

大正三年
烟霞不讬百年身　却住大都清福新
七寿杯成颂客日　梅花的皪照佳辰

注：七言绝句，上平声十一真韵（身、新、辰）。
①烟霞：见前文第三十一首注释。
②大都：大都市。见晋代王康琚《反招隐诗》诗中："小隐隐陵薮，大隐隐朝市。"
③的皪：绚丽辉煌之意。见宋代苏轼《皇太妃阁五首》（其五）诗中："东风弱柳万丝垂，的皪残梅尚一枝。"

闲居偶成似临风词兄

大正三年
野水辞花坞　春风入草堂
徂徕何澹淡　无我是仙乡

注：五言绝句，下平声七阳韵（堂、乡）。

①词兄：是对诗友的敬称。
②花坞：见唐代严维《酬刘员外见寄》诗中："柳塘春水慢，花坞夕阳迟。"
③草堂：中国古代文人多将自己居住之所称为"草堂"，也指书斋。如杜甫草堂、阅微草堂等。
④徂徕：往来之意。
⑤仙乡：见前文第二十三首注释。

游子吟书似圆月词兄

大正三年二月

楼头秋雨到　楼下暮潮寒
泽国何萧索　愁人独倚栏

注：五言绝句，上平声十四寒韵（寒、栏）。

①游子吟：乐府名称。最早出现在汉代苏武《苏武诗四首》（其三）诗中："请为游子吟，泠泠一何悲。"后来广为流传的有唐朝诗人孟郊的《游子吟》"慈母手中线，游子身上衣。临行密密缝，意恐迟迟归。谁言寸草心，报得三春晖"等。
②泽国：沼泽很多的地方。见唐代曹松《己亥岁》诗中："泽国江山入战图，生民何计乐樵苏。"
③愁人：从诗题来看，此处的"愁"，当为旅愁。该词在中国古代诗歌中也属于高频词汇，如唐代刘禹锡《竹枝》诗中"巫峡苍苍烟雨时，清猿啼在最高枝。个里愁人肠自断，由来不是此声悲"、明代薛蕙《邯郸馆中》诗中有"愁人倚高阁"等。

题自画

十里桃花発　春溪一路通
潺湲听欲近　家在断桥东

注：五言绝句，上平声一东韵（通、东）。
①十里：中国的一里为五百米，十里为五千米。
②発：即花开之意。
③一路：一条小路。起承两句让人联想到陶渊明《桃花源记》中的场景："缘溪行，忘路之远近。忽逢桃花林，夹岸数百步，中无杂树，芳草鲜美，落英缤纷……"
④东：在中国有"百川东流"之说。

题自画

大正三年十一月

碧落孤云尽　虚明鸟道通
迟迟驴背客　独入石门中

注：五言绝句，上平声一东韵（通、中）。
①碧落孤云尽："碧落"即天空之意，本指东方的天空，见唐代白居易《长恨歌》诗中："上穷碧落下黄泉，两处茫茫皆不见。"在夏目漱石藏书《禅林集句》中，辑录有六祖风幡颂，其中一联为"风吹碧落浮云尽，月上青山玉一团"。
②虚明：空虚明亮之中。见宋 苏轼《碧落洞》诗中："幽龛入窈窕，别户穿虚明。"

题西川一草亭图

大正四年九月

十年不出种花人，迂林林风情远俗，
一卷字画屏末日，写乙气象到亭亭。

注：七言绝句，上平声第十一真韵（人、新、春）。

①西川一草亭（1878—1938）：日本花道家。
②瓶花：即名插花，将花、草木之类，山时代及后，以王维之与圃庵借有和佛二具《并（一）："瓶花携几无声臭，有竹喧声用片纸，一片鲜明逸飘大转，来来依件玉半人。"
③四样日：见清代李渔《闲情偶寄》诗中："因必代院虚僵居月，又借获清末日因。"一娘。
④红蒸、草春：见朱王《凤赋》中："夫风生于地，起于青苹之末。"

参见附文第十其发挥。

题目月图

大正四年十一月

孔上菰鸟唯，门洲添玉芦
吃蒹三四片，一云影人画景

注：五言绝句，上平声第十四寒韵（芦、寒）。

①蒹蕹樵：指日本北马挂佛海中潜（一三三六年至一四壹左右）的如诗久章，为诗目睹名彦远之一。
②诸王芦：即草竹，见苏轼《蒹蕹长寺烙》诗中："赛蒹寺前庐下十年

>>> 一 文 诗

③留发者：指在清兵占领后按清代规章剃发并留长辫子的汉人。按照剃发令那些不肯剃发并留长辫子的汉族名人，如夏完淳、韩馥、李毅等，直接被斩句而亦有《满园尤烧松》中。"阮籍为夭子，步即上东本"，韩馥《置主书》中"瞒骨頭京国"都是以李，步即《出师》中"天不幸即师垂"等。

题月画

一路莱蓉尺　添霜马上玤
水辽陀纸寺　禁叶睡情多

注：其录劬句，下半冉其删渐（辽、多）。

①一路：见册文第一百二十四其没接。
②蒂叶：见册文第九十其没接。

题画

大正四年（1915年）四月
屠水来枚住　石云没北芝
朱柒极疏者　西屋仆堆雎

注：其录劬句，上半冉十五删渐（辽、雎）。

后之：遥目减名沁洁中永"闲之"，见册文第一卷一百卷八其没接。

竹，醉里曾看碧玉缘。"

题结城素明画

雪后荆榛里　猗猗绿竹残
却怜双冻雀　风急杪头寒

注：五言绝句，上平声十四寒韵（残、寒）。
①结城素明：1875—1957年，日本画家。
②猗猗：形容长势优美的竹子。见《诗经·卫风·淇奥》诗中："瞻彼淇奥，绿竹猗猗。"
③杪头：即树梢。见晋 傅咸《小语赋》诗中："未升半而九息，何时达乎杪头。"

题自画

大正五年（1916年）一月
栽松人不到　移石意常平
且喜灵芝紫　茎茎瑞色明

注：五言绝句，下平声八庚韵（平、明）。
①栽松人不到：字面意思就是栽松而人未到，但这其中涉及一个禅宗的典故，即"临济栽松"。据《临济录》记载："师栽松次。黄檗问：'深山里栽许多松作什么？'师云：'一与山门作境致，二与后人作标榜。'"另有一说，是出自一个称作"载松道者"的老人，转世成为四祖大师弟子的故事（据《空谷集》记载）。
②移石：见前文第一百二十八首所引高启诗，及其注释部分。

闲居偶成

大正五年春

幽居人不到　独坐觉衣宽
偶解春风意　来吹竹与兰

注：五言绝句，上平声十四寒韵（宽、兰）。

①衣宽：在中国汉诗中，该词多用来形容人因忧愁而消瘦之貌。见唐代杜牧《郡斋独酌》诗中："促束自系缚，儒衣宽且长。"此种意境的中国汉诗有很多，如宋代黄庭坚《阮郎归·退红衫子乱蜂儿》一词中的"衣宽只为伊"等。而夏目漱石该诗却无此意。

②竹与兰：与菊、梅一起，并称"四君子"，见前文第一百一十五首注释。

题自画

大正五年春

唐诗读罢倚阑干　午院沈沈绿意寒
借问春风何处有　石前幽竹石间兰

注：五言绝句，上平声十四寒韵（寒、兰）。

①唐诗：顾名思义，即唐代（618—907年）之诗。

②绿意：该词仅出现在少量宋词中，如周密《祝英台近·烛摇花》中"几多绿意红情，吟笺倩谁整"、吴文英《解语花·檐花旧滴》中"应蓦断、红情绿意"等。

③借问春风何处有：见唐代杜牧《清明》："清明时节雨纷纷，路上行

人欲断魂。借问酒家何处有，牧童遥指杏花村。"

④石前幽竹石间兰：见唐代李九龄《山中寄友人》："乱云堆里结茅庐，已共红尘迹渐疏。莫问野人生计事，窗前流水枕前书。""幽竹"见唐代韦应物《道晏寺主院》诗中"北邻有幽竹，潜筠穿我庐"一联。

无题

大正五年八月十四日夜
幽居正解酒中忙　华发何须住醉乡
座有诗僧闲拈句　门无俗客静焚香
花间宿鸟振朝露　柳外归牛带夕阳
随所随缘清兴足　江村日月老来长

按：该诗以下七十五首是夏目漱石晚年，即大正五年八月十四日至临终前的十一月二十日，约一百天的时间内，像完成每日功课一样所作。这一年五月二十六日起，小说《明暗》在《朝日新闻》开始连载。就《明暗》的创作与汉诗的关系，夏目漱石在给久米正雄和芥川龙之介的信中写道："我每天上午都固定在写《明暗》。痛苦、快乐、机械的三种心情交织在一起。意外的清凉是无比幸福的。即使这样，哪怕每天写百回那样的作品，也感觉庸俗，因此在三四天前开始，每天下午创作汉诗，将此作为每日功课。每日一首七言律诗。有时很难完成，觉得生厌，就立刻停止了，所以也不清楚创作了多少首。"

注：七言律诗，下平声七阳韵（忙、乡、香、阳、长）。

醉乡：唐代王绩（受道家思想的影响，纵酒自适，歌颂陶渊明，赞颂阮籍、嵇康）。有题为《醉乡记》的文章。吉川幸次郎注解为："醉乡或为小说的世界。"

无题

大正五年八月十五日

双鬟有丝无限情　春秋几度读还耕
风吹弱柳枝枝动　雨打高桐叶叶鸣
遥见半峰吐月色　长听一水落云声
幽居乐道狐裘古　欲买缊袍时入城

注：七言律诗，下平声八庚韵（情、耕、鸣、声、城）。

①吐月：月亮出来之意。见杜甫《月》首联："四更山吐月，残夜水明楼。"

②乐道：这里的"道"指不受拘束的自然的生存方式。唐代的禅师创作了很多《乐道歌》，如《景德传灯录》所收录的唐代禅师关南道吾的《乐道歌》。歌词如："乐道山僧纵性多，天回地转任从他……畅情乐道过残生……"

③狐裘：用狐狸腋下白色皮毛做成的皮衣，本指显贵之人的衣服。夏目漱石在小说《我是猫》（五）中写道："像他那样的人，赚那么多的钱，可先生您总是教英语读本，十年仍是一身狐裘，真是太傻了。"（刘振瀛译）这是出自《礼记·檀弓》中"晏子一狐裘三十年"的典故。

无题

大正五年八月十五日

五十年来处士分　岂期高踏自离群
荜门不杜贫如道　茅屋偶空交似云
天日苍茫谁有赋　太虚寥廓我无文
殷勤寄语寒山子　饶舌松风独待君

>>> 一 汉 诗

注：七言律诗，上平声十二文韵（分、群、云、文、君）。

①五十年来：这一年夏目漱石五十岁。

②离群：见《礼记·檀弓》中的"离群索居"。

③荜门：用杂木编织的简陋的门。见《左传·襄公十年》中："筚门闺窦之人而皆陵其上，其难为上矣"。另外，陶渊明诗中也有出现，如《止酒》诗中的"坐止高荫下，步止荜门里"一联。

④贫如道：语见典故"安贫乐道"。

⑤太虚寥廓：见晋代孙绰《游天台山赋》中的"太虚辽阔而无阂"，"辽阔"同"寥廓"。

⑥寒山子：即寒山拾得之寒山，唐代诗僧，见前文第六十三首。"子"在中国古代为敬称。

⑦饶舌松风独待君："饶舌"即多嘴、唠叨之意，见"丰干饶舌"的典故。详见《景德传灯录》（卷二十七）中："寒山复执闾丘公手，笑而答曰：'丰干饶舌。'久而放之。""松风"常出现在寒山诗中，如《诗三百三首》中"行到伤心处，松风愁杀人"等。

无题

大正五年八月十六日

无心礼佛见灵台　　山寺对僧诗趣催
松柏百年回壁去　　薜萝一日上墙来
道书谁点窟前烛　　法偈难磨石面苔
借问参禅寒衲子　　翠岚何处着尘埃

注：七言律诗，上平声十灰韵（台、催、来、苔、埃）。

①灵台：灵魂居所，即心。见《庄子·杂篇·庚桑楚篇》中"灵台者有持，而不知其所持，而不可持者也"、夏目漱石小说《草枕》（《旅宿》）中"有人像说灵台听无弦琴"。

②山寺对僧诗趣催：易联想到唐代郑谷《自贻》颔联："琴有涧风声转淡，诗无僧字格还卑。"

③道书谁点窟前烛：该句的初案为"道书谁读洞中烛"。"道书"一般指道教典籍。

④借问：见前文第一百三十三首注释。

⑤参禅：佛教指静坐冥想，领悟佛理。

⑥何处着尘埃：见六祖慧能之《菩提偈》中："本来无一物，何处惹尘埃！"

无题

大正五年八月十八日

行到天涯易白头　故园何处得归休
惊残楚梦云犹暗　听尽吴歌月始愁
绕郭青山三面合　抱城春水一方流
眼前风物也堪喜　欲见桃花独上楼

注：七言律诗，下平声十一尤韵（头、休、愁、流、楼）。

①楚梦：见"楚王梦遇巫山神女"的典故。但是此处并非男女之事，而是在"天涯"之地所做异乡之梦。

②吴歌：指吴地（长江下游一带）带有哀调的古老民谣。

③青山：见前文第四十七首注释。另见李白《送友人》首联："青山横北郭，白水绕东城。"

④欲见桃花独上楼：该句初案为"独上高楼征意悠"，在定稿之前做了如下推敲：独上客中第一楼→来上客中第一楼→欲见桃花复上楼。"桃花"此处或见灵云志勤禅师"桃花悟道"的公案。（《景德传灯录·卷十一》：福州灵云禅师本州长溪人也。初在沩山因桃花悟道。有偈曰："三十年来寻剑客，几回落叶又抽枝。自从一见桃华后，直至如今更不疑。"）

无题

大正五年八月十九日

老去归来卧故丘　萧然环堵意悠悠
透过藻色鱼眠稳　落尽梅花鸟语愁
空翠山遥藏古寺　平芜路远没春流
林塘日日教吾乐　富贵功名曷肯留

注：七言律诗，下平声十一尤韵（丘、悠、愁、流、留）。
①老去：见白居易《香炉峰下新置草堂，即事咏怀，题于石上》诗中的"时来昔捧日，老去今归山"一联。
②环堵：狭小的房间。见陶渊明《五柳先生传》中："环堵萧然，不蔽风日。"
③落尽梅花：同"梅花落尽"，因平仄押韵之需所做的调整。
④空翠：唐诗中该词常常出现。如孟浩然《题义公禅房》颈联中"夕阳连雨足，空翠落庭阴"、王维《山中》诗中"山路元无雨，空翠湿人衣"。

无题

大正五年八月二十日

两鬓衰来白几茎　年华始识一朝倾
薰莸臭里求何物　蝴蝶梦中寄此生
下履空阶凄露散　移床废砌乱蝉惊
清风满地芭蕉影　摇曳午眠叶叶轻

注：七言律诗，下平声八庚韵（茎、倾、生、惊、轻）。

①薰莸：即香草和臭草，用来比喻好人和坏人，或者君子和小人。见《左传·僖公四年》中："一薰一莸，十年尚犹有臭。"

②蝴蝶梦中寄此生：见"庄周梦蝶"的典故。见《庄子·内篇·齐物论》中："昔者庄周梦为蝴蝶，栩栩然蝴蝶也，自喻适志与，不知周也。俄然觉，则蘧蘧然周也。不知周之梦为蝴蝶与，蝴蝶之梦为周与？周与蝴蝶，则必有分矣。此之谓物化。"

③乱蝉：见唐代韦庄《江上题所居》颔联："落日乱蝉萧帝寺，碧云归鸟谢家山。"

无题

大正五年八月二十一日

寻仙未向碧山行　住在人间足道情
明暗双双三万字　抚摩石印自由成

注：七言绝句，下平声八庚韵（行、情、成）。

①寻仙：见李白《庐山谣寄卢侍御虚舟》诗中："五岳寻仙不辞远，一生好入名山游。"

②碧山：见前文第八十首注释。

③足道情：为合乎平仄押韵，将"道情足"倒置。"道情"即悟道、脱俗之情。见《景德传灯录》卷二十七之明州布袋和尚有"无量清高称道情"一语。而且，这三个字的初案为"养道情"。此承句与陶渊明《饮酒二十首》（其五）中的"结庐在人境，而无车马喧"相似。

④明暗双双：禅家常用词汇，如《碧岩录》第五十一则之颂"明暗双双底时节"。

无题

大正五年八月二十一日
不作文章不论经　漫走东西似泛萍
故国无花思竹径　他乡有酒上旗亭
愁中片月三更白　梦里连山半夜青
到处缗钱堪买石　佣谁大字撰碑铭

注：七言律诗，下平声九青韵（经、萍、亭、青、铭）。

①经：指儒家经典。该句初案为"未知行脚未知经"，此处"行脚"指佛教的修行，那么"经"则指佛教经典。

②泛：同"浮"。

无题

大正五年八月二十二日
香烟一炷道心浓　趺坐何处古佛逢
终日无为云出岫　夕阳多事鹤归松
寒黄点缀篱间菊　暗碧冲开牖外峰
欲拂胡床遗麈尾　上堂回首复呼童

注：七言律诗，上平声二冬韵（浓、逢、松、峰、童）。

①一炷：见唐代司空图《青龙师安上人》："灾曜偏临许国人，雨中衰菊病中身。清香一炷知师意，应为昭陵惜老臣"。在《我是猫》（三）中作者写道："主人用浓墨粗重地写上了三个大字'一炷香'，我想怪呀，莫不是要写诗或俳句？"

②道心：与"道情"同义，见前文第一百四十一首注释。

③趺坐：参禅打坐的方式。

④无为：中国道家思想的核心。

⑤云出岫：初案为"云对岫"。见陶渊明《归去来兮辞》中："云无心以出岫，鸟倦飞而知还。"

⑥夕阳多事鹤归松："多事"俗事繁多之意，见前文第六十七首注释。该句初案为"道心谁识独栽松"，"栽松"见前文第一百三十一首注释。定稿之前，"夕阳"原为"重阳"。

⑦篱间菊：见陶渊明《饮酒二十首》（其五）中的"采菊东篱下，悠然见南山"。

⑧寒黄点缀篱间菊 暗碧冲开牖外峰：该诗颈联，据吉川幸次郎所注：此句法根据杜甫《陪郑广文游何将军山林十首》（其五）的颔联"绿垂风折笋，红绽雨肥梅"所作。

⑨冲开：见《大慧语录》（一）中："冲开碧落松千尺，截断红尘水一溪。"

无题

大正五年八月二十三日

寂寞光阴五十年　萧条老去逐尘缘
无他爱竹三更韵　与众栽松百丈禅
淡月微云鱼乐道　落花芳草鸟思天
春城日日东风好　欲赋归来未买田

注：七言律诗，下平声一先韵（年、缘、禅、天、田）。

①寂寞、萧条：见下文第一百四十六首。

②五十年：这一年夏目漱石五十岁。

③老去：见前文第一百三十九首注释。

④与众栽松百丈禅："栽松"见前文第一百三十一首注释。"百丈"指唐代禅僧百丈（临济为其法孙）。

⑤鱼乐道：见《庄子·大宗师》中："鱼相忘乎江湖，人相忘乎道术。""乐道"见前文第一百三十五首注释。

⑥芳草：见唐代刘长卿《过郑山人所居》"寂寂孤莺啼杏园，寥寥一犬吠桃源。落花芳草无寻处，万壑千峰独闭门"，以及《碧岩录》第三十六则之颂"始虽芳草去，又逐落花回"。

⑦欲赋归来未买田："归来"见陶渊明归隐田园之作《归去来兮辞》。

题丙辰泼墨

大正五年八月二十六日

结社东台近市廛　黄尘自有买山钱
幽怀写竹云生砚　高兴画兰香满笺
添雨突如惊鹭起　点睛忽地破龙眠
从横落墨谁争霸　健笔会中第一仙

注：七言律诗，下平声一先韵（廛、钱、笺、眠、仙）。

①泼墨：中国山水画的一种创作技法。

②结社东台近市廛：与陶渊明《饮酒二十首》（其五）中的"结庐在人境，而无车马喧"意境相似。

③黄尘自有买山钱："黄尘"即俗尘，俗世间。"买山钱"即买归隐之山的钱。见《世说新语·排调》中晋代名僧"支遁因人就深公，买印山"的典故。

④高兴：与现代汉语中的"高兴"同义。

⑤惊鹭起：易联想到宋代词人李清照《如梦令·常记溪亭日暮》词中："争渡，争渡，惊起一滩鸥鹭"。此处指惊起画中之鹭展翅飞起。

⑥点睛：见典故"画龙点睛"，见唐朝张彦远《历代名画记》（卷七

张僧繇)中:"张僧繇于金陵安乐寺画四龙于壁,不点睛。每曰:'点之即飞去。'"人以为妄诞,固请点之。须臾,雷电破壁,二龙乘云腾去上天,二龙未点眼者皆在。

⑦从横落墨谁争霸:"落墨"即创作书画。如苏轼《徐熙杏花》诗中"却因梅雨丹青暗,洗出徐熙落墨花"以及《山茶》诗中"何须夸落墨,独赏江南工"。

无题

大正五年八月二十八日

何须漫说布衣尊　数卷好书吾道存
阴尽始开芳草户　春来独杜落花门
萧条古佛风流寺　寂寞先生日涉园
村巷路深无过客　一庭修竹掩南轩

注:七言律诗,上平声十三元韵(尊、存、门、园、轩)。

①何须:即无须。见唐 王之涣《凉州词》颔联"羌笛何须怨杨柳,春风不度玉门关"等。

②阴尽:冬天结束之意。按照中国阴阳思想来讲,秋冬为阴、春夏为阳。

③萧条、寂寞:形容坚守真理则须耐住寂寞。见陶渊明《杂诗》(其九)中:"萧条隔天涯,惆怅念长餐。"

④先生:原本是对他人的尊称,此处指作者自己。在中国古诗中也有很多称自己为"先生"的例子,为自负或自嘲的说法。如陶潜所作的《五柳先生传》,"五柳先生"即作者本人;苏轼《满庭芳》词中"居士先生老矣,真梦里、相对残釭……""居士先生"即东坡居士自称等。

⑤日涉园:"日涉"即每日散步。见陶渊明《归去来兮辞》中:"园日涉以成趣,门虽设而常关。"

⑥路深：见陶渊明《归田园居五首》（其一）诗中："狗吠深巷中，鸡鸣桑树巅。"

⑦村巷路深无过客：见陶渊明《归田园居五首》（其二）诗中："野外罕人事，穷巷寡轮鞅。"

无题

大正五年八月二十九日
不爱帝城车马喧　故山归卧掩柴门
红桃碧水春云寺　暖日和风野霭村
人到渡头垂柳尽　鸟来树杪落花繁
前塘昨夜潇潇雨　促得细鳞入小园

注：七言律诗，上平声十三元韵（喧、门、村、繁、园）。

①不爱帝城车马喧："帝城"即京城，这里指东京。"车马喧"见陶渊明《饮酒二十首》（其五）中"结庐在人境，而无车马喧"。陶渊明所说的"车马"为官吏专用。另见白居易《秦中吟十首》（其十）诗中："帝城春欲暮，喧喧车马度。"夏目漱石在汉文《居移气说》（三）中写道："虽未能全绝车马之音、门柳篱菊、环堵萧然、乃读书赋诗、悠然忘物我。"此句诗初案为"毕竟诗人老荜门"，"荜门"见前文第一百三十六首注释。订正稿为"迂阔始逃世故烦"。

②故山归卧掩柴门："柴门"指隐者的家门。见陶渊明《癸卯岁始春怀古田舍二首》（其二）诗中："长吟掩柴门，聊为陇亩民。"

③碧水：见前文第二十三首注释。

无题

大正五年八月三十日

经来世故漫为忧　胸次欲摅不自由
谁道文章千古事　曾思质素百年谋
小才几度行新境　大悟何时卧故丘
昨日闲庭风雨恶　芭蕉叶上复知秋

按：在夏目漱石《笔记》誊写该诗的《后记》中写道："黄兴写来书信。文章千古事，因与前联相关。"黄兴（1873—1916），中国辛亥革命志士。当年五月，从美国亡命来到日本，七月回上海（毛注青编《黄兴年谱长编》1991年，中华书局）。不过，夏目漱石与黄兴的交往不详。"文章千古事"即文学乃永垂不朽的事业，出自杜甫《偶题》中："文章千古事，得失寸心知。"

注：七言律诗，下平声十一尤韵（忧、由、谋、丘、秋）。
摅：抒发，表达之意。

无题

大正五年八月三十日

诗思杳在野桥东　景物多横淡霭中
缃水映边帆露白　翠云流处塔余红
桃花赫灼皆依日　柳色模糊不厌风
缥缈孤愁春欲尽　还令一鸟入虚空

注：七言律诗，上平声一东韵（东、中、红、风、空）。

①诗思杳在野桥东：见典故"驴背上载诗来"，详见《唐诗纪事》卷六十五引《古今诗话》："有人问郑綮近为新诗否？答曰：'诗思在灞桥风雪中驴背上，此处何以得之？'"

②赫灼：见《诗经·召南·桃夭》中："桃之夭夭，灼灼其华。"

③依日：语见唐代王之涣《登鹳雀楼》："白日依山尽，黄河入海流。欲穷千里目，更上一层楼。"

④缥渺：见前文第六十五首注释。

无题

大正五年九月一日

不入青山亦故乡　春秋几作好文章
讬心云水道机尽　结梦风尘世味长
坐到初更亡所思　起终三昧望夫苍
鸟声闲处人应静　寂室薰来一炷香

注：七言律诗，下平声七阳韵（乡、章、长、苍、香）。

①青山：见前文第四十七首注释。

②好文章：见李白《春夜宴桃李园序》中："况阳春召我以烟景，大块假我以文章。"

③云水：成语"行云流水"的略写。

④世味长：见宋代陆游《临安春雨初霁》首联："世味年来薄似纱，谁令骑马客京华。"

⑤一炷香：见第一百四十三首注释。

无题

大正五年九月一日

石门路远不容寻　　晔日高悬云外林
独与青松同素志　　终令白鹤解丹心
空山有影梅花冷　　春涧无风药草深
黄髦老汉怜无事　　复坐虚堂独抚琴

注：七言律诗，下平声十二侵韵（寻、林、心、深、琴）。

①青松：见陶渊明《和郭主簿二首》（其二）诗中"芳菊开林耀，青松冠岩列。怀此贞秀姿，卓为霜下杰"以及《饮酒二十首》（其八）诗中"青松在东园，众草没其姿。凝霜殄异类，卓然见高枝"。

②丹心：赤诚之心。

无题

大正五年九月二日

满目江山梦里移　　指头明月了吾痴
曾参石佛听无法　　漫作佯狂冒世规
白首南轩归卧日　　青衫北斗远征时
先生不解降龙术　　闭户空为闲适诗

注：七言律诗，上平声四支韵（移、痴、规、时、诗）。

闲适诗：见白居易的闲适诗，见前文第十三首注释。

无题

大正五年九月二日

大地从来日月长　普天何处不文章
云黏闲叶雪前静　风逐飞花雨后忙
三伏点愁惟泫露　四时关意是重阳
诗人自有公平眼　春夏秋冬尽故乡

注：七言律诗，下平声七阳韵（长、章、忙、阳、乡）。
①文章：见前文第一百四十八首注释。
②泫露：见前文第八十三首注释。
③重阳：阴历九月初九。

无题

大正五年九月三日

独往孤来俗不齐　山居悠久没东西
岩头昼静桂花落　槛外月明涧鸟啼
道到无心天自合　时如有意节将迷
空山寂寂人闲处　幽草芊芊满古蹊

注：七言律诗，上平声八齐韵（齐、西、啼、迷、蹊）。
道到无心天自合：见唐代诗僧贯休《野居偶作》颔联："无心于道道自得，有意向人人转赊。"

无题

大正五年九月四日

散来华发老魂惊　林下何曾赋不平
无复江梅追帽点　空令野菊映衣明
萧萧鸟入秋天意　瑟瑟风吹落日情
遥望断云还踯躅　闲愁尽处暗愁生

注：七言律诗，下平声八庚韵（惊、平、明、情、生）。

①林下：指幽僻之境、归隐之地，称隐遁为"归林"。见李白《安陆白兆山桃花岩寄刘侍御绾》诗中"独此林下意，杳无区中缘"等。

②空令野菊映衣明："野菊"初案为"篱菊"。"菊"为隐遁的象征。见陶渊明《饮酒二十首》（其五）中："采菊东篱下，悠然见南山。"

无题

大正五年九月四日

人间谁道别离难　百岁光阴指一弹
只为桃红订旧好　莫令李白醉长安
风吹远树南枝暖　浪撼高楼北斗寒
天地有情春合识　今年今日又成欢

注：七言律诗，上平声十四寒韵（难、弹、安、寒、欢）。

①别离：见李商隐《无题》诗首联："相见时难别亦难，东风无力百花残。"

②指一弹：瞬间，弹指一挥间。见《大慧普觉禅师语录》（又称《大

慧语录》）卷二十七中："百岁光阴，一弹指顷便过也。"另外，夏目漱石在小说《野分》（十一）中写道："我说明治四十年岁月漫长，那是对于在明治时代里庸庸碌碌过日子的人而言。然在后世看来，这距离会大大地缩短，若再看远一些，简直在弹指之间而已——试问，一弹指之间，能做些什么？"

③只为桃红订旧好："桃红"与下句的"李白"相对，是"红桃"的倒置，意为红色的桃花。

④莫令李白醉长安："李白"为双关语，一指唐代诗人李白，一为上句"桃红"的对应语。见杜甫《饮中八仙歌》诗中："李白一斗诗百篇，长安市上酒家眠。"有关桃李的典故，早在《诗经·大雅·抑》就有"投我以桃，报之以李"的诗句，把桃李作为美好的事物相赠；另外亦有成语"桃李满门"，表示门生众多。（详见《资治通鉴·唐纪·武后·久视元年》中："天下桃李，悉在公门矣。"）

⑤南枝：见唐代李峤《鹧鸪（一作韦应物诗）》诗中："可怜鹧鸪飞，飞向树南枝。南枝日照暖，北枝霜露滋。"

⑥撼：见唐代孟浩然《临洞庭上张丞相》诗颔联："气蒸云梦泽，波撼岳阳城。"

⑦天地有情春合识：白居易《郡厅有树，晚荣早凋，人不识名，因题其上》中："天地本无情"的诗句。夏目漱石在《七草集评》（六）中写道："古人有句云、天若有情天亦老、月如无恨月长圆。"出自唐代李贺《金铜仙人辞汉歌》诗中："衰兰送客咸阳道，天若有情天亦老"。

无题

大正五年九月五日
绝好文章天地大　四时寒暑不曾违
夭夭正昼桃将发　历历晴空鹤始飞

日月高悬何磊落　阴阳默照是灵威
勿令碧眼知消息　欲弄言辞堕俗机

注：七言律诗，上平声五微韵（违、飞、威、机）。

①文章：见前文第一百五十三首注释。

②四时寒暑不曾违：初案为"诗人双眼阐幽微"，"双眼"是与众生不同的眼，按禅家的说法，为"一双眼"。"幽微"见《易·系辞下》中："夫《易》彰往而察来，而微显阐幽。"

③夭夭正昼桃将发：见《诗经·召南·桃夭》联："桃之夭夭，灼灼其华。"此句的初案为"夭夭晔日桃将燃"。

④历历晴空：见唐代崔颢《黄鹤楼》诗颈联："晴川历历汉阳树，芳草萋萋鹦鹉洲。"

⑤碧眼：指达摩大师。见前文第一百四十一首注释部分所引《碧岩录》第五十一则中"黄头碧眼须甄别"，"黄头"即释迦，以及《碧岩录》第四十二则中的"碧眼胡僧难辨别"。

无题

大正五年九月六日

虚明如道夜如霜　迢递证来天地蔵
月向空阶多作意　风从兰渚远吹香
幽灯一点高人梦　茅屋三间处士乡
弹罢素琴孤影白　还令鹤唳半宵长

注：七言律诗，下平声七阳韵（霜、蔵、香、乡、长）。

①虚明如道夜如霜：此句的初案为"空明证道节如霜"。"虚明"一词见南朝时代梁 任昉《王文宪集序》中："非虚明之绝境，不可穷者，其唯神用者乎！"另见，陶渊明《辛丑岁七月赴假还江陵夜行涂口》诗中："凉

风起将夕，夜景湛虚明。"据吉川幸次郎所注："虚明为明，夜则为暗。或许与正在创作过程中的《明暗》有关。"

②迢遰证来天地藏："迢遰"即遥远之意，见前文第六十八首注释。"天地藏"即天下万物、天地所蕴藏之物。见《礼记·月令篇》中"以会天地之藏，无有宣出"，以及《史记·平准书》中"山海，天地之藏也"。

③三间：即三间房，见宋代陆游《自笑》诗首联："三间茅屋寄沧浪，鸟出樊笼马脱缰。"

④素琴：见前文第六十七首注释。陶渊明常携"无弦素琴"。

⑤鹤唳：即鹤的鸣叫声。见汉代王充《论衡·变动》中"夜及半而鹤唳，晨将旦而鸡鸣"等。

无题

大正五年九月九日

曾见人间今见天　醍醐上味色空边
白莲晓破诗僧梦　翠柳长吹精舍缘
道到虚明长语绝　烟归暧眯妙香传
入门还爱无他事　手折幽花供佛前

注：七言律诗，下平声一先韵（天、边、缘、传、前）。

①人间：世间。此句仍然在主张"则天去私"的思想。

②醍醐上味："醍醐味"本意为佛教中最高的教义，中国有"醍醐灌顶"的成语。

③精舍缘：佛教用语，学舍，佛缘、法缘。

④虚明：见第一五八首注释。

无题

大正五年九月十日
绢黄妇幼鬼神惊　饶舌何知遂八成
欲证无言观妙谛　休将作意促诗情
孤云白处遥秋色　芳草绿边多雨声
风月只需看直下　不依文字道初清

注：七言律诗，下平声八庚韵（惊、成、情、声、清）。

①绢黄妇幼：黄绢幼妇，指文章很绝妙的字谜、隐语。见《世说新语·捷悟》中："魏武尝过曹娥碑下，杨脩从，碑背上见题作'黄绢幼妇，外孙齑臼'八字。魏武谓脩曰：'解不？'答曰：'解。'魏武曰：'卿未可言，待我思之。'行三十里，魏武乃曰：'吾已得。'令脩别记所知。脩曰：'黄绢，色丝也，于字为绝。幼妇，少女也，于字为妙。外孙，女子也，于字为好。齑臼，受辛也，于字为辞。所谓"绝妙好辞"也。'魏武亦记之，与脩同，乃叹曰：'我才不及卿，乃觉三十里。'"

②鬼神惊：见杜甫《敬赠郑谏议十韵》诗中"谏官非不达，诗义早知名。破的由来事，先锋孰敢争。思飘云物外，律中鬼神惊……"以及《寄李十二白二十韵》诗中"笔落惊风雨，诗成泣鬼神"。

③饶舌何知遂八成："饶舌"见前文第一百三十六首注释。"八成"见《碧岩录》第九十八则中："道即太杀道。只道得八成。"

④直下：佛教用语，如实、据实、直截了当之意。见《碧岩录》第五则中："直下截断葛藤……"

⑤不依文字：即不立文字。禅学讲传道不依靠文字，以心传心即可悟道。

无题

    大正五年九月十一日
  东风送暖暖吹衣　独出幽居望翠微
  几抹桃花皆淡霭　三分野水入晴晖
  春畦有事渡桥过　闲草带香穿径归
  自是田家人不到　村翁去后掩柴扉

注：七言律诗，上平声五微韵（衣、微、晖、归、扉）。
①东风：即春风。中国诗歌中用例颇多，如李白《落日忆山中》诗颔联"东风随春归，发我枝上花"等。
②有事：此处指开始田间劳作。见陶渊明《归去来兮辞》中"农人告余以春及，将有事于西畴"。
③柴扉：同"柴门"，见前文第一百四十九首注释。

无题

    大正五年九月十二日
  我将归处地无田　我未死时人有缘
  唧唧虫声皆月下　萧萧客影落灯前
  头添野菊重阳节　市见鲈鱼秋暮天
  明日送潮风复急　一帆去尽水如年

注：七言律诗，下平声一先韵（田、缘、前、天、年）。
①我将归处地无田：中国古代将隐遁称作"卸甲归田"。见陶渊明《归去来兮辞》中："归去来兮，田园将芜胡不归？"

②头添野菊重阳节：此句易联想到唐朝诗人王维《九月九日忆山东兄弟》："独在异乡为异客，每逢佳节倍思亲。遥知兄弟登高处，遍插茱萸少一人。"

③市见鲈鱼秋暮天："鲈鱼"产于长江下游，是秋天的一道美味。据《晋书·张翰传》记载："翰因见秋风起，乃思吴中菰菜、莼羹、鲈鱼脍，曰：'人生贵得适志，何能羁宦数千里以要名爵乎！'遂命驾而归。"

④一帆去尽水如年：语出李白《黄鹤楼送孟浩然之广陵》诗："故人西辞黄鹤楼，烟花三月下扬州。孤帆远影碧空尽，唯见长江天际流。"

无题

大正五年九月十三日

挂剑微思不自知　误为季子愧无期
秋风破尽芭蕉梦　寒雨打成流落诗
天下何狂投笔起　人间有道挺身之
吾当死处吾当死　一日元来十二时

注：七言律诗，上平声四支韵（知、期、诗、之、时）。

①挂剑：出自"季礼挂剑"的典故。据《史记·吴太伯世家》记载："季札之初使，北过徐君。徐君好季札剑，口弗敢言。季札心知之，为使上国，未献。还至徐，徐君已死，于是乃解其宝剑，系之徐君冢树而去。从者曰：'徐君已死，尚谁予乎？'季子曰：'不然。始吾心已许之，岂以死倍吾心哉！'"夏目漱石在《文学论》中也有引用："据传说，昔日季子与人约以赠剑，回来时其人已不在；于是挂剑此人墓上而去。……"并有明治三十年所作俳句一首"春寒料峭，墓前悬挂季子剑"，更有《我是猫》中篇自序中所写："季子墓前挂剑，以酬故人之意，我亦在碑前献'猫'（《我是猫》），以期在五年后的今天祛除昔日的不幸"。

②误为季子愧无期："季子"，季礼的尊称。

③流落：见白居易《琵琶行》诗中"同是天涯沦落人，相逢何必曾相识。"

④投笔起：见后汉"班超投笔从戎"的典故。详见《后汉书·班超传》。

⑤吾当死处吾当死："处"在汉语中既可指地点，也可指时间。

无题

大正五年九月十三日

山居日日恰相同　出入无时西复东
的皪梅花浓淡外　朦胧月色有无中
人从屋后过桥去　水到蹊头穿竹通
最喜清宵灯一点　孤愁梦鹤在春空

注：七言律诗，上平声一东韵（同、东、中、通、空）。

①的皪：见前文第一百二十一首注释。

②有无中：见王维《汉江临眺》诗颔联："江流天地外，山色有无中。"

无题

大正五年九月十五日

素秋摇落变山容　高卧掩门寒影重
寂寂空舻横浅渚　疏疏细雨湿芙蓉
愁前剔烛夜愈静　诗后焚香字亦浓
时望水云无限处　萧然独听隔林钟

注：七言律诗，上平声二东韵（容、重、蓉、浓、钟）。

①素秋：即白秋。根据五行说将四季配以颜色，则有"青春""朱夏""白秋""玄冬"之分。

②摇落：见《楚辞·九辩》中："悲哉！秋之为气也。萧瑟兮，草木摇落而变衰。"

③高卧：指隐遁生活，见《晋书·陶潜传》中："尝言夏月虚闲，高卧北窗之下，清风飒至，自谓羲皇上人。"

④空舲横浅渚：见唐代韦应物《滁州西涧》："独怜幽草涧边生，上有黄鹂深树鸣。春潮带雨晚来急，野渡无人舟自横。"

无题

大正五年九月十六日

思白云时心始降　顾虚影处意成双
幽花独发涓涓水　细雨闲来寂寂窗
欲倚孤筇看断磵　还惊小鸟过苔矼
蕙兰今尚在空谷　一脉风吹君子邦

注：七言律诗，上平声三江韵（降、双、窗、矼、邦）。

①白云：指自然景物，亦象征理想之境。前文多有出现，如出现于第二十三首等。

②心始降：见《诗经·召南·草虫》中："亦既见止，亦既觏止，我心则降。"

③意成双：见李白《月下独酌》诗中："举杯邀明月，对影成三人。"

④涓涓水：见陶渊明《归去来兮辞》中："木欣欣以向荣，泉涓涓而始流。"

⑤蕙兰：即一种香草，出现在中国古代诗歌中神秘的草。见《楚辞·离骚篇》中："余既滋兰之九畹兮，又树蕙之百亩。"

<<< 一 汉 诗

无题

    大正五年九月十七日
  好焚香炷护清宵　不是枯禅爱寂寥
  月暖三更怜雨静　水闲半夜听鱼跳
  思诗恰似前程远　记梦谁知去路遥
  独坐窈窕虚白里　兰钉照尽入明朝

注：七言律诗，下平声二萧韵（宵、寥、跳、遥、朝）。

①月暖：初案为"草暖"。见唐代李群玉《南庄春晚二首》诗颈联："草暖沙长望去舟，微茫烟浪向巴丘。"

②虚白：洁净的空白。见《庄子·人间世》中："虚室生白，吉祥止止。"夏目漱石在大正四年四月二十九日写给加贺正太郎的书简中，就山庄命名一事，举出"虚白山庄"，并说："有庄子虚室生白，又有虚白高人静的说法。""虚白高人静"是杜甫《归》诗中的一句，全诗如下："束带还骑马，东西却渡船。林中才有地，峡外绝无天。虚白高人静，喧卑俗累牵。他乡悦迟暮，不敢废诗篇。"

无题

    大正五年九月十八日
  钉饴楚时大道安　天然景物自然观
  佳人不识虚心竹　君子曷思空谷兰
  黄耐霜来篱菊乱　白从月得野梅寒
  勿拈半妄作微笑　雨打风翻任独看

注：七言律诗，上平声十四寒韵（安、观、兰、寒、看）。

①饤饾焚时大道安："饤饾"指食品多而杂的摆放。见唐代韩愈《南山诗》中的"或如临食案，肴核纷饤饾"等。"大道"见《景德传灯录》卷三十牧护歌中的"大道本无迷悟"。漱石该句汉诗的大意为：运用像饤饾一样排放着的古语或古字，吟咏出华美的诗文，如果将这些烧掉的话，就能打开安康大道。此诗首联寄托了作者则天去私的情怀。初案为"复剥阴阳往也还"。

②佳人：见杜甫《佳人》诗中："绝代有佳人，幽居在空谷。"

③君子曷思空谷兰：该诗整体运用了竹、兰、梅、菊"四君子"以作描述。

④黄耐霜来篱菊乱 白从月得野梅寒："黄"指菊花的黄色。夏目漱石这种将色彩词汇放在句首的手法，前文中也有出现，这些是模仿杜甫诗的做法。如杜甫《江头五咏》（其三 栀子）诗颈联："红取风霜实，青看雨露柯"、《晴二首》（其一）诗颔联："碧知湖外草，红见海东云"等。

⑤篱菊：见前文第一百四十三首注释。

⑥勿拈华妄作微笑："拈华"即摘花。该句见"拈花一笑"的典故。据《五灯会元·七佛·释迦牟尼佛》记载："世尊在灵山会上，拈花示众，是时众皆默然，唯迦叶尊者破颜微笑。"即禅宗讲以心传心，心领神会。夏目漱石在《虞美人草（二）》中写道："即便非十万八千里之外，除了拈花一笑，尽在不言不语中。"

⑦雨打风翻：见杜甫《陪郑广文游何将军山林十首》（其三）诗尾联："露翻兼雨打，开坼渐离披。"

无题

大正五年九月十九日

截断诗思君勿嫌　好诗长在眼中黏
孤云无影一帆去　残雨有痕半榻霑

欲为花明看远树　不令柳暗入疏帘
年年妙味无声句　又被春风锦上添

注：七言律诗，下平声十四盐韵（嫌、黏、霑、帘、添）。

①一帆：见前文第一百六十二首注释。

②欲为花明看远树 不令柳暗入疏帘：见陆游《游山西村》诗颔联："山重水复疑无路，柳暗花明又一村。"

③锦上添：即锦上添花。见宋代王安石《即事》诗颈联："嘉招欲覆杯中渌，丽唱仍添锦上花。"

无题

大正五年九月二十日

作客谁知别路赊　思诗半睡隔窗纱
逆追莺语入残梦　应抱春愁对晚花
晏起床头新影到　曾游壁上旧题斜
欲将烂醉酬佳日　高揭青帘在酒家

注：七言律诗，下平声六麻韵（赊、纱、花、斜、家）。

①别路赊："别路"即与人分别之路、旅途。见唐代王勃《秋日别王长史》诗首联："别路余千里，深恩重百年。"

②春愁：见前文第一百首注释。

③晏起：早晨贪睡之意。见《礼记·内则第十二》中："孺子蚤寝晏起，唯所欲，食无时。"

④酒家：中国诗歌中常见，如李白《饮中八仙歌》诗中："李白一斗诗百篇，长安市上酒家眠"等。

无题

大正五年九月二十二日
闻说人生活计艰　曷知穷里道情闲
空看白发如惊梦　独役黄牛谁出关
去路无痕何处到　来时有影几朝还
当年瞎汉今安在　长啸前村后郭间

注：七言律诗，上平声十五删韵（艰、闲、关、还、间）。
①曷知：即不知，与"何知"同义。见前文第一百六十首注释。
②道情闲：见前文第一百四十一首注释。
③如惊梦：即"如梦惊"，是为与下文"谁出关"相对应，做出的调整。
④独役黄牛谁出关：见"老子出关"的典故，详见《史记·老子列传》。"黄牛"又与前句的"白发"相对应。这种双关用法亦同于前文第一百五十六首的"李白"的用法。
⑤瞎汉：佛教用语，无知之人。与前文第七十九首的"瞎儿"同义。
⑥前村后郭间：见唐代杜牧《江南春》："千里莺啼绿映红，水村山郭酒旗风。南朝四百八十寺，多少楼台烟雨中。"

无题

大正五年九月二十三日
苦吟又见二毛斑　愁杀愁人始破颜
禅榻入秋怜寂寞　茶烟对月爱萧间
门前暮色空明水　槛外晴容犟崒山
一味吾家清活计　黄花自发鸟知还

注：七言律诗，上平声十五删韵（斑、颜、间、山、还）。

①二毛：指黑白两色的头发，即头发斑白。见晋代潘岳《秋兴赋》中："余春秋三十有二，始见二毛。"

②愁杀愁人：见《碧岩录》第四十则之颂："愁人莫向愁人说，说向愁人愁杀人。"

③禅榻：坐禅所用，同前文第五十二首中的"禅床"。与下句中的"茶烟"一起，出自唐代杜牧《题禅院》："觥船一棹百分空，十岁青春不负公。今日鬓丝禅榻畔，茶烟轻飏落花风。"

④茶烟：泡茶时的烟雾。见上条注释。作者头发斑白，望着缕缕茶烟，回想壮年之时，有"茶烟鬓丝之感"。

⑤爱萧间：见杜牧《将赴吴兴登乐游原》："清时有味是无能，闲爱孤云静爱僧。欲把一麾江海去，乐游原上望昭陵。"

⑥空明：见宋代苏轼《前赤壁赋》中："桂棹兮兰桨，击空明兮溯流光。"

⑦清活计：一贫如洗的职业。两袖清风的诙谐说法。

⑧黄花自发鸟知还：上句"清活计"的象征性表达方式。"黄花"即菊花。见前文第八十五首注释。"鸟知还"见陶渊明《归去来兮辞》中的"鸟倦飞而知还"，见前文第二十六首注释。与"黄花自发"一起阐明遵循自然法则的存在方式。

无题

大正五年九月二十三日

漫行棒喝喜从横　胡乱衲僧不值生
长舌谈禅无所得　秃头卖道欲何求
春花发处正邪绝　秋月照边善恶明
王者有令争赦罪　如云斩贼血还清

注：七言律诗，下平声八庚韵（横、生、明、清），第四句出韵。
①长舌：即佛教用语"广长舌"，指佛的舌头。据说佛舌广而长，覆面至发际，故名广长舌，后用来指能言善辩。
②王者有令：见《碧岩录》第五则评唱中："王令稍严，不许攙夺行市。"

无题

大正五年九月二十四日

拟将蝶梦诱吟魂　且隔人生在画村
花影半帘来着静　风踪满地去无痕
小楼烹茗轻烟熟　午院曝书黄雀喧
一榻清机闲日月　诗成默默对晴暄

注：七言律诗，上平声十三元韵（魂、村、痕、喧、暄）。
①蝶梦：即庄周梦蝶。见前文第一百四十首注释。
②轻烟：参考前文第一百七十二首注释所引杜牧诗。

无题

大正五年九月二十五日

孤卧独行无友朋　又看云树影层层
白浮薄暮三叉水　青破重阴一点灯
入定谁听风外磬　作诗时访月前僧
闲居近寺多幽意　礼佛只言最上乘

注：七言律诗，下平声十蒸韵（朋、层、灯、僧、乘）。
①入定：参禅时进入冥想状态。

②月前：同"月下"。见唐代贾岛《题李凝幽居》诗颔联："鸟宿池边树，僧敲月下门。"
③礼佛：即拜佛。

无题

大正五年九月二十六日
大道谁言绝圣凡　觉醒始恐石人谗
空留残梦托孤枕　远送斜阳入片帆
数卷唐诗茶后榻　几声幽鸟桂前岩
门无过客今如古　独对秋风着旧衫

注：七言律诗，下平声十五咸韵（凡、谗、帆、岩、衫）。
①大道：见前文第一百六十八首注释。
②绝圣凡：即超越圣人与凡人的不同。见明代云栖祩宏禅师所录《禅关策进》，其中《衢州杰慧禅师示五台善讲主》有言："要明己躬大事、透脱生死牢关、先须截断一切圣凡虚妄见解。"
③石人谗："石人"即人的石像。见宋代僧人丹霞子淳撰《虚堂录》（又作《虚堂集》）中："两个石人相耳语"。
④唐诗：见前文第一百三十三首注释。

无题

大正五年九月二十七日
欲求萧散口须缄　为爱旷夷脱旧衫
春尽天边人上塔　望穷空际水吞帆

渐悲白发亲黄卷　既入青山见紫岩
昨日孤云东向去　今朝落影在溪杉

注：七言律诗，下平声十五咸韵（缄、衫、帆、岩、杉）。

①为爱旷夷：即旷达坦荡。见《新唐书·隐逸传·贺知章》中："（知章）性旷夷，善谭说。"

②既入青山见紫岩：作为进入青山的隐者，由农耕生活看到了仙境。见唐代王绩《古意六首》（其一）中："幽人在何所，紫岩有仙蹋。"

无题

大正五年九月二十九日
朝洗青研夕爱鹅　莲池水静接西坡
委花细雨黄昏到　讬竹光风绿影过
一日清间无债鬼　十年生计在诗魔
兴来题句春琴上　墨滴幽香道气多

注：七言律诗，下平声五歌韵（鹅、坡、过、魔、多）。

①朝洗青研夕爱鹅："研"即"砚"，据说晋朝书画家王羲之家的水池中养有大鹅。

②道气：同前文所出"道心""道情"等。

无题

大正五年九月三十日
闲窗睡觉影参差　机上犹余笔一枝
多病卖文秋入骨　细心构想寒砭肌

>>> 一　汉　诗

红尘堆里圣贤道　　碧落空中清净诗
描到西风辞不足　　看云采菊在东篱

注：七言律诗，上平声四支韵（差、枝、肌、诗、篱）。

看云采菊在东篱：见前文所引陶渊明《饮酒二十首》（其五）诗。该诗的尾联初案为"创设乾坤浑如梦，无言饶舌两愈奇"。

无题

大正五年十月一日

谁道蓬莱隔万涛　　于今仙境在春醪
风吹靺鞨房尘尽　　雨洗沧溟天日高
大岳无云辉积雪　　碧空有影映红桃
拟将好谑消佳节　　直下长竿钓巨鳌

注：七言律诗，下平声四豪韵（涛、醪、高、桃、鳌）。

①蓬莱：《山海经》中所说的仙人居住之山，据说是东海的一个岛屿。

②靺鞨：中国东北东部一带，原本指古代的一个名门望族。

③直下：见李白《望庐山瀑布》诗中"飞流直下三千尺，疑是银河落九天"等。

④巨鳌：想象中的巨大的海龟，据说背负着蓬莱仙山。见《列子·汤问篇》中："帝恐流于西极，失群仙圣之居，乃命禺强使巨鳌十五举首而戴之。"

无题

大正五年十月二日

不爱红尘不爱林　萧然净室是知音
独摩拳石摸云意　时对盆梅见藓心
麈尾氍毫朱几侧　蝇头细字紫研阴
闲中有事吃茶后　复赁晴暄照苦吟

注：七言律诗，下平声十二侵韵（林、音、心、阴、吟）。

①林：指隐者归隐之所，所以"归隐"亦称"归林"，与前文"林下"同义。

②知音：见"伯牙之期"的典故，见《列子·汤问篇》："伯牙善鼓琴，钟子期善听。伯牙鼓琴，志在高山，钟子期曰：'善哉，峨峨兮若泰山！'志在流水，钟子期曰：'善哉，洋洋兮若江河！'伯牙所念，钟子期必得之。子期死，伯牙谓世再无知音，乃破琴绝弦，终身不复鼓。"

③独摩拳石摸云意："拳石"同"卷石"，见《中庸》第二十六章中："今夫山一卷石之多，及其广大……"而且中国古人的思维中，常将山石称为"云跟"，根据是云由山石生。

④有事：见前文第一百六十一首注释。

无题

大正五年十月三日

逐蝶寻花忽失踪　晚归林下几人逢
朱评古圣空灵句　青隔时流偃寨松
机外萧风吹落奠　静中凝露向芙蓉

山高日短秋将尽　复拥寒衾独入冬

注：七言律诗，上平声十二侵韵（踪、逢、松、蓉、冬）。
①林下：见第一百八一首注释。
②几人逢：见唐代诗僧灵澈《东林寺酬韦丹刺史》："年老心闲无外事，麻衣草座亦容身。相逢尽道休官好，林下何曾见一人。"
③空灵：清新灵妙、清净之意，是宋儒责难佛经时常用之语。

无题

大正五年十月四日

百年功过有吾知　百杀百愁亡了期
作意西风吹短发　无端北斗落长眉
室中仰毒真人死　门外追仇贼子饥
谁道闲庭秋索寞　忙看黄叶自离枝

注：七言律诗，上平声四支韵（知、期、眉、饥、枝）。
①百杀百愁：见前文第一百七十二首注释。
②西风：指秋风。见宋代晏殊《蝶恋花·槛菊愁烟兰泣露》词中："昨夜西风凋碧树"等。
③吹短发："短发"即因年长而变得头发稀少。见杜甫《春望》诗尾联"白头搔更短，浑欲不胜簪"以及《九日蓝田崔氏庄》诗颔联"羞将短发还吹帽，笑倩旁人为正冠"。另外，"吹短发"的意境，出自陶渊明的外祖父孟嘉在人前帽子被吹落的故事。详见陶渊明《晋故征西大将军长史孟府君传》记载（"时佐吏并着戎服，有风吹君帽堕落，温目左右及宾客勿言，以观其举止"）。
④仰毒：饮毒药之意。见《汉书·息夫躬传》中的"仰药而伏刃"等。
⑤贼子：指不孝之人，或反叛之人，常称"乱臣贼子"。见《孟子·

藤文公下》中:"孔子作《春秋》,乱臣贼子惧"。而此处或指佛家所说的"恶党"。

无题

大正五年十月六日

非耶非佛又非儒　穷巷卖文聊自娱
採撷何香过芸苑　徘徊几碧在诗芜
焚书灰里书知活　无法界中法解苏
打杀神人亡影处　虚空历历现贤愚

注:七言律诗,上平声七虞韵(儒、娱、芜、苏、愚)。

①非耶非佛又非儒:"耶"即耶稣,基督教徒;"佛"即佛教徒;"儒"即儒家。见唐代白居易《池上闲吟二首》诗中:"非道非僧非俗吏,褐裘乌帽闭门居。"以及清代郑板桥《偶然作》(日本东北大学附属图书馆漱石文库藏《板桥集》所收)诗"英雄何必读书史,直摅血性为文章。不仙不佛不贤圣,笔墨之外有主张。"

②穷巷:见《读山海经十三首》(其一)诗中:"穷巷隔深辙,颇回故人车。"

③聊自娱:见陶渊明《饮酒二十首》序中所言:"余闲居寡欢,兼比夜已长,偶有名酒,无夕不饮。顾影独尽,忽焉复醉。既醉之后,辄题数句自娱。纸墨遂多,辞无诠次。"

③焚书:见秦始皇"焚书坑儒"的典故。此处是真理不在文字中的象征性发达方式。

④无法界中:《景德传灯录》(卷一)释迦摩尼圆寂之时"而说偈言:法本法无法,无法法亦法"。

⑤打杀神人:见唐代慧然禅师所集《临济录·示众》(又名《临济慧照玄公大宗师语录》或《临济宗》)中:"逢佛杀佛……始得解脱"。

⑥虚空：空虚的世界、空间。见《景德传灯录》（卷一）西天第七佛祖偈言"犹如虚空中，众星之无月"。
⑦历历：见前文第一百五十七首注释。

无题

大正五年十月七日

宵长日短惜年华　白首回来笑语哗
潮满大江秋已到　云随片帆望将赊
高翼会风霜雁苦　小心吠月老獒夸
楚人卖剑吴人玉　市上相逢顾眄斜

注：七言律诗，下平声六麻韵（华、哗、赊、夸、斜）。
①小心吠月老獒夸：见"蜀犬吠日"及"吴牛喘月"的典故。
②楚人卖剑吴人玉："楚剑"有出处，而"吴玉"出处不详。

无题

大正五年十月八日

休向画龙漫点睛　画龙跃处妖云横
真龙本来无面目　雨黑风白卧空谷
通身遍觅失爪牙　忽然复活侣鱼虾

注：七言古诗，下平声八庚韵（睛、横）、入声一屋韵（目、谷）、下平声六麻韵（牙、虾）。
①休向画龙漫点睛：见"画龙点睛"的典故，见前文第一百四十五首注释。

125

②雨黑风白："黑雨"即暴雨、倾盆大雨；"白风"即秋风，此处指可怕的天气状况。见白居易《送客春游岭南二十韵》诗中"天黄生飓母，雨黑长枫人"以及唐代李贺《南山田中行》诗首联"秋野明，秋风白，塘水潋潋虫啧啧"。

③侣鱼虾："侣"指伴侣、伙伴，一起生活之意。"鱼虾"本指鱼和虾，此处是鱼类总称。见苏轼《前赤壁赋》中："侣鱼虾而友麋鹿。"

无题

大正五年十月九日
诗人面目不嫌工　谁道眼前好恶同
岸树倒枝皆入水　野花倾萼尽迎风
霜燃烂叶寒晖外　客送残鸦夕照中
古寺寻来无古佛　倚筇独立断桥东

注：七言律诗，上平声一东韵（工、同、风、中、东）。

无题

大正五年十月十日
忽怪空中跃百愁　百愁跃处主人休
点春成佛江梅柳　食草订交风马牛
途上相逢忘旧识　天涯远别报深仇
长磨一剑剑将尽　独使龙鸣复入秋

注：七言律诗，下平声十一尤韵（愁、休、牛、仇、秋）。
①跃百愁：摆脱各种烦恼，见前文第一百八十三首注释。

②点铁成佛：仿"点铁成金"的典故所造。详见宋代黄庭坚的《答洪驹父书》中："古之能为文章者，真能陶冶万物，虽取古人之陈言入于翰墨，如灵丹一粒，点铁成金也。"

③江梅柳：江岸的梅花树和柳树。见唐代杜审言《和晋陵陆丞早春游望》诗中的"云霞出海曙，梅柳渡江春"。

④风马牛：没有任何关系之意。见《左传·僖公四年》中："楚子使与师言曰：'君处北海，寡人处南海，唯是风马牛不相及也。不虞君之涉吾地也，何故？'"

⑤长磨一剑：见唐代贾岛《剑客》："十年磨一剑，霜刃未曾试。今日把示君，谁有不平事？"

⑥龙鸣：见前文第三十二首注释。

无题

大正五年十月十一日

死死生生万境开　天移地转见诗才
碧梧滴露寒蝉尽　红蓼先霜苍雁来
冷上孤帷三寸月　暖怜虚室一分灰
空中耳语啾啾鬼　梦散莲华拜我回

注：七言律诗，上平声十灰韵（开、才、来、灰、回）。

①碧梧滴露寒蝉尽："碧梧"为梧桐；"寒蝉"为秋蝉。见宋代李弥逊《菩萨蛮·风庭瑟瑟灯明灭》词中："碧梧枝上蝉声歇。"

②红蓼：见前文第十首注释。

③苍雁：见唐代李商隐《和孙朴韦蟾孔雀咏》诗中："地锦排苍雁，帘钉镂白犀。"

④冷上孤帷三寸月：见魏代曹植《慰子赋》中："入空室而独倚，对孤帷而切叹。"此句与下句的句法，参照前文第一百四十三首注释。

⑤虚室：没有人气的房间。见前文第一百六十七首注释。

⑥一分灰：残留的一点点灰。"虚室"若是无心的比喻，那么"灰"则是灰心之意，可怜只留下一点点温暖，此句是诙谐的表达方式。

⑦耳语：见前文第一百七十六首注释。

⑧啾啾鬼：见杜甫乐府诗《兵车行》结尾："新鬼烦冤旧鬼哭，天阴雨湿声啾啾。"

⑨散莲华："散花"，佛教用语，是为供养佛而散花。

无题

大正五年十月十二日

途逢啐啄了机缘　壳外壳中孰后先
一样风幡相契处　同时水月结交边
空明打出英灵汉　闲暗踢翻金玉篇
胆小休言遗大事　会天行道是吾禅

注：七言律诗，下平声一先韵（缘、先、边、篇、禅）。

①啐啄：禅语，雏鸡欲出壳时以嘴吮卵壳声为啐，母鸡欲使小鸡出壳而吃壳为啄，以指修行者与禅家机缘相投。见《碧岩录》第十六则中："大凡行脚人，须具啐啄同时眼，有啐啄同时用，方称衲僧。"将悟道瞬间称之为"啐啄之机"或"啐啄同时"。

②风幡：见禅宗典故。两个禅僧看到旗子在动，一个说是风在动，另一个则认为是旗在动。详见《景德传灯录》卷五（慧能大师曰："可容俗疏辄预高论否？直以风幡非动，动自心耳。"）。

③同时水月："水月"指水和映在水中之月；"同时"与前文中的"啐啄同时"意同。见《景德传灯录》卷七中："佛性犹如水中月。可见不可取。"水中之月是实际存在的还是不存在的？既是实际存在的，又不是实际存在的，这是水和月同时作用的结果。

④空明：见前文第一百七十二首注释。

⑤会天行道：与天合而为一，就能体会天理，进而行道。这也可以说是"则天去私"的内在本质。

无题

大正五年十月十五日

吾面难亲向镜亲　　吾心不见独嗟贫
明朝市上屠牛客　　今日山中观道人
行尽逦迤天始阔　　踏残岭嶅地犹新
纵横由折高还下　　总是虚无总是真

注：七言律诗，上平声十一真韵（亲、贫、人、新、真）。

吾面难亲：意同成语"目不见睫"。见《韩非子·喻老》中："智如目也，能见百步之外而不能自见其睫。"

无题

大正五年十月十六日

人间翻手是青山　　朝入市廛白日间
笑语何心云漠漠　　喧声几所水潺潺
误跨牛背马鸣去　　复得龙牙狗走还
抱月投炉红火熟　　忽然亡月碧浮湾

注：七言律诗，上平声十五删韵（山、间、潺、还、湾）。

①翻手：见杜甫《贫交行》："翻手为云覆手雨，纷纷轻薄何须数。君不见管鲍贫时交，此道今人弃如土。"

②漠漠：见前文第四十九首注释。

无题

大正五年十月十七日

古往今来我独新　今来古往众为隣
横吹鼻孔逢乡友　竖拂眉头失老亲
合浦珠还谁主客　鸿门玦举孰君臣
分明一一似他处　却是空前绝后人

注：七言律诗，上平声十一真韵（新、隣、亲、臣、人）。

①合浦珠还谁主客："合浦"，中国广东省地名，后汉时，为珍珠产地。此地不产谷物，百姓为了生存，于是胡乱采集、贩卖珍珠，使得珍珠大量流失。新任太守孟尝，实施新措，革除更换先前的敝政，为民众谋求利益。还没有超过一年，原来被采集的珠贝全都复得。这就是"合浦珠还"。详见《后汉书·列传·循吏传》。

②鸿门玦举孰君臣："鸿门"，中国陕西省地名。秦末西楚霸王和刘邦一决雌雄共聚"鸿门宴"的地方。典故详见《史记·项羽本纪》。

无题

大正五年十月十八日

旧识谁言别路遥　新知却在客中邀
花红柳绿前缘尽　鹭暗鸦明今意饶
石上长垂𬘓绣帐　岩头忽见木兰桡
眼睛百转无奇特　鸡去凤来我弄箫

注：七言律诗，下平声二萧韵（遥、邀、饶、桡、箫）。

①花红柳绿：花是红的，柳是绿的，这是自然状态。也是毫无人为装饰的自然之态的禅语。

②弄箫：见《列仙传·卷上·萧史》中："萧史善吹箫，作凤鸣。秦穆公以女弄玉妻之，作凤楼，教弄玉吹箫，感凤来集，弄玉乘凤、萧史乘龙，夫妇同仙去。"

无题

大正五年十月十九日

门前高柳接花郊　　几段春光眼底交
长着貂裘怜狗尾　　愧收鹊翼在鸠巢
万红乱起吾知异　　千紫吹消鬼不嘲
忽地东风间一瞬　　花飞柳散对空梢

注：七言律诗，下平声三肴韵（郊、交、巢、嘲、梢）。

①花郊：即花开的郊外。见苏轼《择胜亭铭》中："春朝花郊，秋夕月场。"

②长着貂裘怜狗尾：见谚语"狗尾续貂"（详见《晋书·赵王伦传》："奴卒厮役亦加以爵位。每朝会，貂蝉盈坐，时人为之谚曰：'貂不足，狗尾续。'"）。

③愧收鹊翼在鸠巢：见《诗经·召南·鹊巢》中："维鹊有巢，维鸠居之。"

④万红　千紫：见"万紫千红"。

⑤鬼不嘲："鬼"即亡者。该句见"鬼揶揄"（详见《世说新语·任诞》）。

无题

　　大正五年十月二十日
　　半生意气抚刀镮　骨肉销磨立大寰
　　死力何人防旧郭　清风一日破牢关
　　入泥骏马地中去　折角灵犀天外还
　　汉水今朝流北向　依然面目见庐山

注：七言律诗，上平声十五删韵（镮、寰、关、还、山）。

①清风一日破牢关："牢关"，不可翻越的坚固的关所。禅语中指迷悟之境。见《景德传灯录》卷十六中："牢关把定，凡圣不通"及《禅关策进》中："要明己躬大事，透脱生死牢关"。该句的意思是清爽的风，破了坚固的关所，借指醒悟之意。

②折角灵犀天外还："灵犀"见李商隐《无题》诗颔联："身无彩凤双飞翼，心有灵犀一点通"以及《虚堂录》卷四中："妙明一句威音外，折角泥牛雪裏眠"。

③汉水今朝流北向："汉水"流经中国陕西、湖北，东南流向汇入长江。见王维《哭孟浩然》："故人不可见，江水日东流。借问襄阳老，江山空蔡州。"而如今这条汉水却向北流去，处于异常状态。见李白《江上吟》诗中："功名富贵若长在，汉水亦应西北流。"

④依然面目见庐山：见苏轼《题西林壁》："横看成岭侧成峰，远近高低各不同。不识庐山真面目，只缘身在此山中。"

无题

大正五年十月二十日
吾失天时併失愚　吾今会道道离吾
人间忽尽聪明死　魔界犹存正义朦
掷地铿锵金错剑　碎空灿烂夜光珠
独吞涕泪长踌躇　怙恃两亡立广衢

注：七言律诗，上平声七虞韵（愚、吾、朦、珠、衢）。

①会道：达到悟道的境界。见《碧岩录》第九十八则之评唱"会禅会道"。

②魔界：指与佛界对立的世界，于《景德传灯录》卷十四以及《首楞严经》中可见。

③掷地：见《世说新语·文学篇》中记载："孙兴公作《天台赋》成，以示范荣期，云：'卿试掷地，要作金石声。'"

④金错剑：见前文第七十一首注释。初案为"太阿剑"，见《战国策》。

⑤夜光珠：见《述异记》中："南海有珠，即鲸目，夜可以鉴。谓之夜光珠。"

⑥怙恃：依靠、凭借，后又借指父母。见《诗经·小雅·蓼莪》中："无父何怙？无母何恃？"

无题三首

大正五年十月二十一日

其一

元是一城主　焚城行广衢
行行长物尽　何处舍吾愚

按：以下，十月二十一日所作三首以及二十二日所作三首，均以"元是"开头，得益于佛家语句的启发。如《槐安国语》卷五中"元是山中人，爱说山中话"、《临济录·示众》中"本是一精明，分为六合和"等。寒山诗中亦有"谁知席帽下，元是昔愁人"之句。

注：五言绝句，上平声七虞韵（衢、愚）。

行行：见《古诗十九首》之《行行》中：重行行中"行行重行行，与君生别离。"

其二

元是丧家狗　徘徊在草原
童儿误打杀　何日入吾门

注：五言绝句，上平声十三元韵（原、门）。
①丧家狗：见《史记·孔子世家》中："累累若丧家之狗。"
②徘徊：见前文第六十九首注释。

其三

元是锦衣子　卖衣又卖珠
长身无估客　赤裸裸中愚

注：五言绝句，上平声七虞韵（珠、愚）。

卖衣又卖珠："衣珠"为《法华经》中七喻之一，即"衣珠喻"，比喻衣服中的宝珠含有佛性。

无题三首

大正五年十月二十二日

其一

元是贫家子　相怜富贵门
一朝空腹满　忽死报君恩

注：五言绝句，上平声十三元韵（门、恩）。

其二

元是东家子　西隣乞食归
归来何所见　旧宅雨霏霏

注：五言绝句，上平声五微韵（归、霏）。
①乞食：陶渊明有《乞食》诗，而此处或指从良宽的诗中看到的佛家托钵。
②何所见：乐府诗中常用套语。
③霏霏：雨雪盛貌。见《诗经·小雅·采薇》中："今我来思，雨雪霏霏。"

其三

元是太平子　宁居忘乱离
忽然兵燹起　一死始医饥

注：五言绝句，上平声四支韵（离、饥）。
乱离：即战乱之忧。见《诗经·小雅·四月》中："乱离瘼矣，爰其适归？"

无题

　　　　大正五年十月三十一日
　　　秋意萧条在画中　疏枝细叶不须工
　　　明朝铁路西归客　听否三竿墨竹风

按：元成禅人自、德源大会回钵到余家、淹留旬日。临去需余画。余为禅人作墨竹三竿、并题诗以赠。

注：七言绝句，上平声一东韵（中、工、风）。

无题

　　　　大正五年十一月一日
　　　君卧一圆中　吾描松下石
　　　勿言不会禅　元是山林客

按：丙辰十月、余为元成禅人作墨竹。越一日、见壁间所挂图、兴忽发。乃为珪堂禅人抽毫作松一株、配以石二三。不知禅人受余赠否也。

注：五言绝句，入声十一陌韵（石、客）。

①一圆中：即在地面上所画的一个圆中。见《碧岩录》第六十九则中："南泉于地上画一圆相云：道得即去。"

②山林客：隐者。"山林"隐者居住之所。如晋代张华《招隐诗二首》诗中"隐士托山林，遁世以保真"以及北宋苏东坡《和寄天选长官》中"自古山林人，何曾识机巧"。

无题

大正五年十一月十三日
自笑壶中大梦人　云寰缥缈忽忘神
三竿旭日红桃峡　一丈珊瑚碧海春
鹤上晴空仙翩静　风吹灵草药根新
长生未向蓬莱去　不老只当养一真

按：该诗可以看作修善寺大患以来，夏目漱石面对生死问题的总决算。首句自嘲执着于生的自己，执着于生的古人，设定了不老不死的仙界。但是如第七、八句结尾所述，夏目漱石知道"死比生可贵"，而且掌握"一真"的真理更为"可贵"。夏目漱石在《玻璃门内》（八）写道：

我疲惫地走在充满不快的人生道路上，心里时常想着自己总有一天会达到的死的境地。我坚信那死肯定比生快乐。我也想象着届时将是人类所能达到的至高无上的境地。

"死比生可贵。"

这句话近来不断地在我的胸中徘徊。

但是我现在仍活着。从我的父母、祖父母、曾祖父母往上溯，一百年、二百年，乃至一千年、一万年，人们已经养成了一种固习。而我这一带势必不可能冲破这种固习。所以我也依然执着于这个生了……我这个一贯笃信于死比生可贵的人所表示出的这种希望和箴言，终究无法超越那充满不愉快的生。而且，这种做法明白无误地证明了我在具体的行动上是个凡庸的自然主义者。我至今还在用半信半疑的眼光凝视着自己的内心深处。

自笑：即自嘲。见耶律楚材《和裴子法韵》诗中："自笑中书老仆射，事佛窃做王安石。"

注：七言律诗，上平声十一真韵（人、神、春、新、真）。

①壶中：指仙界，见"壶中天地"，《后汉书·方术下·费长房传》中记载："市中有老翁卖药，悬一壶于肆头，及市罢，辄跳入壶中。市人莫之见，唯长房于楼上睹之，异焉，因往再拜奉酒脯。翁知长房之意其神也，谓之曰：'子明日可更来。'长房旦日复诣翁，翁乃与俱入壶中。唯见玉堂严丽，旨酒甘肴，盈衍其中，共饮毕而出。"另见，耶律楚材《和南质张学士敏之见赠七首》诗中："几时把手潇湘边，生涯自有壶中天。"

②大梦：见《庄子·齐物论》"且有大觉而后知其大梦也，而愚者自以为觉，窃窃然知之"及李白《春日醉起言志》诗中"处世若大梦，胡为劳其生"。

③缥缈：见前文第六十五首注释。

④三竿旭日：即"旭日三杆"。《南齐书·天文志》（卷十二）中："日出高三竿，朱色赤黄，日晕。"

⑤灵草：长生不老之草。张衡《西京赋》中有言："灵草冬荣，神木丛生"。

⑥长生未向蓬莱去：据《史记》记载，秦始皇命方士徐福率领三千童男童女去往蓬莱岛寻找长生不老药，然而徐福等人并未归来。蓬莱：见前文第一百八十首注释。

⑦不老只当养一真："养真"一词，见曹植《辩问》中"君子隐居以养真也"以及陶渊明《辛丑岁七月赴假还江陵夜行涂口》诗中"养真衡茅下，庶以善自名"。

无题

大正五年十一月十九日

大愚难到志难成　五十春秋瞬息程
观道无言只入静　拈诗有句独求清

迢迢天外去云影　籁籁风中落叶声
忽见闲窗虚白上　东山月出半江明

注：七言律诗，下平声八庚韵（成、程、清、声、明）。

①大愚难到志难成："大愚"见"大愚若智"，见《庄子·天地篇》中："知其愚者，非大愚也；知其惑者，非大惑也。大惑者，终身不解；大愚者，终身不灵。"另见，元耶律楚材《请王公住太原开化》诗中"大愚不了庚儿孙，开化重兴正赖君"、《论语·为政篇》中"吾十有五志于学。"

②五十春秋瞬息程：五十年的岁月，瞬间即逝，这一年夏目漱石五十岁。见白居易《自咏五首》中："荣华瞬息间，求得将何用。"

③观道无言只入静："道"即无心的世界，"则天去私"的境界，参见第一百五十四首《无题》中的"道是无心天自合"。"观道"的世界由"无言"通往，陶渊明《饮酒》诗中曾说"此中有真意，欲辩已忘言"。

④迢迢：见前文第五十四首。

⑤去云：即浮云。见隋代江总《遇长安使寄裴尚书》诗："去云目徒送，离琴手自挥。"

⑥虚白：见前文第一百六十七首注释。

⑦东山月出：见苏东坡《前赤壁赋》中："少焉，月出于东山之上，徘徊于斗牛之间。白露横江，水光接天。"

⑧半江：见白居易《暮江吟》："一道残阳铺水中，半江瑟瑟半江红。可怜九月初三夜，露似真珠月似弓。"

无题

大正五年十一月二十日夜
真踪寂寞杳难寻　欲抱虚怀步古今
碧水碧山何有我　盖天盖地是无心

　　　　依稀暮色月离草　错落秋声风在林
　　　　眼耳双忘身亦失　空中独唱白云吟

　　按：松冈让在《漱石的汉诗》中写道："夏目漱石创作这首诗的第二天就病倒在床，因此这是可称之为'遗偈'。然而格调很高，与豁达心境相映这一点，或许是无意识中有所预感吧！作为七十余首中最后一首七律诗的意义，这样想来，看似偶然却非偶然。而且通读他全部的汉诗，这首诗是其精髓的完美集大成者，同时，立于这些汉诗的最高境界，最为明显地通过汉诗的方式吟咏出其花费五十年逐渐得到的座右铭'则天去私'之境界。也可以说夏目漱石好像为了创作出这首诗，试作了其他所有的诗作，具有很高的反响。"

　　注：七言律诗，下平声十二侵韵（寻、今、心、林、吟）。
　　①真踪寂寞杳难寻：见《景德传灯录》卷四中："向陟崔嵬远望杳无踪迹。"
　　②虚怀：见苏东坡《和寄天选长官》中："虚怀养天和，肯徇奔走闹。"
　　③碧水碧山：见前文第二十三、八十首。
　　④盖天盖地：指天地、大自然。见《碧岩录》第三则垂示中："尔不见道，从门入者，不是家珍，须是自己胸中流出，盖天盖地，方有少分相应。"
　　⑤错落：见耶律楚材《和南质张学士敏之见赠七首》（《湛然居士文集》卷一）诗中："珠玑错落照兰室，龙蛇偃蹇蟠霜绡。"
　　⑥身亦失：见《景德传灯录》卷二十一中："僧曰恁么即丧身失命去也"，即进入"则天去私"的世界。
　　⑦白云吟：见前文第六十七首注释。

一 汉　诗

未定稿一

　　　　明治三十二年（1899年）
　　　　眼识东西字　私抱今古忧
　　　　人生归险□　天地□圆沤
　　　　鸟入云无迹　鱼行水自流
　　　　抛书多得意　至道固悠悠

注：五言律诗，下平声十一尤韵（流、悠）。
　　至道：穷极之道理。见《礼记·学记篇》中："虽有至道，弗学，不知其善也。"作禅语讲，如中国隋朝禅宗僧璨《信心铭》中所言："至道无难。"

未定稿二

　　　　明治四十三年（1912年）九月十七日
　　　　日长如赤子　仰卧见苍空
　　　　无事白云懒　欲流静待风

注：五言律诗，上平声一东韵（空、风）。

未定稿三

　　　　明治四十三年九月十八日
　　　　山中多古意　天地悉秋声
　　　　楼上人□□　月明照老生

141

注：五言绝句，下平声八庚韵（声、生）。

①山中：如李白《山中问答》诗中所言，乃隐遁之所。见漱石汉诗第八十首注释。

②古意：怀古、与古代一体化之意。见杜甫《登兖州城楼》诗尾联："从来多古意，临眺独踌躇。"见漱石汉诗第七十二首注释。

未定稿四

明治四十三年九月二十一日
风流因疾病　一卧领清闲
梦听依稀雨　心看缥缈山

注：五言绝句，上平声十五删韵（闲、山）。

未定稿五

明治四十三年九月二十二日
服药红尘外　被衾翠霭间
幽怀秋菊在　皇玉凝珊珊

注：五言绝句，上平声十五删韵（间）和上平声十四寒韵（珊）通押。

未定稿六

  明治四十三年九月二十二日
   获疾风尘外　养神泉石间
   幽怀秋菊在　午影上栏干

注：五言绝句，上平声十五删韵（间）和上平声十四寒韵（干）通押。
养神：见《庄子·刻意篇》中："纯粹而不杂，静一而不变，淡而无为，动而以天行，此养神之道也。"

未定稿七

  明治四十五年（1912年）五月
   不解丹青枝　却负故人情
   袖里春长在　春风描不成

注：五言绝句，下平声八庚韵（情、成）。

未定稿八

  大正五年（1916年）九月
   无心却是最神通　只眼须知天地公
   日照苍茫千古大　风吹碧落万秋雄
   生生流转谁呼梦　念念追求真似空
   欲破龙眠勿忽卒　白云深处跃金龙

注：五言绝句，上平声一东韵（通、公、雄、空）和上平声二东韵（龙）通押。

①天地公：天地自然公平无私之意。见《庄子·外篇·天地》冒头文："天地虽大，其化均也。"

②欲破龙眠勿忽卒："破龙眠"，唤醒沉睡之龙。见漱石汉诗第一百四十五首注释。此句译为：不要轻率地唤醒沉睡之龙。

③白云深处跃金龙：见《碧岩录》第二十四则评唱部分："不见僧问风穴：'沩山道"老牸牛汝来也。"意旨如何？'穴云：'白云深处金龙跃。'"

二 汉 文

观菊花偶记

(一)

都下有养菊者。至秋造菊花偶、榜其门招客。余尝往观焉。云鬟翠黛、丰颊皓齿、宛然一美姬也。而衣带皆以菊成焉。姿态便妍、靓妆而丽服、一见知其贵公子。而裙袖皆菊也。编竹造其体、而花缠之。小轮丰朵、婆娑团栾、绿叶补其隙、粉红青萼、采光烂然。布置剪裁之妙、无所不至。

注：
①皓齿：洁白的牙齿。见西汉司马相如《美人赋》中："臣之东邻，有一女子，云发丰艳，蛾眉皓齿，颜盛色茂，景曜光起。"
②靓妆：妆扮美丽。见司马相如《上林赋》中："若夫青琴、宓妃之徒，绝殊离俗，妖冶娴都，靓妆刻饰，便嬛绰约，柔桡嫚嫚，妩媚孅弱。""便嬛"与"便妍"同义。

145

（二）

有客叹曰、甚哉、此枝之<u>可鄙</u>也。纵横曲直、顺性全天、是良<u>场师</u>所以养树也。今夫<u>隐逸</u>闲雅、野趣可掬者、非菊性乎。而今如此。安在其为菊哉。

注：
①可鄙：下品。
②场师：指园艺师。见《孟子·告子上》中："今有场师，舍其梧槚，养其樲棘，则为贱场师焉。"
③隐逸："隐逸之花"，菊花的别称。菊花在其他花都枯萎时开放，而且独自保持清洁，所以宋代周敦颐《爱莲说》中记载有"予谓菊，花之隐逸者也"。

（三）

养花者应曰、天下之曲其性、屈其天者、岂独菊哉。今夫所尚于士者、节义气操耳。然方利禄在前、爵位在后、辄改其所操持、不速之恐、<u>滔滔</u>天下皆是。吁嗟、此辈虽金冕而绣服、而其神则亡矣。又安与此菊异哉。

注：
滔滔：水流湍急、汹涌的样子。见《论语·微子篇》中："滔滔者天下皆是也。"万事万物皆如此等流水一般。

（四）

然此菊也、不培粪壤、则花不艳、不沃泔水、则轮不大、不掇春苗、则枝不岐、非灌溉得适、培养得宜、则不能使之如吾意。至士则不然。利禄不诱、而有自曲其性者焉。爵位不饵、而有自屈其天者焉。岂不甚哉。夫士者、世之所<u>矜式</u>而尊敬者也。而今如此。何独怪于此枝。客遂不能答。

注：

矜式：敬重而取法。见《孟子·公孙丑下》中："我欲中国而授孟子室，养弟子以万钟，使诸大夫、国人皆有所矜式。"

按：这是夏目漱石在19岁（明治十八年），就读东京大学预备门预科三年级时提交的一篇作文，当时署名为"三级二组　盐原金之助拜"。夏目漱石在明治三年成为盐原家养子，入盐原籍，明治二十一年恢复原籍。作者通过菊花人偶的制作，进行对世间诸相的批判，有借用唐代柳宗元《种树郭橐驼传》中通过植树方法进行政治批判的手法。

《七草集》评

（一）

词兄之文、情优而辞寡、清秀超脱、以神韵胜。憾间有芜句鄙言。然昆玉微瑕、何须凡工下手。且先辈评论、备至。故不敢赘。至若韵语、仆所不解、只觉首首皆实况、读之身如起卧墨江耳。痴人梦后、虽情景历历在目、不能语人。要在心解、不必要多舌也。

注：

①词兄：对诗友的敬称。见汉诗第四首注释。

②昆玉微瑕："昆玉"即中国昆仑山所产名玉。该词与中文中的"白璧无瑕"同义。

③墨江：日本隅田川的中国式雅称。

④历历：见汉诗第一百五十七首注释。

（二）

莽篇则笔意悽惋、文品亦自高。读去、不觉黯然。呜呼、天地一大剧场也。人生如长梦。然梦中犹弁声色、俳优能泣人。仆读此篇、虽知其出假想、然不能无酸怛之情。况于身在其境、目睹其物也。

注：
①蕣篇：原题为"蕣の卷"，蕣即木槿花的古称，俗称喇叭花。
②弁：即辨。
③俳优：指古代演滑稽戏杂耍的艺人。见《韩非子·难三》中："俳优侏儒，固人主之所与燕也。"在现代日语中，指戏剧、电影演员。
④假想：虚构。"假"即假。

（三）

抑人事之变、桑沧之迁、谁弁其真假。曷知吾兄十年之后、无再游墨江、追忆往昔、悟先之假为后之真、昔之幻为今之实、低徊顾望、感极而泣下者乎哉。又曷知香云暖雪之下、无不胜今昔之感、作诗吊阿花、忽忽若失、捧诗呜咽者乎哉。

注：
①人事：人世间的诸事。
②桑沧之迁：指桑田变沧海的巨大变化。见汉诗第二十四首注释。
③墨江：见（一）中注释。
④阿花：即花，此处指前文"蕣"。

（四）

葛篇则一气奔放、纵横叙去、毫无难涩之体。议论亦奇特、仆辈所不能梦视。

注：
①葛篇：原题为"葛の卷"。
②不能梦视：即做梦也无法办到。

（五）

　　至瞿麦之篇、则自口碑实传、至稗史小说、细大无遗、洪纖不漏、悉取焉而抒自家胸臆。可谓巧矣。不知吾兄、校课之余、何暇绰绰能如此。仆天资陋劣、加疏懒为风、龌龊没于红尘里。风流韵事、荡然一扫、愧于吾兄者多矣。

注：

①瞿麦：原题为"瞿麦の卷"。

②口碑：世间的传闻。出自成语"路上行人口似碑"（见《五灯会元》卷十七）。

③稗史：记录民间传说、轶闻琐事的书。

④小说：此处指中国古典语言中的"小说"。见东汉班固在《汉书·艺文志》中："小说家者流，盖出于稗官。街谈巷语，道听涂说者之所造也。"

⑤纖：为日本汉字，同中国汉字"纖"，简体字为"纤"。

⑥红尘：俗世间。

⑦风流韵事：此处指文人诗歌吟咏及琴棋书画等活动。

（六）

　　刈萱之篇、评存而文欠焉。思吾兄才思富赡、一唾一珠、故割爱不顾乎。可惜、可惜。古人有句云、天若有情天亦老、月如无恨月长圆。欲移以评刈萱、而不能。他日得一读、知余言非郢书燕说、则幸甚。

注：

①刈萱：原题为"刈萱の卷"。

②一唾一珠：出自成语"咳唾成珠"，形容文词极其优美。

③天若有情天亦老：见唐代李贺《金铜仙人辞汉歌》诗中："衰兰送客咸阳道，天若有情天亦老。"

④月如无恨月长圆：即"月如无恨月长圆"，是宋代诗人石延年根据

前文李贺诗中的"天若有情天亦老"所作的对句。见宋代司马光《温公续诗话》(《历代诗话》所收)。

⑤郢书燕说:"郢"为春秋战国时楚国的都城;"书"即书信;"燕"即春秋战国时的燕国;"说"即解释。用于比喻牵强附会,曲解原意。见《韩非子·外储说》(原文为:"郢人有遗燕相国书者,夜书,火不明,因谓持烛者曰:'举烛。'云而过书'举烛'。举烛,非书意也。燕相受书而悦之,曰:'举烛者,尚明也;尚明也者,举贤而任之。'燕相白王,王大悦,国以治。")

(七)

要之、大着七篇、皆<u>异趣同巧</u>、犹七草不同姿态、而至其沿涧倚篱、细雨微风、楚楚可爱、则一也。恐爱玩之极、得小人<u>抱玉之罪</u>。因匆匆通读、奉还<u>榻下</u>。

注:

①异趣同巧:同成语"异曲同工"。

②抱玉之罪:不放手重要的东西,反而会招致灾难。见《左传·桓公十年》中:"匹夫无罪,怀璧其罪。"

③榻下:身边之意,是为了避免直呼其名的失礼行为而使用的词语,和"阁下""足下"等同义。

(八)

拙作数首、附记供浏览。仆固不解诗。故所作粗笨、生硬可笑。然<u>无盐</u>与<u>西施</u>坐、则美益美、而丑愈丑。仆岂谓敢<u>傲颦</u>。亦欲为西施之美耳。

注:

①无盐:指中国战国时代出身于无盐(今山东省东平县)之地的丑女、齐宣王的夫人钟离春,是常与美女西施相对比的人物。见《世说新语·轻诋篇》中:"何乃刻画无盐,以唐突西子也?"

②倣颦：见典故"东施效颦"，见《庄子·天运篇》中："故西施病心而颦其里，其里之丑人见之而美之，归亦捧心而颦其里。"

青袍几阅帝京秋　　酒点泪痕忆旧游
故国烟花空一梦　　不耐他乡写闲愁
几年零落亦风流　　好赁江头香月楼
麦绿菜黄吟欲尽　　又逢红蓼白苹秋
江东避俗养天真　　一代风流饯逝春
谁知今日惜花客　　却是当年剑舞人
艳骨化成冢上苔　　于今江上杜鹃哀
怜君多病多情处　　偏吊梅儿薄命来
长堤尽处又长堤　　樱柳枝连樱柳枝
此里风光君独有　　六旬闲适百篇诗
浴罢微吟敲枕函　　江楼日落月光含
想君此际苦无事　　漫数篝灯一二三
洗尽尘怀忘我物　　只看窗外古松郁
乾坤深夜阒无声　　默坐空房如古佛
京客多情都鸟谣　　美人有泪满叉潮
香骸艳骨两黄壤　　片月长高双枕桥
长命寺中鬻饼家　　当垆少女美如花
芳姿一段可怜处　　别后思君红泪加

明治己丑五月念五日
辱知漱石妄批

按：以上汉诗参见前文汉诗第九至十七首注释。此评论，是夏目漱石于明治二十二年五月二十五日，呼应正冈子规在隅田川向岛的月香楼创作的《无何有洲 七草集》所作的。

居移气说

按：居移气，即居住的场所、环境，可以改变人的心情。语出《孟子·尽心上》中："孟子自范之齐，望见齐王之子，喟然叹曰：'居移气，养移体。大哉居乎！夫非尽人之子与？'"夏目漱石在创作于明治三十九年的小说《趣味的遗传》（一）中写道："孟子所说的居移气小时候就听过……"，还有创作于明治四十年的《虞美人草》（六）中写道："居移气。藤尾的想象与天空一起变得很浓厚。"

（一）

天地不能无变。变必动焉。霹雳鸣于上者、天之动也。崩荡震于下者、地之动也。喷火降砂、为山之动。流石啮岸、为水之动。物皆然、而人为甚。五彩动其目、八音动其耳、荣枯得丧、动其心。盖人之性情、从境遇而变。故境遇一转、而性情亦自变。是所以居移气也欤。

注：
①霹雳：即雷鸣。见《尔雅·释天》中："疾雷为霆霓"，"注：雷之急击者为霹雳"。
②五彩：即五色（青、黄、赤、黑、白）。此处指美丽的色彩。
③八音：指用金、石、丝、竹、匏、土、革、木八种材质做成的乐器演奏出的美的声音。

（二）

余幼时、从亲移居于浅草。浅草之地、肆廛栉比、红尘壒勃。其所来往、亦皆铜臭之儿。居四年、余亦将化为鄙吝之徒。居移气一焉。

注：
①幼时：指夏目漱石八岁时。
②栉比：出自成语"鳞次栉比"。
③塕勃：尘土飞扬之貌。

（三）

既去寓于高田。地在都西。虽未能全绝车马之音、门柳篱菊、环堵萧然、乃读书赋诗、悠然忘物我。居移气二焉。

注：
①车马：见陶渊明《饮酒二十首》（其五）诗中："结庐在人境，而无车马喧。"
②门柳：见陶渊明自传《五柳先生传》中："宅边有五柳树，因以为号。"
③篱菊：见陶渊明《饮酒二十首》（其五）诗中："采菊东篱下，悠然见南山。"
④环堵萧然：见陶渊明自传《五柳先生传》中："环堵萧然，不蔽风日。"

（四）

入兹黉以来、役役于校课、汲汲于实学。而赏花看月之念全废矣。居移气三焉。

注：
①役役：见汉诗第三十五首注释。
②实学：与趣味或风流无缘的实用之学。

（五）

抑余年廿三、三移居、而性情亦自三迁。自今至四五十、未知其居凡几迁、而其心亦几变也。呜呼、天地之间、形而下之物、人为独尊、今不能外形骸、脱尘怀、与万化冥合。外物乱吾心、俗累役吾身、蠕蠕蠢蠢、将与蟪蛄泯灭。定可叹也。

注：

①形而下之物：有形之物，物质。与此相对，称精神为"形而上"，见《易传·系辞上》中："形而上者谓之道，形而下者谓之器。"

②独尊：顾名思义。见《长阿含经》（一）中："天上天下唯我为尊"，这是释迦摩尼佛诞生时的豪迈宣言。

③外形骸：离开肉体、无视外形。见《庄子·大宗师》中："修行无有而外其形骸，临尸而歌，颜色不变，无以命之。"

④万化冥合："万化"指变化的万物，即大自然；"冥合"指合而为一。见唐代柳宗元《始得西山宴游记》中："心凝形释，与万化冥合。"

（六）

夫绚彩动目、目之罪也。管籥动耳、耳之罪也。耳目不能免累心之罪也。余未不能正心罪、宜居移境转。而性情亦漫然无所定。

（七）

阳明有言。去山中之贼易、去心中之贼难。可不慎哉。故目欲其盲、耳欲其聋。独心欲其虚灵不昧。心虚灵不昧、则天柱之摧不怖、地轴之裂不骇、山川之变、风云之怪、不足以动其魂。而后人始尊矣。

注：

①阳明：即中国明代哲学家王阳明。王阳明在给弟子的书简中写道："破山中贼易，破心中贼难。"（详见《王阳明全集·与杨仕德薛尚谦书》）

②虚灵不昧：见《大学》开头之句："大学之道，在明明德。"朱熹《大学章句》中对此句的注解为："明德者，人之所得乎天，而虚灵不昧，

以具众理而应万事者也。"

③天柱：见《列子·汤问篇》中："折天柱，绝地维。"

按：在该篇汉文的末尾写有"己丑六年三日 一部一年三之组 夏目金之助 乞斧正"，"己丑"即明治二十二年，当时作者22岁。这是夏目漱石就读于第一高等中学本科一部（文科）一年级时提交的作文。

东海道兴津纪行

按：明治二十二年八月三日，夏目漱石在寄给正冈子规的书简中写道："因转地疗养之故，上月二十三日与小生愚兄一起去东海道兴津，昨晚回京，兴津的景色之美，大兄也未知晓，姑且向您汇报大体。"

（一）

都城之西、六十余里、山势隆然、拔地而起。潮流直逼山麓、山海之间、得平地、才五十步。旗亭十数、点缀其间、与蛋户渔家错落相间、呼曰兴津。所谓东海五十三驿之一也。山腹有古刹、佛阁经楼、高出于青霭之上、望之缥缈如画图。

注：
①都城：指东京。
②蛋户：指渔夫的家。

（二）

兴津之西、山势渐向北而走、海湾亦南曲、三里而达清水港。港尽而湾再东折、突出洋中二里许、古松无数、远与天连、白帆明灭、行其间。是则兴津驿之胜概也。呼其寺、曰清见寺、呼其山、曰清见山、呼其湾、曰清见潟。而西南长岬、横断大海者、为三保松原。远山如黛、白云蓬勃者、为伊豆大岛。天晴气朗之时、仰看芙蓉于东北。大凡骚人墨客、上旗亭坐楼头者、杯酒谈笑之际、一瞩而得悉收此数者于眸中焉。

注：
①驿：即驿站。
②蓬勃：形容白云涌起的样子。参考汉诗第三十五首注释。见汉代贾谊《旱云赋》中："遥望白云之蓬勃兮。"
③天晴气朗：即"天气晴朗"。
④骚人墨客：同"文人墨客"。"骚人"见屈原的代表作《离骚》，广义而言指诗人、文学家。"墨客"指沉醉于书画诗文世界的人。

（三）

盖所谓东海道、自东都至西京、长二百余里、有驿五十有三。山则函岭、水则天龙矢矧、都邑则静冈名古屋。其间长亭短驿、名山大川、固不为鲜矣。然至山海之胜、鱼虾之美、则余独推兴津为最。是以数年以来、缙绅公卿、避暑游于此地、陆续麇至、山苍水明之乡、亦将渐化弦歌热闹之地。可叹也。……

注：
①函岭：箱根山带有中国风的叫法。
②矢矧：流经爱知县中部，注入知多湾的河流名称。
③长亭短驿：指大小驿站。每隔十里设置的驿站称之为"长亭"，每隔五里设置的驿站称之为"短亭（或短驿）"。
④公卿：指三公九卿，泛指位居高官的人。
⑤山苍水明：同"山紫水明"（和制汉语），即山清水秀之意。
⑥弦歌：管弦和歌谣。见《周礼·春官·小师》中"小师掌教鼓鼗、柷、敔、埙、箫、管、弦、歌"。郑玄注："弦，谓琴瑟也。歌，依咏诗也。"又见《史记·孔子世家》中："三百五篇，孔子皆弦歌之。"见汉诗第四十九首。

<<< 二 汉 文

木屑录

按：标题中的"木屑"，即加工木头时留下的锯末、刨花粉料。见《世说新语·政事篇》。据说晋朝陶侃（陶渊明的曾祖父），将造兵船后的木屑全部收藏起来，下雪时铺在地上，方便出入，又将官府使用后的竹子竹头，收集起来，作为造船用的竹钉。（详见《世说新语·政事篇》，原文为：陶公性检厉，勤于事。作荆州时，敕船官悉录锯木屑，不限多少，咸不解此意。后正会，值积雪始晴，听事前除雪后犹湿，于是悉用木屑覆之，都无所妨。官用竹，皆令录厚头，积之如山。后桓宣武伐蜀，装船，悉以作钉）夏目漱石将自己的作品称为"木屑"，有自谦之意，或许同时也多少蕴含自负之感。此文是夏目漱石在明治二十二年八月三日至三十一日期间（约23岁），与同学四人一起到房总半岛旅行时的纪行文。

（一）

余儿时、诵唐宋数千言、喜作为文章。或极意雕琢、经旬而始成、或咄嗟冲口而发、自觉澹然有朴气。窃谓、古作者岂难臻哉。遂有意于以文立身。自是游览登临、必有记焉。其后二三年、开箧出所作文若干篇读之、先以为极意雕琢者、则颓飏纤佻、先以为澹然有朴气者、则骫骳艰涩。譬之人、一如妓女奄奄无气力、一如顽儿悍傲凌长者、皆不堪观。焚稿扯纸、面发赤、自失者久之。

注：

①骫骳（wěi bèi）：曲折委婉。见《汉书·枚乘传》中有"其文骫骳"一语，唐代颜师古注曰："骫，古委字也。骳音被。骫骳，犹言屈曲也。"

②艰涩：语言艰深难懂。见《宋史·勾龙如渊传》中："文章平易者多浅近，渊深者多艰涩。"

③顽儿：不听话的孩子。夏目漱石在《木屑录》的扉页上署名"漱石

157

顽夫"，"顽夫"即顽固任性的男子。

（二）

　　窃自叹曰、<u>古人读万卷书、又为万里游</u>。故其文雄峻博大、卓然有奇气。今余<u>选愞</u>趑趄、徒守父母之乡、足不出都门。而求其文之臻古人之域、岂不大过哉。因慨然欲曳屣远游、未能果志、而时势一变。余挟<u>蟹行书</u>、上于乡校。校课役役、不复暇讲<u>鸟迹之文</u>。词赋简牍之类、<u>空束之高阁</u>、先之所谓纖佻骩骳者、亦将不得为。又安望古作家哉。

注：

①古人读万卷书、又为万里游：出自明代画家董其昌语。（详见董其昌《画旨》："画家六法，一曰'气韵生动'。'气韵'不可学，此生而知之，自然天授。然亦有学得处，读万卷书，行万里路，胸中脱去尘浊，自然丘壑内营。成立郛郭，随手写去，皆为山水传神。"）万卷原指皇帝的试卷，读万卷书译为：读书是为了进京赶考，金榜题名。行万里路译为：走入仕途，为皇帝办事。现解释为：要努力读书，让自己的才识过人。行万里路译为：让自己的所学，能在生活中体现，同时增长见识，也就是理论结合实际，学以致用。

②选愞：读作 xuǎn ruǎn，怯懦不前。见《汉书·西南夷传》中："恐议者选愞，复守和解。"唐代颜师古注："选愞，怯不前之意也。"趑趄：同"趦趄"，形容犹豫不决的样子。见明末清初魏叔子《吾庐记》中"终身守闺门之内，选愞趑趄……"

③蟹行书：英文书。像螃蟹横爬一样的横写文字的书。

④鸟迹之文：指汉字、汉文。传说中仓颉通过观察鸟的足迹而创作出文字（见《世说新语》序）。

⑤词赋：原本指中国文体的名称，此处为韵文之意。

⑥束之高阁："高阁"即书架。指将之捆成一束，放到高高的书架上，好久也不触及的东西。见《晋书·庾翼传》中："此辈宜束之高阁，俟天下太平，然后议其任耳。"另见，唐代韩愈《寄卢仝》诗中："春秋三传束

高阁，独抱遗经穷终始。"

（三）

明治丁亥、遂担簦登富岳。越函岭、行白云蓬勃之间、脚底积雪数尺、跖冻指龟、遥瞰八洲之山、如培塿、豪气稜稜、欲凌云。然不能一篇以叙壮游。今兹七月、又与季兄游于兴津。地为东海名区。滞留十余日、萧散无聊、而遂不得一诗文。嗟乎、余先者有意于为文章、而无名山大川摇荡其气者。今则览名山大川焉、而无一字报风光。岂非天哉。

注：
①蓬勃：形容事物繁茂。见汉贾谊《旱云赋》中："遥望白云之蓬勃兮，滃澹澹而妄止。"
②培塿：小的坟墓，亦指有坟墓的小土丘。本作"部娄"。见《左传·襄公二十四年》中："部娄无松柏。"杜预注："部娄，小阜。"汉代应劭《风俗通·山泽·培》引《左传》作"培塿"。

（四）

八月复航海、游于房洲、登锯山、经二总、溯刀川而归。经日三十日、行程九十余里。既归、会秋雨连日。闲居一室、怀旅中快乐辛酸之事、有不堪其情者。乃执笔书之、积至数叶。窃谓、先之有记而无游者、与有游而无记者、庶几于相偿焉。然余既绝意于文章矣。且此篇成于闲适之余、则其纤佻觊觎勿论耳。命木屑云者、特示其尘陋也。

注：
①刀川：利根川的中国式叫法。
②闲适：见漱石汉诗第十三首注释。

（五）

余以八月七日上途。此日大风、舟中人、概皆眩怖、不能起。有三女子、坐于甲板上、谈笑自若。余深愧须眉汉不若巾帼者流、强倚栏危坐。既欲观风水相斗之状、蹒跚而起。时怒涛掀舟、舟欹斜殆覆。余失步倾跌。跌时、盲风袭焱至、夺帽而去。顾则见落帽飘飘、回流于跳沫中耳。舟人皆拍手而大笑。三女子亦辗然如嗤余亡状。为之忸怩。

注：
①须眉汉：有男人气质的人。源于中国古代将稠秀的胡须和浓密的眉毛作为男子的象征。
②巾帼者流：妇人之辈。"巾帼"即妇女的发饰。
③盲风：即大风、疾风。见《礼记·月令篇》中："盲风至，鸿雁来，玄鸟归，群鸟养羞。"其中"盲风"的注释为"疾风"。
④落帽：子规在此语上添加批语"只惜孟嘉不作文"。"孟嘉"为陶渊明的外祖父。"落帽"典故见陶渊明的《晋故征西大将军长史孟府君传》。参考漱石汉诗第一百八十三首。
⑤跳沫：飞沫、海水的飞沫。见《史记·司马相如列传》中："驰波跳沫，汩㸒漂疾"。
⑥辗然：开怀大笑的样子。见《庄子·达生篇》中："桓公辗然而笑曰：'此寡人所见者也。'"
⑦亡状："亡"同"无"。作为汉语而言，指没有礼貌，而此处为"难看、不像样子"之意。
⑧忸怩：心中感到羞愧。

（六）

余自游于房、日浴咸水。少二三次、多至五六次。浴时故跳跃、为儿戏之状。欲健食机也。倦则横卧于热沙上。温气浸腹、意甚适也。如是者数日、毛发渐赭、面肤渐黄。旬日之后、赭者为赤、黄者为黑、对镜爽然自失。

注：
①食机：即食欲。

②爽然自失：与"茫然自失"同义。精神恍惚、忘我的样子。见《史记·屈原贾生列传》中："读服乌赋，同死生，轻去就，又爽然自失矣"。

（七）

兴津之景、清秀稳雅、有君子之风。保田之胜、险奇巉峭、酷似奸雄。君子无奇特惊人者。故妇女可狎而近。奸雄变幻不测。非卓然不群者、不能喜其怪奇峭曲之态也。尝试作二绝较之。曰：

　　　　风稳波平七月天　韶光入夏自悠然。
　　　　出云帆影白千点　总在水天发髯边。

　　　　西方决眦望茫茫　几丈巨涛拍乱塘。
　　　　水尽孤帆天际去　长风吹满太平洋。

注：
①巉：读作 chán，陡峭之意。
②二绝：两首绝句，见漱石汉诗第十八、十九首。
③髯：读作 fú，意为妇人的头饰。

（八）

余长于大都红尘中、无一丘一水足以壮观者、每见古人所描山水幅、丹碧攒簇、翠赪交错、不堪神往。及游于东海子房总、得穷山云吐吞之状、尽风水离合之变、而后意始降矣。赋一绝曰、
　　　　二十余年住帝京　倪黄遗墨暗伤情。
　　　　如今闲却壁间画　百里丹青入眼明。

注：
①大都：大都市。见晋代王康琚《反招隐诗》诗中："小隐隐陵薮，大隐隐朝市。"见漱石汉诗第一百二十一首注释。
②红尘：俗世间。

③丹碧：赤与青色的绘图工具，同"丹青"。见漱石汉诗第二十首、一百〇五首等汉诗。

④意始降：心情终于平静下来。"意降"同"心降"，见《诗经·召南·草虫》诗中："亦既见止，亦既觏止，我心则降"（同漱石汉诗第一百六十六首注释部分）。

⑤赋一绝：即赋诗绝句一首，见漱石汉诗第二十首。

（九）

同游之士、合余五人、无解<u>风流韵事</u>者。或被酒大呼、或健啖惊侍食者。浴后辄围棋斗牌、以消闲。余独<u>冥思遐搜</u>、时或呻吟、为甚苦之状。人皆<u>非笑</u>、以为奇癖、余不顾也。<u>邵青门</u>方<u>构思</u>时、类有大苦者、既成则大喜、<u>牵衣绕床</u>狂呼。余之呻吟、有类焉。而傍人不识也。

按：此节引用《青门老圃传》，如下："时有所赋撰，独坐一室中，冥思遐搜，两颊发赤如火，喉间至喀喀作声。属稿不积日不出也，方构思时类有大苦者。既成，则大喜牵衣，绕床狂呼，遇得意处，辄诧不让古人。人往往非笑之或至大骂，则益喜自负，对客奋须高谈，竟日夜不倦。"

注：

①风流韵事：亲近自然、创作诗歌。

②冥思遐搜：指深沉的、悠远的思索或想象。此词见于前文所引《青门老圃传》。

③非笑：嘲笑、戏弄。亦出自《青门老圃传》。

④邵青门：即清代文人邵长蘅（1637—1704），号"青门山人""青门老圃"。

⑤构思：组织思维活动，洗练文章的构想。见前文所引《青门老圃传》。

⑥牵衣：紧紧扯着人的衣服，见唐代杜甫《兵车行》诗中："牵衣顿足阑道哭，哭声直上干云霄。"此处指忘我地扯着衣服行走之意。见前文所引《青门老圃传》。

⑦绕床：围着床（或椅子）转圈。亦见前文所引《青门老圃传》。

⑧狂呼：发狂一般地呼叫。见前文所引《青门老圃传》。

（一〇）

一夕独不寐。卧闻涛声、误以为松籁、因忆在家之日、天大寒、闭户读书、时星高气清、燥风飔飔、窗外梧竹松枫、飒然皆鸣。屈指既数年矣。而余碌碌无状、未有寸毫进于学。又漫为山海之游、不知岁月之倏忽、老之将至。视之当时苦学、岂不怩恧哉。

南出家山百里程　海涯月黑暗愁生
涛声一夜欺乡梦　漫作故园松籁声

注：
①飔：读作 sè，指风声。
②飒然：形容风吹时沙沙作响。见宋玉《风赋》中："有风飒然而至，王乃披襟而当之。"
③屈指：扳着手指数。
④碌碌无状：碌碌无为之意。
⑤老之将至：根据前文可知，此处是"不知老之将至"之意。见《论语·述而篇》中："子曰：'女奚不曰，其为人也，发愤忘食，乐以忘忧，不知老之将至云尔。'"《论语》中的话，可以理解为是孔子自负的展示，而夏目漱石则是将其作为表达自己卑下的词语而使用的。正冈子规评价此条为"文人本色"。

（一一）

客舍得正冈獭祭之书。书中戏呼余曰郎君、自称妾。余失笑曰、獭祭谐谑、一何至此也。辄作诗酬之曰：

咸气射颜颜欲黄　丑容对镜易悲伤。
马龄今日廿三岁　始被佳人呼我郎。

昔者东坡作筼筜竹诗、赠文与可。曰：料得清贫馋太守、渭滨千亩在胸中。与可与其妻、烧笋晚食。发函得诗、失笑喷饭满案。今獭祭龄不过

<u>弱冠</u>、未迎<u>室</u>。且夏日无得笋之理、然得诗之日、无喷饭满案、与与可同耶。

注：
①獭祭：正冈子规的雅号，见漱石汉诗第二十二首注释。
②谐谑：开玩笑。
③辄作诗：见漱石汉诗第二十二首。
④东坡：即宋代诗人苏轼（.1036—1101），号东坡。
⑤箦筜竹诗："箦筜竹"指每节都很长、又粗又高的竹子；"诗"指的是苏轼《和文与可洋川园池三十首》之第二十四首《箦筜谷》（七言绝句）："汉川修竹贱如蓬，斤斧何曾赦箨龙。料得清贫馋太守，渭滨千亩在胸中。"
⑥文与可：宋代文人画家文同（1018—1079），字与可，苏东坡好友。下面漱石文章中原文引用了苏东坡《文与可画箦筜谷偃竹记》（《宋元明清名家文钞》所收）中的文字，如下：与可是日与其妻游谷中，烧笋晚食，发函得诗，失笑喷饭满案。
⑦馋太守：贪吃之人，或指贪婪的官员。文与可时任洋州（今陕西省）太守。
⑧渭浜千亩在胸中："渭浜"值渭水（流经陕西省注入黄河）岸边。此句源自《史记·货殖列传》中："渭川千亩竹……此其人皆与千户侯等。"清贫挨饿的文与可成为盛产竹子之地的太守之际，心中只盘算着将富同千户侯的渭水之畔（实为洋州箦筜谷）的广袤竹林和竹子，全部收为己有。
⑨弱冠：20岁。见《礼记·曲礼篇上》中："二十曰弱，冠……"
⑩室：指家室，妻子。同见《礼记·曲礼篇上》中："三十曰壮，有室……"

（一二）

余归家、又得獭祭之书。次余韵曰、
　　　　羡君房海醉鹅黄　咸水医病若药伤。

二 汉 文

　　<u>黄卷青编时读罢　清风明月伴渔郎</u>。

余笑曰、诗佳则佳矣。而非实也。余心神衰昏、不手黄卷久矣。獭祭固识余慵懒。而何为此言。<u>复作诗自慰曰</u>：

　　脱却尘不百事闲。尽游碧水白云间。
　　仙乡自古无文字。不见青编只见山。

注：

①鹅黄：鹅黄酒。见杜甫《舟前小鹅儿》诗中："鹅儿黄似酒，对酒爱新鹅。"

②黄卷青编：指书籍。见漱石汉诗第二十三首、四十九首。

③复作诗：见漱石汉诗第二十三首。

（一三）

　　余<u>相</u>房地、三分之。而其二则山矣。山不甚高。然皆峻削冲空、石质土肤、绝无合抱树。<u>叔子</u>之所谓<u>孤剑削空、从天而仆</u>者、比比皆是。东北一脉蜿蜒横截房总者、最高最峻、望之、峰峰嶙巉、如锯刃向碧空而列。名曰锯山。

注：

①相：仔细观看之意。

②叔子：明末清初著名散文家魏禧，字永叔，亦称叔子，著有《大铁椎转》等。夏目漱石于明治二十九年创作"魏叔子大铁椎转"一句为题的俳句。另外《满韩处处》（明治四十二年，《漱石全集》第十二卷所收）中，载有关于"满洲"夜晚平原的印象："魏叔子《大铁锤传》中旷野的景色，浮现在眼前。""大铁椎"为一名宋将军家的佩刀豪杰的名字。《大铁椎传》（漱石藏书抄本《宋元明清名家文钞》所收）中这样描写决斗场面："时，鸡鸣月落，星光照旷野，百步见人。"

③孤剑削空、从天而仆：一把孤剑直刺天空，又从空中垂落下来。见魏禧《翠微峰记》中："下自仰之，孤剑削空。"

（一四）

　　锯山之南端、岐为三。中央最高者、曰瑠璃峰、其东稍低者、曰日轮峰、其西最低者、曰月轮峰。而日本寺在峰之中腹。圣武帝时、僧行基奉勅东下、相此山曰、是真灵境也。遂开山创寺、建院十二坊一百。良弁、空海、慈觉等诸僧、先后皆来游焉。其所手刻佛像、今犹存云。其后兴废不一、安永中、山僧愚传、得石于伊豆、命工刻罗汉像一千、合空海等所雕者、凡一千五十有三、安之山。自是寺以罗汉着、游者或比之丰之耶马溪云。

（一五）

　　己丑八月某日、余与诸子登焉。溪行五百步、得山门。赭垩剥落、薨散栏摧、游者皆书其名壁上而去。涂鸦满扉、殆不可读。又登数十步、得一小池。柳荫四合、红藻湛然。山风时一过、荷叶微动、叶上露珠、潜潜摇曳、欲坠不坠。沿池左折、登石磴数级、得平地数十弓、芭蕉梧桐之属、森然成荫、构小屋二于其中。茅檐竹楗、如耕织之家。问之则曰、山僧之居也。

（一六）

　　时日既高、而锁门闭户、阒如无人。导者云、维新之变、朝廷收寺属宅地田园、没之官、山遂殆墟焉。余徘徊重荫交柯之间、想见往时缁徒豪奢、袈裟锦绣、往来于朱廊彩堵之间、怆然久之。屋前软草如毡、峰峦欠所、遥瞰溟渤、云鸟风帆、历历可指。

注：
①怆然：心痛的样子。如唐 陈子昂《登幽州台歌》诗中："念天地之悠悠，独怆然而涕下"等。
②溟渤：大海之意。该词在杜甫诗中可见，如《自京赴奉先县咏怀五百字》诗中："胡为慕大鲸，辄拟偃溟渤。"

③历历：见漱石汉诗第一百五十七首。

（一七）

经是路渐险、攀岩捉萝而上、遥见石佛雜然列于岩上。欲走而就之、而峰回路转、忽失之。如此者、数次。<u>数刻</u>之后、始得达。像高大者三尺、小者一尺。或眉目磨灭、不可弁。或为游者所毁损、失头首四肢。而其完者、姿态百出、容貌千状、无一相似者。亦可以见刻者用意之深矣。

注：
〇数刻：中国的一刻为十五分钟，此处指数小时之意。

（一八）

配置之法、亦不悉萃尽列焉。游者初见石像二百许于路傍大石下、以为罗汉之胜尽于此、既回岩角、忽又见百余像。仰瞻头上、巨岩簸簸欲坠。欲畏而避之、而转眸、则岩上又安数十像。或溪穷路尽、一洞<u>豁然</u>、而满洞皆罗汉也。盖山路<u>崎岖</u>、不能得平地而萃列之。而游者亦随步改观、喜其胜出于意表也。

注：
①豁然：见陶渊明《桃花源记》中"林尽水源……豁然开朗……"
②崎岖：见陶渊明《归去来兮辞》中"既窈窕以寻壑，亦崎岖而经丘。"

（一九）

午时达山巅憩。群山<u>莽苍</u>、先以为在云半者、今皆在脚底。故其婉蜒起伏之状、晰然可观。余自游于房洲、日夕望见锯山、而未知其高峻如此也。同游之士川关某、丰人也。为余语曰、耶马溪广袤数十里、岩壑之奇、固不止于此。而罗汉之胜、遂不能及焉。余壮锯山之胜、迥异群山、又观罗汉之奇、而悲古寺废颓不修、断础遗柱、空埋没于荒烟冷雨中也、慨然为之记。

注：
○莽苍：即"苍莽"。见唐代柳宗元《邕州柳中丞作马退山茅亭记》中"是山崒然起于莽苍之中，驰奔云矗……"

（二〇）

锯山如锯碧崔嵬　　上有伽蓝倚曲隈。
山僧日高犹未起　　落叶不扫白云堆。
吾是北来帝京客　　登临此日怀往昔。
咨嗟一千五百年　　十二僧院空无迹。
只有古佛坐磅礴　　雨蚀苔蒸阅桑沧。
似嗤浮世荣枯事　　冷眼下瞰太平洋。

注：见漱石汉诗第二十四首。

（二一）

保田之北、沿海行五百步、锯山崒然当面、参嵯不可步。数年前、官命辟岩凿洞若干、以便往来。自是过者、无复蹞跬曳杖之劳、得驱车纵览山海之胜也。

注：
○参嵯：亦作"参嵳"，同参差，意为山峰高低不齐。见司马相如《上林赋》中"嵯峨礁嶪，刻削峥嵘"。

（二二）

洞高二丈、广视高、减其半。甃砖造洞口、以防其崩坏。严然如关门。洞中阴黑、溪流浸岩。两壁皆湿、或滴沥流下。曳屐而步、跫音戛然、久而后已。洞路直条、过者遥见洞口豁然、水光潋滟映之、以为洞接海。

168

注：

①甃：zhòu，意为砌。

②水光潋滟：水面的波纹在阳光的照射下闪闪发光。见苏轼《饮湖上初晴后雨》："水光潋滟晴方好，山色空蒙雨亦奇。欲把西湖比西子，浓妆淡抹总相宜。"

③跫：qióng，意为脚步声。

（二三）

既出洞、则石路一曲、而身在怪岩乱磴之间。如此者数次、每过一洞、头上山石、益<u>荦确</u>、脚底潮水、亦益<u>蜦蜦</u>。真奇观也。同游之士井原某、常好弁、每说山水之胜、啧啧名状不已、此日缄默、不发一言。余问其故、则曰、非不欲言也、不能言也。

注：

①荦确：怪石嶙峋的样子。见韩愈《山石》诗中"山石荦确行径微，黄昏到寺蝙蝠飞"。

②蜦蜦：层层波纹重叠的样子。见晋代木华《海赋》中"泊柏而迤飚，蜦蜦而相豗"。

（二四）

大愚山人、余同窗之友也。赋性恬澹、读书谈禅之外、无他嗜好。一日寄书曰、闲居无事、就禅刹读佛书、时与童儿游园捉蝉。其高逸如此。山人尝语余曰、深夜结跏、万籁尽死、不觉身入于冥漠也。余庸俗、<u>慵见露地白牛、不顾无根瑞草</u>。视之山人、有愧多矣。

注：

〇慵见露地白牛、不顾无根瑞草：原文引用《从容录》第十二则中的句子。"露地白牛"亦见于《法华经·譬喻品》中的"露地白牛"，以及《碧岩录》第九十四则中的"净裸裸赤洒洒露地白牛"。"露地"即露出的大地，断绝一切烦恼的场所。"白牛"比喻无污染、清净之所，佛教经典中以白牛譬喻一乘教法，从而指无丝毫烦恼污染之清净境地为露地白牛。"无根瑞草"即现瑞兆的无根之草，比喻无作为的悟道境地。

（二五）

余既看保田隧道、乐其观瑰怪也、明日为之诗曰：

君不见锯山全身石稜稜　古松为发发鬅鬙。
横断房总三十里　海涛洗麓声渤渹。
别有人造压天造　劈岩凿石作隧道。
窟老苔厚龙气腥　苍崖水滴多行潦。
洞中遥望洞外山　洞外又见洞中湾。
出洞入洞几曲折　洞洞相望似连环。
连环断处岸嶄窄　还喜奇胜天外落。
头上之石脚底涛　石压头兮涛濯脚。

注：见漱石汉诗第二十五首。

（二六）

保田之南、里许有湾。窈然为半月状。湾之南端、一巨岩、高五丈、上丰下削、状如巨人之拳、砉然裂地而起。掌之下端、稍坦平、可坐数人。其上巑岏、开张如簦。望之欲坠不坠、如惴惴焉有不安者。因忆二年前、与柴野是公为江岛之游、黎明上山。时海风猋作、草树皆俯。是公跳叫曰、满山之树、皆战战兢兢矣。余为绝倒。使是公看此岩、亦必曰、战战兢兢、临深渊。

注：

①砉然：骨和皮割裂开时发出的声音，见《庄子·养生篇》之《庖丁解牛》中："庖丁为文惠君解牛……砉然响然……"

②巑岏：读作 cuán wán，山峰峻峭高耸的样子。见宋玉《高唐赋》

170

中："盘岸巑岏，裖（zhěn）陈硙硙（wèi）。"

③惴惴焉：紧张、惶恐不安。见《诗经·秦风·黄鸟》中："临其穴，惴惴其栗。"

④绝倒：捧腹大笑的样子。

⑤战战兢兢、临深渊：见《诗经·小雅·小旻》中："战战兢兢，如临深渊，如履薄冰。"

（二七）

巨岩之后、又有一大石。弥缝之、起伏数十步。余蹑石临水。时天晴风死、菜藻毵毵然、摇蓝曳碧。游鱼行其间、锦鳞赪尾、忽去忽来。水底螺石布列、如可扪而观焉。倒竿而测其深、则至没竿水触手、而不能达也。盖潮水澄清、日光透下而屈曲、故水底物、浮浮焉如在近、而其实在数寻之下矣。

注：

①时天晴：正冈子规在此句至"不能达也"之处，注有批语"吾兄自以比柳州我岂得不批耶呵々"。"柳州"指唐宋八大家之一柳宗元，其擅长山水画。因曾左迁柳州（今广西省）刺史，故被称为"柳州"。《木屑录》中确有模仿柳宗元山水游记的部分。

②毵毵：读作 sān sān，形容毛发、枝条等细长的样子。

③赪：读作 chēng，浅红色，红色之意

④寻：在中国，两手展开的长度为一寻，而在日本，六尺为一寻。

（二八）

余观其风物之冲融、光景之悠远、心甚乐焉。乃执笔为之记、而亦不能无叹也。呜呼、天下之奇观、亦多矣。虽甚好游者、不能尽观而尽记也。而其平居登临焉、往来焉者、概皆樵夫牧童、不能记其奇而传之天下后世也。

注：

〇冲融：冲和，恬适之意。见晋代木华所作辞赋《海赋》中有"沖瀜沆瀁"（亦作冲融，水深广袤之意）。见漱石汉诗第六十八首注释。

（二九）

幸而游者至矣、而其文或不足传。既足传矣、而或成于流离困苦、窜谪之余、怨愤凄惋、徒藉山水、而洩其郁勃不平之气。是特幸乎作者、而不幸乎山水耳。至其幸乎山水者、则非心无忧愁、身无疾病、陶然而乐、悠然忘归、而其文亦卓然、足为水光岚色、吐其气者、不能也。岂不至难哉。今余之境、足陶然乐之、悠然忘归、而文章不副焉。可悲夫。

注：
①窜谪：遭贬官放逐之意。
②陶然而乐：见陶渊明《时运》（其二）诗中："挥兹一觞，陶然自乐。"

（三〇）

诞生寺、在房之小凑。北华宗祖日莲、生于此。后人建佛刹于其庐址。故名曰诞生寺。寺负山面海。潮水读湝沱、汇而复洑。所谓鲷浦是也。余在京闻鲷浦之奇熟矣。乃赁舟而发、距岸数町、有一大危礁当舟。涛势蜿蜒、延长而来者、遭礁激怒、欲攫去之而不能。乃跃而超之、白沫喷起、与碧涛相映、陆离为彩。礁上有鸟。赤冠苍胫、不知其名。涛来一搏而起、低飞回翔、待涛退、复于礁上。余与诸子呼奇不歇。

注：
①湝沱：形容水波叠撞的样子。见晋代木华《海赋》中："长波湝沱，迆涎八裔。"
②呼奇：感叹称奇。正冈子规在"遭礁激怒"至"复于礁上"处圈点，旁批"叙波涛詳細紙上见波澜东洋文字未曾见此类英语所谓 personifi-

172

cation 者吾兄得之于蟹行之书"。"蟹行之书"指英文书籍。而且在正冈子规《随笔》中，有关于此处夏目漱石对"鸟"的描写的评论，"叙鸟亦极嫺极雅水经中恐无此文字比之先拟柳记者超越数等"。"嫺"即"娴"，通"闲"，同"雅"，见《史记·司马相如传》中："相如之临邛，从车骑，雍容闲雅，甚都。""水经"指中国六世纪后魏时，郦道元所著《水经注》。该书对柳宗元的山水游记产生很深影响，已广为人知。"柳记"即前文所说的柳宗元的山水游记。关于这部分，子规在《随笔》中评论道："又后节鸟を叙するの処精にして雅、航海中数々目撃するのこと而して前人未だ道破せず而して其文、支那の古文を読むが如し。"（大意：另外，下面描写鸟处，精巧雅致，航海中种种亲眼目睹之事，未为前人所道破，而且，读其文，犹如读中国之古文）

（三一）

舟人笑曰、此不足道也。使客观更大奇者。乃令一人持杓立舳、自在舻操櫓。杓方五寸、盛鰮①数百、柄长五尺、立者持其端、如将挥杓投鰮于水者、竢令未发。舟人乃顾余曰、客但观水。余因凭舷、俯凝视。顷之舟人呼曰、鰮。鰮四散、应声而下。忽有绮纹生于水底。簇然②而动。既渐近。谛观之、则赤鬣无数、排波腾上、以争鰮也。

注：
①鰮：即鰮鱼、沙丁鱼，日本国字写作"鰯"。
②簇然：集结成团的样子。子规在"忽有绮纹生于水底。簇然而动"处圈点，旁批为"作者既拟左氏余复何言"。"左氏"即《春秋左氏传》的作者左丘明。夏目漱石在《文学论》序言中写道："余少时好习汉籍，虽学之时短，茫然冥冥之中，从左国史汉得文学如斯之定义。""左国史汉"即《左传》《国语》《史记》《汉书》。

（三二）

时日方午、炎晖射波、波光赫烁、锦鳞赤章、出没于其间、或泼剌露

173

鼍、或踊跃出头。绚彩灿然、环舟数步间、一时皆为黄金色矣。舟人曰、渔父舟行十里、始能捕棘鬣鱼。今此水距岸仅数丁。而斯鱼群生。既奇矣。争鲲不畏人。更奇矣。若夫涛礁相啮、风水相斗、则所至而有。安足为奇哉。

（三三）

既舍舟步、抵于诞生寺、观其所藏书画数十幅。日莲所书、最多。僧云、高祖生时、其家人得棘鬣二尾、钓几上。明日亦得焉。如此者七日。自是土人以高祖故、不敢捕此鱼。又崇称明神、不称其名。或有窃捕而食者焉。必病疟死。

（三四）

自东金至铫子、途上口号
风行空际乱云飞。雨锁秋林倦鸟归。
一路萧萧荒驿晚。野花香溅绿蓑衣。

赁舟溯刀水、舟中梦鹃娘、鹃娘者、女名而非女也
扁舟行尽几波塘。满岸新秋芳草长。
一片离愁消不得。白苹花底梦鹃娘。

天明舟达三堀、旗亭即事
烟雾梦梦见不着。黎明人倚碧栏干。
江村雨后加秋意。萧瑟风吹衰草寒。

客中忆家
北地天高露若霜。客心虫语两凄凉。
寒砧和月秋千里。玉笛散风泪万行。
他国乱山愁外碧。故园落叶梦中黄。
何当后苑闲吟句。几处寻花徙绣床。

174

别后、忆京中诸友
魂飞千里墨江湄。湄上画楼杨柳枝。
酒带离愁醒更早。诗含别恨唱殊迟。
银釭照梦见蛾聚。素月匿秋知雨随。
料得洛阳才子伴。锦笺应写断肠词。

注：以上诗见漱石汉诗第十六至三十首。

（三五）

余之草此篇也、执笔临纸、先思其所欲书者。既有会心焉、辄挥笔而起、直追其所思。或墨枯笔秃、而不已。既成抛稿、不复改一字。或难之曰、古人作文、有一字未安焉、则终日考之、有一句未妥焉、则经旬思之。锻炼<u>推敲</u>、必尽其力、而后出之。故其文苍然古色、锵然为金石之音。今子才不及古人、亦远矣。而不知临纸<u>经营</u>刻苦。漫然下笔、不速之恐。是以不及古人之才、欲为古人难为也。岂不大过哉。

注：
①推敲：对于字句的思考揣摩。见唐代贾岛《题李凝幽居》诗中："鸟宿池边树，僧敲月下门。"见漱石汉诗第一首注释。
②经营：设法、想办法。见《诗经·大雅·灵台》中："经始灵台，经之营之。庶民攻之，不日成之。"

（三六）

余笑曰、作文犹为画。为画之法、有速有迟。不必牵束一。<u>意匠惨淡</u>、十日一水、五日一石、是<u>王吴</u>之画山水也。振衣而起、挥笔而从、顷刻成之。<u>是文郑</u>之画竹与兰也。夫王吴之山水、固妙矣。而文郑之兰竹、岂不入神哉。今余文亦兰竹之流耳。宜速不宣迟。且余之不文、假令期年成一篇、亦当不过如此。则其兔起鹘落之速、亦不优蚓步蛇行之迟哉。阴历八月<u>既望</u>、东都夏目金、书于牛笼侨居。时庭枣既熟、落实扑窗、<u>秋意</u>

萧然。

自嘲、书木屑录后：

白眼甘期与世疏。狂愚亦懒买嘉誉。
为讥时辈背时势。欲骂古人对古书。
才似老骀驽且骏。识如秋蜕薄兼虚。
唯赢一片烟霞癖。品水评山卧草庐。

注：

①意匠惨淡："意匠"即构思、主意、想法；"惨澹"费尽心思、苦心。见唐代杜甫乐府诗《丹青引赠曹霸将军》中："诏谓将军拂绢素，意匠惨淡经营中。"

②王吴：指唐代文人画家王维和吴道玄，其擅长山水、草木。

③文郑：指宋代的文同（即文与可，见前文注释）和清代的郑板桥。文与可擅长画竹子，郑板桥擅长画兰花。《草枕》（明治三十九年）「六」中，论及绘画与对象的关系时写道："假如要举出在某种程度上可以进入此流派的作品，那就是文与可的竹子……"，以及在《欲脱离自然的艺术（新日本画谱序）》（明治四十三年，《漱石全集》第十六卷所收）中写道："开始描绘这个的人，或许如文与可画竹一般，曾非常亲切而且郑重地观察过大自然……"

④兔起鹘落：比喻绘画或写文章迅捷流畅。见宋代苏轼《文与可画筼筜谷偃竹记》中："振笔直遂，以追其所见，如兔起鹘落，少纵即逝矣。"

⑤既望：指阴历十六日；"望"指阴历十五日夜。

⑥秋意：见漱石汉诗第二十八首注释。

附：

按：正冈子规在《木屑录》末尾附加了总评性的文章（汉文），如下：

巧钓者，不强求钓，而鱼争上钩；拙钓者，则撰饵换地，锐意求钓，而鱼终不上钩。

吾兄成诗文，未必炼磨雕琢，亦未必用意劳心，而其文也锦绣，其诗也珠玑。叙山状水，或流畅平易，或奔放峻拔，山跃纸上，海涌笔端。记鱼形鸟，精致不冗，简雅易解。

呜呼！修何学，得何术，至此域耶。古人读万卷书，又为万里游，真如吾兄所谓。虽然，吾兄未读万卷书，而其所作之诗文，未曾不得古人之真髓；而所记之诗文，未曾不豪壮雄健，高与泰山，长与江河。

呜呼！修何学，得何术，至此域耶。若开书读焉，庶人亦可为公卿；若就师学焉，白痴亦可为硕儒。若夫不学不修，临机则金句玉章争于笔端者，则先天之性使然。如吾兄不言天禀，则将言何耶。

余，幼自好文属诗，未尝顾校课。而时叙景胜，欲摅胸怀，千思万考，费日彻夜，而墨滞笔涩，渐所得者则不过芜诗恶文。与吾兄比之，岂不啻钓者巧与拙哉。

余，知吾兄久矣。而与吾兄交，则始于今年一月。余初来东都，求友数年，未得一人。及知吾兄，乃窃有所期。而至辱其知，若已忆前日，其吾兄所得，甚过前所期。是于乎，始得一益友，其喜可知。

余，知吾兄长英文久矣。而见吾兄之汉文，则始此《木屑录》。余，与吾兄同入校也，共学躲舌草蟹文。而吾兄崭然现头角，话蛮语犹如邦语然。余以为，长西者，概短东，吾兄亦当知和汉之学。而今及见此诗文，则知吾兄之天禀之才。

如吾兄者，千万年仅一人。而余幸得接咳嗽，岂可不敬爱之哉。

然而，曩者接吾兄时，使余一惊，而今复读此诗文，使余再惊。不知，后来复挥何等之奇才，欲使余几惊耶。

余辱拜观。且妄为批评。今及还璧，复题卷尾一言。请恕焉。

明治二十二年十月十三日夜　于东台山下侨居

獭祭鱼夫常规谨识

题结城素明画

　　丙辰六月、结城素明、赠余其所画人物图。余命匠装潢、且惜其布置未完、下端多余白、乃录<u>高青邱</u>诗代赞、并记其所以上下一时填充、云云。

注：
○高青邱：即中国明代诗人高启，字青邱子。《高青邱诗醇》为漱石旧藏之书。

三　夏目漱石年谱

公历	年号	年龄（岁）	主要事项	背景事件
1867年	庆应3年	0	1月5日出生在江户牛达马场下横町（现东京都新宿区喜久井町一）。父亲夏目小兵卫直克（时年50岁）为该町的名主（江户时代身为农民、町民，但替统治政权代行村、町民政的头领），母亲名千枝。夏目漱石为家中第五个男孩，出生后不久取名金之助（据说是该日出生的孩子将来若有不慎，会沦为盗贼，因此漱石父母为其取了带金的名字，以防止将来沦为强盗）。夏目家长女佐和（时年21岁）和次女房（时年16岁）为父亲和前妻所生；长子大助（乳名大一，时年11岁）、次男直则（乳名荣之助，时年9岁）、三男直矩（乳名和三郎，时年8岁）、四男久吉（1865年出生，3岁夭折）、三女ちか（千香）（1865年出生，1岁夭折），为母亲千枝所生。这一年，夏目漱石出生后几个月，被寄养在旧家具店。二姐（房）见其可怜将其带回，被父亲责备后，次日又送到别人家。	大政奉还
1868年	明治元年	1	9月8日，改元明治。11月左右，夏目金之助作为四谷太宗寺门前名主盐原昌之助（时年29岁）和妻子やす（时年29岁）的养子，入籍盐原家，随养父母迁往内藤新宿北町里十六番地的本家。	明治维新爆发
1869年	明治2年	2	3月16日，随着名主制度的废除和五十番组制度的实行，养父盐原昌之助成为东京府四十一番组的添年寄（明治时期官职名）。由于工作地点在浅草石浜町（即后来的寿町），夏目金之助随养父搬迁至浅草三间町。此时，生亲夏目直克被任命为二十六番组的中年寄世话挂（明治时期官职名）。	版籍奉还

179

续表

公历	年号	年龄（岁）	主要事项	背景事件
1870年	明治3年	3	这一年，因种痘而起疱疮。	
1871年	明治4年	4	6月，东京府的五十番组制度废除，施行大区社区制度，养父昌之助遭免职。根据大区社区制度，12月26日，重新划定的东京分为六大区九十七个社区，生父直克担任第四大区的调役（明治6年1月开始称区长）。6—7月左右，盐原昌之助一家迁至位于内藤新宿仲町的旧妓楼"伊豆桥"（直至维新前是由漱石的同父异母的姐姐佐和与丈夫福田庄兵卫经营，后停业闲置）。	岩仓使节团出访欧美各国
1872年	明治5年	5	2月左右，依据前年颁布的户籍法，金之助入籍养父盐原昌之助家，并作为长子登记。7月，养父盐原昌之助被任命为赤阪方面的第三大区十四社区（办公地点在赤阪田町一丁目）的副户长。此时，昌之助由伊豆桥搬迁到内藤新宿北町。	学制制定
1873年	明治6年	6	3月，养父盐原昌之助调任第五大区五小区的户长，搬迁至办公所在地的浅草谏访町四番地。	明治六年政变
1874年	明治7年	7	1月左右，由于养父盐原昌之助与旧幕府的遗孀日根野胜（时年27岁）有染，养父母间产生争执。 4月左右，生父夏目直克将金之助和养母安置至牛込马场下的夏目家暂住。此后不久，养母带着金之助离开夏目家，依靠亲戚在小石川生活。 12月，养母决意离婚，金之助回到盐原昌之助处。盐原昌之助与安分居后，和日根野胜及其女莲（1866年生）一起迁至浅草寿町十番地。 12月左右，就读于12月7日开办的第一大学区第五中学区第八番小学（户田学校）的下等小学第八级。	政府规定夫妻离婚时，孩子户籍归父方

续表

公历	年号	年龄（岁）	主要事项	背景事件
1875年	明治8年	8	4月，盐原昌之助和やす离婚，やす复籍生父榎本现二家。 5月，从户田学校的下等小学第八级和第七级同时毕业。（证书） 11月，从同校的下等小学第六级和第五级同时毕业。（证书）	
1876年	明治9年	9	2月29日，盐原昌之助第五大区五小区的户长职位被罢免。 5月，从户田学校的下等小学第四级毕业。（证书） 7月末，盐原昌之助和日根野胜、莲一起将户籍迁至下谷西町十五番地。此时，金之助以盐原家在籍身份回到夏目家，转校到第一大学区第三中学区第四番小学（市谷柳町的市谷学校）的下等小学第三极。 10月21日，生父夏目直克从第四大区的区长职位上退下。 10月，从市谷学校的下等小学第三级毕业。（证书） 11月，生父夏目直克成为东京府警视厅八等警视属。	颁布废刀令，农民暴动频发
1877年	明治10年	10	1月13日，养父盐原昌之助搬到下谷西町四番地的新家。 5月4日，从市谷学校的下等小学第二级毕业。当月8日，获得"学业优等奖学金"奖状。（证书） 12月1日，从市谷学校下等学校第一级毕业。（证书）	西南战争爆发
1878年	明治11年	11	1月11日，异母姐姐佐和去世（32岁）。 2月，《正成论》在岛崎柳坞等友人的《回览杂志》上发表。 2月，从市谷学校的下等小学科毕业。（证书上只有"盐原金之助满11岁"，未写年月日） 4月，从市谷学校的上等小学第八级毕业。（证书） 4月29日，因学业优等得到东京府厅奖予的"笔墨纸"。（证书） 不久，入读第一大学区第四中学区第二番公立小学（神田猿乐町的锦华学校）的小学寻常科二级后期。 10月24日，锦华学校的小学寻常科二级后期毕业。因成绩优异得到东京府厅奖予的"笔墨纸"。（证书）	大久保利通遇刺身亡

181

续表

公历	年号	年龄（岁）	主要事项	背景事件
1879年	明治12年	12	3月，入学位于神田区表神保町的东京府第一中学的正则科乙（变则科是以大学预备门入学为前提，采取英语授课。与此相对，正则科是完成中学课程为目标，采用日语授课。另外"乙"是未修完小学的全部课程而凭借学历测试入学之意）。当时在正则科的有狩野亨吉、冈田良平等人。详见《落第》。 12月，从南校（后来的帝国大学）中途退学的大哥大一，就任警视局厅的翻译官一职。	福泽谕吉《国会论》
1880年	明治13年	13	1月29日，牛込马场下发生火灾，家里烧得只剩土坯仓库。之后搬至牛込区肴町。	开设国会
1881年	明治14年	14	1月9日，母亲千枝去世（享年55岁）。 春天，从东京府第一中学退学，转校到曲町的二松学舍，专门学习汉学。 7月，从二松学舍的第三极第一课毕业。（证书） 11月，从二松学舍的第二级第三课毕业。（证书）	政变，大隈重信下野
1882年	明治15年	15	春，从二松学舍退学。 这一年，与友人奥田悌之助等人汉诗唱和频繁。如今我们所知的有其中的八首。（《漱石全集》第十八卷，汉诗1—8）	伊藤博文前往欧洲
1883年	明治16年	16	秋，因参加大学预科考试，入读神田骏合台的成立学舍。同班的有太田达人、小城齐、斋藤英夫、佐藤友雄、中川小十郎、桥本左五郎等。 成立学舍时代，从第二年开始，与桥本左五郎一起寄宿于小石川极乐水的新福寺，自己做饭。	鹿鸣馆落成
1884年	明治17年	17	9月，考入东京大学预备门，预科四级。同级的包括除去成立学舍出身（桥本左五郎考试失败，通过补考，于十二月入学）的，还有柴野（后来的中村）是公、芳贺矢一、福原镣二郎等。 入学后不久，患盲肠炎，于是从牛込马场下的自家去上学。而成立学舍出身的同学，很多都有在曾经寄宿过的神田猿町末福寺继续过着寄宿生活的经历。	制定贵族令，爵位区分为公侯伯子男五爵

续表

公历	年号	年龄（岁）	主要事项	背景事件
			12月，根据预备门第一学期《学生课程考试成绩优劣表》，夏目漱石第四级（英语学生），平均73.4分，第二十二名。	
1885年	明治18年	18	2月，提交英语作文 A Fire。 9月左右，进级东京大学预备门预科三级。 秋，提交英语作文 An Ennichi 以及 Fans。 10—11月，提交汉文作文《观菊花偶记》。 12月7日，写英文书简给中川小十郎。	创立内阁制度
1886年	明治19年	19	3月，提交英语作文 The Hinamatsuri。 4月，"东京大学预备门"改称"第一高等中学"，于是漱石所在的预备门预科三级被编入高等中学预科二级。 7月，因患胃病，未能参加期末考试，落榜留级。（《落第》） 9月以后，与中村是公一起在本所的江东义塾执教，来往于私塾的寄宿舍与第一高等中学。 10月29日，执笔英语作文 This Room。 11月16日，执笔英语作文 The Mountain Chair。	帝国大学令公布。东京大学改称"东京帝国大学"
1887年	明治20年	20	3月21日，长兄大助因肺结核去世（享年31岁）。 6月30日，次兄直则因肺结核去世（享年29岁）。 夏，与从成立学舍考入预备门的同学举行恳亲会（十人）的成员一起远足。另外，也是夏季时候，登富士山（《木屑录》）。 8月2日，经海路去大阪，停留数日。 9月，第一高等中学预科一级进级。 9月份，提交英语作文 The Holidays。 9月左右，患沙眼，回到老家休养。	伊藤博文开始探讨宪法草案
1888年	明治21年	21	1月4日，给因明治18年8月预备门落榜而就读北海道札幌农校的桥本左五郎写英文书简。 1月，由盐原姓复籍夏目姓。 春，提交英语作文 Happiness 以及 Our Dress。 5月1日，完成英文演讲原稿 Debating on "Is the Military Exercise Best Suited for the Purpose of Physical Culture?"。 此时，同样完成了演讲原稿 Should the Study of Ethics be Abolished? 以及 The Murdere's Secret。 7月9日，从第一高等中学预科毕业。（证书）	文部省规定每年4月进行学生健康检查，并须申报结果

183

续表

公历	年号	年龄（岁）	主要事项	背景事件
			9月，进入第一高等中学本科一部（文科）。入学后选择英国文学专业，朋友米山保三郎的劝说对这一决定起到很大的作用。（《落第》）	
1889年	明治22年	22	1月，与正冈子规相识。 2月5日，在"第一高等中学英语大会"第一回私会上朗读了 The Death of Brother。 5月13日，往常盘会寄宿舍探视咯血的子规，又去拜访了诊察医生山崎元修，回家后，给子规邮寄了今日我们所知的第一份书简。同该书简一起邮寄的还有我们今天所知的最早的两首俳句。（《漱石全集》十七卷，漱石俳句1—2） 5月25日，传阅了子规的汉诗文集《七草集》，并用汉文写成读后感汉诗九首。（《漱石全集》十八卷，漱石汉诗9—17） 5—6月，分三次提交英语作文 My Friends in the School。 6月3日，执笔汉文《居移气说》。 7月23日，因为异地疗养，和三哥直矩一起去往与津（8月2日回京）。 8月7—30日，与庆应义塾的学生川关治恕、井原市次郎等一起去房总旅行。 9月9日，周游房总的纪行汉诗文《木屑录》脱稿。 9月，第一高等中学本科一部文科二级进级。 秋，提交根据拟古文所做的作文《对月有感》。 10月31日，执笔英语作文 Ueno Park。 11月6日，执笔根据拟古文所作的作文《山路观枫》。 12月31日，在给正冈子规的书简中评论道："总之大兄之作难脱女流之习气"，倡导要写出优秀的文章思想涵养是首要的。	大日本帝国宪法颁布。教育机关流行使用幻灯片。
1890年	明治23年	23	1月上旬，在寄给正冈子规的书简中，回答了去年12月31日子规对于漱石书简的反论，还包括 idea 是主、rhetoric 是从的文章论。 1月左右，在传阅的正冈子规的创作短篇《银世界》中，写入短评。 2月23日，执笔拟古文作文《故人到》。 3月10日，执笔英语作文 Removal to Dormitory。	

续表

公历	年号	年龄（岁）	主要事项	背景事件
			3月10日，在《大八洲学会杂志》上发表拟古文作文《故人到》。 5月10日，执笔西诗意译《母之慈》《两个武士》。 6月15日，提交给当时第一高等中学英语讲师J・マードック（马多克）的英文报告 Japan and England in the Sixteenth Century 脱稿。 7月8日，从第一高级中学第一部本科毕业。（证书） 7月9日，在英语杂志《博物馆杂志》（第三号）上，发表 Japan and England in the Sixteenth Century 为题、前面所提到报告的后记部分的文章。 8月9日，在给正冈子规的书简中倾诉到"或许以后眼病好歹好了，藉此将书籍、笔砚全都放下，去享受漫长的夏日"等，"那时总觉很厌世，思来想去不能当机立断，去自杀的勇气倒没有，对人间还是有几分的留恋吧"。 8月下旬至9月上旬，因眼病，在箱根的姥子温泉疗养两周左右。 此时，做汉诗《函山杂咏》八首、《送友到元函根》三首、《归途口号》两首，并寄给子规。 9月，帝国大学文科大学英文学科入学。作为文部省贷款生，获文部省每年85元额度的贷款。	第一次帝国议会召开
1891年	明治24年	24	4月18日，在传阅的正冈子规纪行文《隐れ蓑》（即《隐形蓑衣》或《伪装》）中写入短评。 4月20日，在回复正冈子规寄来的汉文（内容不详）书简中，写道："狂呀！狂呀！我不讨厌狂，子规生平的文章中不足的就是少一个'狂'字，这篇《狂气烂漫》足以让我震撼。" 5月9日，与斋藤阿具等一起在隅田川泛舟。17日再次泛舟。 6月6日，成为去年秋季组建的"纪元会"会员，并和太田达人、菅虎雄、狩野亨吉等拍照留念。 6月30日，与菊池谦二朗、岩冈保作等在歌舞伎座观赏歌舞伎。 7月18日，在寄往正冈子规的书简中写道："前日在井上眼科突然邂逅梳着银杏返发型（日本女子发髻的一种。把束起的头发分开，做成两个圆圈，形状像银杏叶子。江户后期在民间流行）佩戴丈长（一种头饰）的可爱女子，不觉脸上泛起了红叶。"	

续表

公历	年号	年龄（岁）	主要事项	背景事件
			这个时期，与中村是公、山川信次郎登一起等富士山。 7月28日，三哥直矩之妻登世因严重的孕期反应离世（享年24岁）。 8月3日，寄给正冈子规的书简中证实了十三首悼念嫂子登世之死创作的俳句。（见《漱石全集》第17卷，俳句25—37） 并且在书简的开头写道："比起恋人的情书，我更欣喜读到您对在下决心进入俳道的指教"，在悼亡俳句后面，又"前日教导之句"罗列了17句。另外，在其后半部分，认同关于鸥外"在当世文人中姑且有独当一面者"的观点，又将此作评价为"得结构于西洋，得思想于其学问，行文脱胎于汉文，和俗混淆者"，进而自嘲想都没有想过自己要成为"洋文学队长"。 9月上旬，访问了从5日起因进级而准备补考，闭关于大宫万松楼的正冈子规。 9月，升入帝国大学文科大学英文科二年级。 11月7日，正冈子规在书简中，关于《读卖新闻》所连载的《明治豪杰物语》的感想方面又增加了《气节论》，夏目漱石以一封长书简作为回应，反驳子规的同时，也披沥了自己的世界观、人生观。 11月10日，收到正冈子规对于上封书简中的反论，再次在开陈自说的书简中写道："我前年是厌世主义，今年也是厌世主义，曾认为既然立世，应有容世之量，或能为世所容之才，如我这般，既无容世之量，又乏能为世所容之才。" 12月5日，鸭长明随笔《方丈记》英译及解说（*A Translation of Hojio-ji，with A short Eassay on It*）脱稿。	《东京朝日新闻》发表社论，强调男女功能的差异，论述女人应专心致志家务和育儿。
1892年	明治25年	25	2月10日，帝国大学讲师J.M迪克逊在《日本亚细亚协会》的例会上，根据漱石的《方丈记》解说和翻译，做了题为 *Choomei and Wordsworth：A Literary Parallel* 的演讲。 4月5日，户籍迁至北海道后志国岩内郡吹上町十七番地，建立新户籍，成为北海道平民（为逃兵役之故）。 5月5日，在《哲学会杂志》（第六册第六十三后）上发表译著《催眠术》（无署名）。 5月，成为东京专门学校（今，早稻田大学）讲师，购买哥尔德史密斯（Oliver Goldsmith）的《威克菲牧师传》（*The Vicar of Wakefield*），以及米尔顿（John Milton）的《论出版自由》（*Areopagitica*）。	

续表

公历	年号	年龄（岁）	主要事项	背景事件
			6月11日，作为帝国大学文科大学的东洋哲学论文《老子的哲学》脱稿。 6月14日，赠子规签有"御粗末ながら呈上"（照片鄙陋，敬上）的照片。 7月，成为《哲学杂志》（《哲学会杂志》改名）的编委。 7月，子规学年末考试落第，次年（明治26年）3月从帝国大学文科大学退学。 7月10日，选定为帝国大学文科大学（从下学期开始）的免费生。 7月10日，与子规分别，去往冈山。 7月16日，到达次兄直则妻子小胜的娘家——片冈家（今冈山市），在此停留三周余。 7月下旬，遭遇大洪水，暂时在光藤龟吉家避难（明治23年国内劝业博览会时，曾在夏目家停留）。 8月10日，去松山，与子规再会。松山停留期间结识高浜虚子。 8月26日，与子规及另外两人，离开松山回到东京。 9月，升入帝国大学文科大学英文学科三年级。 10月5日，在《哲学杂志》（第七册第六十八号）上，发表评论文《关于文坛上平等主义的代表者沃尔特·惠特曼（Walt Whitman）的诗》（无署名）。 11月30日，在帝国大学教授哲学的 L. 布塞离任归国之际，用英文起草送别辞。 12月5日，在《哲学杂志》（第七册第七十号）上发表帝国大学文科大学讲师 A. 伍德的讲演翻译《诗伯"坦尼森"》（无署名）之第一回。至次年3月为止，在该杂志三回连载。 12月，在帝国大学文科大学执笔教育学论文的《中学改良策》。	
1893年	明治26年	26	1月10日，在《哲学杂志》（第八册第七十一号）上发表译文《诗伯"坦尼森"》（无署名）之第二回。 1月29日，在外神田青柳亭举办的帝国大学文学谈论会上，发表题为《英国诗人对于天地山川的观念》的演讲。 3月10日，在《哲学杂志》（第八册第七十三号）上发表译文《诗伯"坦尼森"》（无署名）之第三回（完结）。 3月10日，在《哲学杂志》（第八册第七十三号）上发表评论文《英国诗人对于天地山川的观念》之第一回。	

187

续表

公历	年号	年龄（岁）	主要事项	背景事件
			4月10日，在《哲学杂志》（第八册第七十四号）上发表评论文《英国诗人对于天地山川的观念》之第二回。 5月10日，在《哲学杂志》（第八册第七十五号）上发表评论文《英国诗人对于天地山川的观念》之第三回。 6月10日，拉斐尔柯尔伯（Raphael korber）就任帝国大学文科大学的哲学、古典文学专职讲师。夏目漱石亦旁听美学课程。 6月10日，在《哲学杂志》（第八册第七十六号）上发表评论文《英国诗人对于天地山川的观念》第四回（完结）。 7月10日，从帝国大学文科大学英文学科毕业（作为英文学科本科生，明治24年毕业的立花政树后的第二位毕业生）。接着，获得帝国大学大学院入学许可。在那里进行学术研究，并"受到文科大学教师ウッド（伍德）的指教"。 7月13日，与菊池谦二郎、米山保三郎一起，计划去日光两三天时间。 7—8月，离家，搬到帝国大学寄宿舍。 8月6日，狩野亨吉顺道来大学的寄宿舍，夏目漱石被拉去散步。 9月21日，从今天起，在进行有关学术研究过程中"受文科大学讲师神田乃武的指导"。 9月以后，在东京专门学校（今为早稻田大学）教授《斯文顿文集》以及米尔顿、拜伦、托马斯·德·昆西（Thomas De Quincey）等的作品。 9—10月，第一高等中学和高等师范学校同时邀请夏目漱石就职。 10月19日，根据文科大学校长外山正一的推荐，夏目漱石在给出年薪四百五十日元的高等师范学校，担任英语教师。从每月报酬的三十七元五十钱中，抽出七元五十钱还助学贷款，另外每月寄给父亲十元。 10月22日，在新桥送别菊池谦二郎、斋藤阿具、米山保三郎（从1月起就职于山口高等学校）。 12月17日，同斋藤阿具、小屋保治一起去听音乐学校的音乐会。 这一年，帝国大学讲师J. M. 迪克逊把前些年的讲演改题为"A Description of My Hut"，和《方丈记》的翻译一起，发表在《日本亚细亚协会会报》（第二十卷）。	东京女子高等师范学校、宫崎县女子师范学校废止洋装，规定制服为和服，但并非完全禁止洋装。

续表

公历	年号	年龄（岁）	主要事项	背景事件
1894年	明治27年	27	2月，感冒久治不愈，见血痰。 2—3月，受高等师范学校校长嘉纳治五郎之托，《寻常中学英语教授法方案》（General Plan）完稿（寻常中学校即旧制中学，1886年设置，1899年以后改称中学）。 3月9日，在给菊池谦二郎的书简中写道："不管如何，要珍惜死而复生之今世。" 4月20日，俳句47"乌帽子着て渡る祢宜あり春の川"（大意：戴着乌帽子的祢宜（神职人员）走过春天的小河）刊载在子规编集的报纸《小日本》中的俳句栏。4月25日、28日又分别刊载两首（《漱石全集》第十七卷，俳句48、49）。 5月25日，与太田达人、狩野亨吉结伴在上野青阳亭共享晚餐。 6月20日，东京发生安政大地震以来最严重地震，与前来拜访的狩野亨吉一起，查看市内灾情。 7月8日，同斋藤阿具去浅草公园，参观猩猩。 7月23日，6月26日提交的大学院研究事项变更获批。 7月25日，去伊香保温泉，并停留。 （8月1日，日本向清政府宣战，中日甲午战争开始） 8月，开始以"冷却此三四年来沸腾的脑浆，振奋些许的学习激情"为目的的旅行。在松岛虽参拜了瑞岩寺，但放弃了参禅的念头。另外，归京后游了湘南海岸，并告诉子规说："狂风暴雨的一天，淹没于狂澜之中，瞬间直呼快哉。" 9月，搬出大学寄宿舍，在小石川区指谷町的菅虎雄家受到关照。 10月16日，移居小石川区表町七十三番地的尼寺法藏院。在给子规的书简中描述了移居后的心境："尘界茫茫不堪，惊动毁誉之耳朵。"当天，狩野亨吉来访。 12月23日，以参禅为目的，拜访镰仓圆觉寺，在归源寺停留。（经菅虎雄介绍）释宗演向漱石提出"'父母未生以前本来之面目'为何？"之公案。	甲午战争爆发
1895年	明治28年	28	1月7日，由镰仓圆觉寺下山，返东京。 1月，打算应聘英文报纸《日本邮报》记者，通过菅虎雄提交论禅的英文论文，未被采用，并被寄回。 2月11日，在学士会事务所召开"纪元会"，菅虎雄、米山保三郎、狩野亨吉出席。	

189

续表

公历	年号	年龄（岁）	主要事项	背景事件
			3月，决定担任爱媛县寻常中学校（松山中学）英语教师，月薪80日元。辞去高等师范学校、东京专门学校教职。 3月16日，与菅虎雄、米山保三郎等一起，出席在星冈茶寮举行的小屋保治、大冢楠绪的婚宴。 3月18日，听从菊池谦二朗的相劝，拒绝了山口高等中学校的工作。 3月20日，在学士会召开夏目漱石赴松山送别会。 4月7日，向松山进发，离开东京。 4月9日，到达松山。到达后入住市内三番町城户屋，不久寄宿一番町津田安五郎家。 5月26日，日清战争中，子规作为《日本新闻》随军记者，因咳血归国，住进神户县立医院。漱石立即回复了来信。书简中记有《近作数首》，包括吐露松山之行心情的汉诗四首。（《漱石全集》第十八卷，汉诗53—56） 6月下旬，移居二番町八番户上野家的"独间儿"（在宅地内离开主建筑物另建的房间），将此独间儿命名为"愚陀佛庵"，漱石自称"愚陀佛"。 8月27日，与回到松山的子规，开始一同居住在"愚陀佛庵"。在此庵中参加了以子规为核心的松风会的俳句集会。 9月3日，俳句55"将军の古冢あれれ春の草"（大意：将军的古墓，可怜的春草）初次刊载在《海南新闻》的俳句栏。至次年5月，该栏目刊载了漱石俳句百余首。 9月23日，作《散策途上口号三十二首》，并请子规批评指正。如今，至"其三十五"可知，乃是《送子规句稿》的最初作品。（《漱石全集》第十七卷，俳句73—104） 10月8日，在给菊池谦二郎的书简中写道："结婚之事总算定下来。" 10月12日，送子规归京俳句会在松山花迺舍召开，作送别俳句五首。（《漱石全集》第十七卷，俳句109—113） 10月19日，子规踏上返京之路。 11月2—3日，在爱媛县温泉郡河范围内小旅行，参观了白猪唐岬瀑布。咏俳句十五首，并寄子规。（《漱石全集》第十七卷，俳句204—253） 11月25日，评论文《愚见数则》在爱媛县寻常中学校校友会杂志《保惠会杂志》（第四十七号）上发表。	

续表

公历	年号	年龄（岁）	主要事项	背景事件
			12月18日，在给正冈子规的书简中写道："小时起对'家庭幸福'之类的话，漠不关心，现在更无所求"，并告知相亲事宜。 12月27日，由松山抵达东京。 12月28日，与贵族院书记官长中根重一长女中根镜子（明治10年7月21日出生，19岁）在虎门官舍相亲，建立婚约（经兄长直矩和邮局同事小宫山介绍）。	马关条约签订
1896年	明治29年	29	1月3日，参加在子规的根岸庵举行的"发句初"（新年首次俳句会），作俳句十四首（《漱石全集》第十七卷同，俳句517—530），高浜虚子、河东碧梧桐等参加。该俳句会上有森鸥外出席，二人初次见面。 当日，也参加了中根家的新年会，与中根家人一起玩纸牌、抽彩等。 1月7日，由镜子等送别，离开东京，回松山（缺勤10天）。 3月1日，与村上霁月、高浜虚子一起，三人举办俳句会，作《神仙体》十句。（《漱石全集》第十七卷，俳句592—601） 4月8日，决定转任熊本第五高等学校讲师。 4月9日，爱媛县寻常中学校举行漱石离任会。 4月11日，与将要赴京的高浜虚子一起，从松山外港三津浜出发，在宫岛住宿一晚。 4月12日，在广岛与虚子分别。去往门司的船上，遇见了子规派的俳人水落露石、武富瓦全，并在经博多、太宰府、久留米到熊本的途中一直同行。 4月13日，到达熊本，居住在前年10月起就职于五高的菅虎雄家。 4月14日，任第五高等学校的特聘英语教授，月薪一百元。扣除造舰费一成，另外返还贷款七元五十钱，贴补父亲十元，姐姐（房）三元。 5月，辞去借宿了约一个月的菅虎雄家，在外租房，很快也从那里搬出，在熊本市下通町一百零三番地（光琳寺町的家）租房。房租八元。 6月8日，因结婚，中根镜子随父亲一起由东京来到熊本。	

续表

公历	年号	年龄（岁）	主要事项	背景事件
			6月9日，在自家举办婚礼。 7月9日，被任命为第五高等学校教授（高等官六等，五级俸禄）。 9月上旬，陪镜子在北九州旅行约一周时间。 9月，寺田寅彦考入第五高等学校。 9月20日左右，搬到熊本市合羽町二百三十七番地的租房里（房租十三元）。 9月5日，寄给正冈子规北九州旅行之际所作俳句四十首。（《漱石全集》第十七卷，俳句868—907） 10月，同岳父说"想辞去教师职业，而又没有好的选择"，虽讨论了"做外务省的翻译官"等提案，还是断了这个念头。 10月24日，评论文《人生》发表在第五高等学校龙南会发行的《龙南会杂志》（第四十九号）上。 11月15日，委托本田种竹，修改受五高教务负责人之托所做的汉诗，并寄给子规。（《漱石全集》第十八卷，汉诗59—63）在该书简中，告诉子规制作藏书印一事，并将自己书斋的堂号命名为"漾虚碧堂"。	文部省禁止未满6岁的儿童就学
1897年	明治30年	30	3月5日，评论文《项狄传》在田冈岭云主办的杂志《江湖文学》（第四号）上发表（完稿是2月9日）。 3月，久留米旅行，登高良山。探望了因咳血而归省久留米疗养的菅虎雄。 3—4月，拒绝了通过中根重一介绍、由高等商业学校提供的年薪一千日元的招聘。 4月，在漱石的斡旋下，山川信次郎赴五高就任，暂时寄宿在漱石家。 5月29日，学生时代的友人米山保三郎（天然居士）逝世。在给斋藤阿具的书简中写道"可怜至极"，以悼念"自文科大学开办到文科大学关闭所仅存的大怪才"之死。 6月29日，生父直克逝世，享年81岁。 7月8日，陪镜子从熊本出发，赴京。 7月9日，到达东京。在京期间居住在麴町区内幸町贵族院官舍的中根家。停留期间，镜子流产，中根家借来镰仓材木座的大木乔任伯爵的别墅让镜子调养身体。漱石往返于东京与镰仓之间。	

续表

公历	年号	年龄（岁）	主要事项	背景事件
			7—8月，在狩野亨吉的帮助下，为赤木通弘的五高教授应聘奔走。 7月18日，参加在根岸庵举办的俳句会。（《漱石全集》第十七卷，俳句1218—1227） 8月4日，在学士会事务所召开"纪元会"，同菅虎雄、菊池谦二朗、狩野亨吉等一起参加。 8月7日，参加在根岸庵举办的俳句会。 8月22日，参加在根岸庵举办的俳句会。（《漱石全集》第十七卷，俳句1230—1237） 9月4日，参加在根岸庵举办的俳句会。（《漱石全集》第十七卷，俳句1243—1258） 9月8日，独自一人从东京出发，去熊本。 9月10日，到达熊本。回到熊本后，移居到位于饱托郡大江村四百零一番地皇太子（后来的大正天皇）的老师落合东郭家的空宅（房租七元五十钱）。五高学生俣野义郎来做"书生"（即寄食学生，寄食于别人家，一边帮忙一边学习），为其提供食宿。 10月6日，在报纸《日本》上刊载俳句四句（《漱石全集》第十七卷，俳句1253、1255、1260、1261）。此时，寄给子规的俳句不断在《日本》《杜鹃》等报纸上刊载。 10月10日，在五高建校纪念日之际，作为教员总代表发表祝词。 10月25日左右，镜子回到熊本。 11月8日，考察佐贺县寻常中学的英语授课情况。 11月9日，考察福冈县寻常中学猷馆的英语授课情况。 11月10日，考察福冈县久留米寻常中学明善黉的英语授课情况。 11月11日，考察福冈县寻常中学柳河传习馆的英语授课情况。 11月23日，根据以上考察结果，向五高提交了《福冈佐贺二县寻常中学参观报告书》。 12月，积极建议邀请狩野亨吉做五高的（教头）副校长，最终内定赴任。 年末，与山川信次郎一起去小天温泉，投宿到前田案山子的别墅。	

续表

公历	年号	年龄（岁）	主要事项	背景事件
1898年	明治31年	31	1月4日，由小天温泉回家。 1月6日，寄给子规包括在小天温泉所作的俳句三十首。（《漱石全集》第十七卷，俳句1327—1356） 1月7日，狩野亨吉到达熊本任五高（教头）副校长。 3月，作五言古诗四首，得到五高同事长尾雨山的指正。（《漱石全集》第十八卷，汉诗65—68） 3月下旬，因为房东落合东郭还乡，漱石移居熊本市井川渊町八番地。 6月末—7月上旬，镜子因前年流产以来所患歇斯底里病情加重，以致跳入流经市内的白川，所幸获救，自杀未遂。 此时，五高学生寺田寅彦初次拜访漱石家。 7月，移居狩野亨吉所居住的内坪井町七十八番地（房租十元）。 7月29日，在《九州新闻》上刊载俳句二首。（《漱石全集》第十七卷，俳句1378—1379） 9月，寺田寅彦带来暑假期间所作俳句三十余首，请求批改。漱石批改了这些俳句，并附有短评。直至来年，如此同样的做法频繁进行。 9月5日，因生病疗养而待业的菅虎雄，受聘为第一高等学校德语教师。 10月2日，在自己家举行"运座"（多人聚在一起，各自根据规定的题目吟咏，互选优秀俳句的集会），寺田寅彦参加。 11月9日，被任命为五高评议员。 11月10日，评论文《不言之言》（署名丝瓜先生），发表在《杜鹃》（第二卷第二号）。 此时，以五高学生为中心，兴起了俳句结社"紫溟吟社"，被聘请为指导老师。 11月24日，狩野亨吉被任命为第一高等学校校长。 12月10日，评论文《不言之言（续）》发表在《杜鹃》（第二卷第三号）。	第一次大隈内阁成立，第二次山县有朋内阁成立
1899年	明治32年	32	1月1日，与同事奥太一郎一起开始从宇佐、耶马溪出发至日田、吉井、追分的旅行。6日回到熊本。 1月，寄给子规以去往耶马溪旅行所作俳句为主的七十五首俳句。（《漱石全集》第十七卷，俳句1431—1505）	

续表

公历	年号	年龄（岁）	主要事项	背景事件
			2月，作"梅花百五句"寄给子规咏梅一百零五首俳句。（《漱石全集》第十七卷，俳句1537—1641） 3月27日，给五高校长中川元的书简中，提交"种痘申报"。 4月20日，评论文《英国文人和报纸杂志》发表在《杜鹃》（第二卷第七号）。 4月，作五言古诗二首，并请长尾雨山指正。（《漱石全集》第十八卷，汉诗71—72） 5月31日，长女笔子出生。 6月8日，被授予高等官五等。 6月21日，被任命为五高的大学预科英语科主任。 7月，寺田寅彦从五高毕业，9月起入学东京帝国大学。 8月10日，评论文《小说〈Aylwin〉的批评》发表在《杜鹃》（第二卷第十一号）。（完稿是7月27日） 8月末至9月初，与决定转任到第一高等学校的山川信次郎一起，去往阿苏山旅行。 9月2日，在给三哥直矩的书简中确认了高田夫妇的真诚拜托，给予嫁给高田庄吉的异母姐姐（房）经济救助。 9月5日，寄给子规以阿苏山旅行所作俳句为主的五十一首俳句。（《漱石全集》第十七卷，俳句1659—1709） 秋，开始向五高同事神谷丰太郎学习谣曲。当时在五高教授间流行谣曲。 10月17日，寄给子规"熊本高等学校秋季杂咏"二十九首及其他。这是寄给子规的最后一连俳句稿。（《漱石全集》第十七卷，俳句1711—1739） 11月1日，在旅馆拜访了九州旅行途中来熊本的村上霁月。唱和俳句十首，并作送别俳句一首。（《漱石全集》第十七卷，俳句1756—1766） 12月11日，在给向《九州日日新闻》俳句栏目请求合作的高浜虚子的书简中，进行忠言相告："《杜鹃》刊行日期混乱，刊登局外人难以看懂的报导。"	文官任用令修改
1900年	明治33年	33	3月下旬，搬迁至熊本市北千反町七十八番地。 4月24日，被任命为五高代理教头（代理副校长）。 6月12日，文部省下发"为英语研究，命其为期两年时间的赴英留学"的任命证书。	

三　夏目漱石年谱

续表

公历	年号	年龄（岁）	主要事项	背景事件
			6月16日，给文部大臣桦山资纪的书简中，提交有关留学的"誓书"（起誓文书）。 6月20日，收到文部省上田万年的联系通知："今，阁下被任命为留学生，方便之际，可望本年九月初旬出发……"作为留学期间的学费，每年支付一千八百元。 6月28日，作为留守津贴，政府每年支付三百元。从每月二十五元中扣除造舰费两元五十钱，到手二十二元五十钱。 7月中旬，为留学做准备，离开熊本，与妻子一起踏上返京之途。与从五高毕业去往东京的汤浅孙三郎同行。留学期间，妻子在东京的娘家中根家，独立生活。 7月23日，根岸庵拜访子规。 8月26日，与寺田寅彦一同根岸庵拜访子规。此次，是与子规的最后会面。 此时，以汉诗三首抒发即将赴英留学的感怀，写在去往伦敦随身携带的记事本上。（《漱石全集》第十八卷，汉诗73—75） 9月1日，与即将一起出洋的芳贺矢一、藤代祯辅同行，到横滨劳埃德公司咨询海运事宜，并购买了船票。 9月7日，与一起留学的芳贺矢一、藤代祯辅、稻垣乙丙联名在《时事新报》上刊登留学出发的广告。 9月8日，乘坐德国劳埃德公司的蒸汽轮船普鲁士号，离开横滨向英国进发。 9月13日，经神户（9）、长崎（10日到达，11日离开），到达上海外港吴淞港。 9月19日，经福州（17日）到达香港（九龙）。在给高浜虚子的书简中写道："航海平安到达此处，吃不消、痢疾、晕船"，并附俳句二首。（《漱石全集》第十七卷，俳句1790—1791） 10月1日，经新加坡（9月25日）、彼南岛（9月27日）到达科伦坡。参观市中心，在日记中写道："亡国之民成下等之人。"（2日从科伦坡出发） 10月4日，在甲板上读书时，熊本时的旧友诺特夫人（Mrs. Nott）前来打招呼。 10月6日，从诺特夫人那里，得到拜访其剑桥大学友人的介绍信。 10月8日，到达亚丁湾。（9日出发）	

续表

公历	年号	年龄（岁）	主要事项	背景事件
			10月10日，诺特夫人赠送《圣经》。 10月20日，经苏伊士运河（13日）、塞得港（14日）、那不勒斯（17日）、抵达热那亚（19日）。乘火车向巴黎进发。 10月21日，抵达巴黎。28日去往伦敦前，恰逢正在召开万国博览会，参观了艾菲尔铁塔等市内景观。与因参加博览会来到法国的浅井忠邂逅。 10月23日，在给镜子的书简中，介绍了巴黎的情形以及自己不在家时需注意的事项，最后写道："来欧洲若没有钱的话，一天都不想待，日本虽然不洁，然而悠闲。"（大意） 10月28日，与一直同行、将赴德国的留学生分别，上午十点从巴黎出发，下午七点抵达伦敦。暂时寄宿在高尔街七十六号（含餐费，每天六元）。 10月31日，参观伦敦塔等市内风光。在黑马克剧院（Haymarket Theatre）观看《造谣学校》（The School for Scandal）。 11月1日，拜访诺特夫人介绍的安德鲁（Andrew）先生，打算进入剑桥大学学习，不过最终放弃了去剑桥大学留学的想法，2日回到伦敦。 11月3日，参观了大英博物馆、威斯敏斯特大教堂等。 11月5日，写书简给伦敦大学中世纪文学专业的Ker教授，请予介绍。当天又参观了英国伦敦国家美术馆。 11月7日，在大学学院听Ker教授讲课。 11月11日，参观了维多利亚和阿尔伯特博物馆。 11月12日，在伦敦大学旁听英国文学助理教授Foster博士的授课。另，当日搬迁至修道院路八十五号Miss Milde家。房租一周两磅。 11月16日，购买奥斯汀的小说《傲慢与偏见》《艾玛》等。直至12月末，购买以文学为主的书籍五十余册。 11月22日，拜访莎士比亚学者Crail博士，约定每周二辅导两个小时，一小时五先令。 开始时，预定在伦敦大学每周听十课时，然而所讲内容与想法不符，而且费用过高，于是放弃了在该大学的课程。 12月24日，搬迁至弗洛登路6号布莱特家。 12月26日，在写给镜子的书简中告诉她，钱不够用、伦敦的交通如蜘蛛网一般、天气不好等，写道："当地人一般都富有公德，佩服至极。"	文部大臣现役武官制确立

续表

公历	年号	年龄（岁）	主要事项	背景事件
1901年	明治34年	34	1月2日，购买塞缪尔·约翰逊《英国诗人传》七十五卷以及《王政复古期戏曲》十四卷。 1月10日，雪后天晴，一个人在丹麦山散步。在日记中写道："在汉普斯特德公园（Hampstead Heath）与长尾君散步时，觉得今天是来伦敦以来愉快的一天。" 1月26日，次女恒子出生。 1月27日，在日记中，思考日本的前途时，写道："日本必须更加认真，日本人必须更加睁大眼睛。" 1月29日，从Crail博士处回来，参观了水彩画展，又顺道去了肖像馆。 2月2日，同寄宿处的主人Mr. Brett、Hyde. Park一起去观看《维多利亚女王的葬礼》。 2月8日，在大都会剧院观看滑稽戏演出。 2月9日，在写给狩野亨吉、大冢保治、菅虎雄、山川信次郎四人的长书简中，传达了留学以来的情况，其中写道："我不想再回到熊本，即使回去了，暂时也不会用我吧。" 2月16日，接到Mrs. Edghill品茶邀请，漱石不太情愿地出席了。 2月20日，在给镜子的书简中写道："出国至今已半年有余，稍稍有点厌倦，想回去，只收到你两封来书简……没有书简也没有那么担心，但甚是寂寞""总是思念你"等。 2月23日，同田中信太郎一起去女王陛下剧院（Her Majesty's Theatre）观看莎士比亚创作的戏剧《第十二夜》。 3月7日，同田中信太郎一起去特鲁里街剧院（Drury Lane Theatre）观看童话剧《睡美人》，并在日记中写道："生平首次见到如此华丽的演出。" 3月29日，受领事馆之托，为申请入学格拉斯哥大学（Glasgow University）的日本人命题。 3月30日，在伦敦竞技场剧场（Hippodrome）观看《灰姑娘》。看了狮子、老虎、白熊等。 4月5日，周五，市区暂停营业。在日记中写道："一整天在住处读《诱拐》（Kidnapped）。" 4月10日，接受Mrs. Edghill邀请，参加Mrs. Waiker家的茶话会。 4月17日，出席Mrs. Edghill家的茶话会。听该夫人讲授基督教教义，并约定读《福音书》。	

续表

公历	年号	年龄（岁）	主要事项	背景事件
			4月25日，夜间逃离一般从布莱特家搬迁至位于斯特拉路2号的图丁格兰威尼（2 Stella Road, Tooting Graveney, London）。 5月5日，化学家池田菊苗从德国留学归国途中，路过伦敦，住在漱石所租之处。 5月9日，在日记中写道："夜同池田谈英国文学，他是读书颇多之人。" 5月15日，在日记中写道："同池田讨论世界观话题、禅学话题等，听他讲哲学话题。" 5月20日，在日记中写道："夜晚同池田君谈话，关于理想美人的类型都做了非常详细的说明，大笑两人现在的妻子同此理想美人几乎不可同日而语。" 5月23日，收到镜子4月12日寄来的书简，书简中除介绍家人朋友的近况外，还写道："我对你的思念，不在你思念我之下""但是又想到你回来后共处一室又会吵架"。 5月31日，《伦敦消息》（4月9日夜执笔）在《杜鹃》（第四卷第八号）刊载。 6月19日，在给藤代祯辅的书简中，评价池田菊苗"颇为博学""颇有见识，品性极好"，又写道："光说不学，是不行的。" 6月22日，5月底受五高之托招聘英语教师，同伦敦大学Prof. Hales商谈，且与经其推荐威廉爱德华拉克森·斯威特（William Edward Laxon Sweet）的交涉基本完成。 6月26日，池田菊苗离开漱石住处，搬至肯辛顿（Kensington）。 6月30日，《伦敦消息·二》（4月20日执笔）、《伦敦消息·三》（4月26日执笔）在《杜鹃》（第四卷第九号）刊载。 7月1日，日记中写道："近来非常不愉快，计较一些鸡毛蒜皮小事，或神经病或不正常。" 7月11日，在《每日电讯报》（The Daily Telegraph）上刊登广告，以寻求在有文学趣味的英国人家庭寄宿。 7月20日，搬迁至从报名参加寻找寄宿的新闻广告上选中的、位于Clapham Common the chase 81号的Miss Leale家。 7月22日，寄给文部大臣菊池大麓关于留学的《报告书》，其中写道："正跟随威廉杰姆斯克雷格（William James Craig）研究近代英国文学。"	

续表

公历	年号	年龄（岁）	主要事项	背景事件
			8月1日，执笔英文诗"Life's Dialogue"。6日呈交给克雷格，并接受批评。 8月3日，与池田菊苗一起参观托马斯·卡莱尔（Thomas Carlyle）故居。 8月30日，在阿尔伯特码头（Albert dock）送别回国的池田菊苗、到熊本赴任的斯威特、精神科医生吴秀三。 8月，写下被认为是构筑理论性著作《文学论》的最初笔记。 9月22日，在给镜子的书简中写道："近来对文学书籍感到厌倦，而读科学读物。在当地收集材料，打算回国后写本著述。" 11月3日，由居住在伦敦的有志之士，在漱石租住之处举办了俳句会"太良坊运座"第一回。作俳句六首。（《漱石全集》第十七卷，俳句1808—1813） 11月10日，在漱石租住之处举办了俳句会"太良坊运座"第二回。作俳句五首。（《漱石全集》第十七卷，俳句1814—1818） 12月18日，在给子规的书简中，描绘了伦敦的见闻。	第一次桂太郎内阁成立
1902年	明治35年	35	1月1日，在居住于水晶宫附近的渡边和太郎的新公寓内，举办了俳句会"太良坊运座"第三回。现所知道的只有一首俳句。（《漱石全集》第十七卷，俳句1819） 2月2日，在给镜子的书简中，对镜子为不大会写书简所做的辩解表示气愤："这呀那呀"，写道："什么辩解之类的一点也不能理解"，并责备道："以后还是注意点好！" 2月16日，在给菅虎雄的书简中写道："近来不读文学书之类的，心理学的书呀，进化论的书呀，好歹都读，想写些什么东西。" 3月15日，在给中根重一的书简中，提到今年1月缔结的日英同盟，批评日本人所欣喜的是"穷人与富家的缔结姻缘之喜"。又写，"欧洲今日文明之失败乃贫富悬殊所致"，在"当今世界"出现马克思学说是"理所当然之事"。而且，陈述自己计划著书的具体方案"从论应如何观世界开始"等。 3月18日，在给镜子的书简中写道："最近想着要写著述非常地兴奋。""我这里也平安、勤学用功"（4月13日寄）、"有了著书的目的，如今就要日夜往那个方向努力"（4月17日）。	

续表

公历	年号	年龄（岁）	主要事项	背景事件
			9月9日，土井晚翠来此同住（至本月18日）。 9月12日，在给镜子的书简中，写道："最近因神经衰弱心情很不好，甚是苦恼"，"近来总觉心情很忧郁，读书也难以做到，很遗憾"。 9月19日，正冈子规去世。 秋，在房东女主人和同住的犬冢武夫的相劝下，学骑自行车。 10月10日，在德国的藤代祯辅收到文部省经由仓由三郎发来的电报，命其护送精神异常的漱石归国。 10月下旬，探访了苏格兰皮特洛赫里，并作短暂停留。 12月1日，在给高浜虚子的书简中，对其告知子规之死表达谢意，并作俳句五首。（《漱石全集》第十七卷，俳句1824—1828） 12月5日，乘坐日本邮政船舶公司的博多丸号从伦敦出发，踏上归国之旅（当初原本预定一起归国的藤代祯辅，已经乘坐11月17日出发的丹博丸号归国）。	日英同盟
1903年	明治36年	36	1月3日，寄给文部大臣菊池大麓有关留学的《报告书》，其中写道："英语研究之外，还研究文艺之起源发展以及其理论等，但都是自修。" 1月22日，博多丸号于该日夜晚抵达神户港。 1月24日，到达东京。同家人一起住在牛达区矢来町的中根家。 1月25日，同到访的寺田寅彦聊伦敦的事。 1月26日，寄给文部大臣菊池大麓《英国留学始末书》。 2月，参拜正冈子规之墓，起草追悼文章，但中断了。 3月3日，搬迁至斋藤阿具所持有的位于本乡区驹达千驮木町五十七番地的房子。森鸥外也曾在此居住过的。 3月8日，在给五高担任英语教授的奥太一郎的书简中写道："应该去熊本时，有各种各样的事情，会在那里停留"，给对方添乱感到"心痛""深深忏悔"。 3月9日，给菅虎雄的书简中写道："决定辞去熊本方面的职务"，就此拜托吴秀三出具"神经衰弱"诊断书。 3月31日，自愿辞去第五高等学校教授职务。 4月10日，收到第一高等学校英语特聘教师（年薪七百元）任命书。这是由于受到该校校长狩野亨吉的关照。	

续表

公历	年号	年龄（岁）	主要事项	背景事件
			4月15日，担任东京帝国大学文科大学讲师，并收到年薪八百元的任命书。 4月19日，在文科大学，被推选为编辑的《帝国文学》的评议员。 4月20日，与新任的上田敏、亚瑟罗伊德一起，开始登前文科大学的讲坛。从次日开始讲读艾略特的《织工马南》（Silas Marner），以及讲授《英文学概说》（其中的《形式论篇》在漱石去世后以《英文学形式论》一书刊行）。因选用《织工马南》（被认为是高中程度的教材），引起学生们的不满。 5月12日，出席由英文会在山上御殿（山上公馆）举行的漱石三人新任讲师欢迎会。 5月21日，在给菅虎雄的书简中写道："因学生对讲义不太明白，所以遭致很多不满。" 5月22日，第一高等学校的学生中，曾听漱石讲课的藤村操投华严瀑布自杀。 5月下旬，菅虎雄去往中国到南京三江师范学堂执教。 6月4日，在给帝国大学文科大学校长坪井九马三的书简中，提议：大学图书馆的工作人员因太过吵闹，请予以管理。 6月20日，《自行车日记》在《杜鹃》（第六卷第十号）发表。 7月2日，在给菅虎雄的书简中写道："胃病、大脑疾病、神经衰弱症并发，医生也束手无策。" 7月份，夫妇关系不和，怀孕的镜子带着孩子暂时回到娘家。 8月，创作英文诗 Silence。 8月15日，创作英文诗 Dawn of Creation。 9月上旬至中旬，镜子从娘家归来。 9月18日，收录有《伦敦消息》的合集《写生文集》，由俳书堂刊行。 9月21日，在文科大学开讲《英文学概说》之《内容论》（后来整理为《文学论》）。 9月29日，为文科大学普通讲义《麦克白》作评释。出现了"无立锥之地般、座无虚席的盛况"。 10月4日，同寺田寅彦一起参观白马会、研精会、紫玉会、美术协会等绘画展。	

续表

公历	年号	年龄（岁）	主要事项	背景事件
			10月，开始创作水彩画。 11月3日，三女荣子出生。 11月27日，创作英文诗 I looked at her They had words together I called to the stars 三首。 11月29日，创作英文诗 I rested my head。 12月8日，创作英文诗 Let her dance alone。	日本第八次众议院总选举
1904年	明治37年	37	1月3日，寄给河东碧梧桐和桥口贡自画水彩美术贺年片。 1月10日，在《帝国文学》（第十卷第一号）上，发表评论文《关于麦克白的幽灵》。 1月31日，谈话《俳句和外国文学》在《紫苑》上刊载。 2月8日，在寄给寺田寅彦的明信片上，附写新体诗《水底之感》。 2月16日，完成《麦克白》的评释。 2月19日，在帝国大学山上公馆召开的英文会上，作了关于留学伦敦期间所观看的戏剧的讲演。 2月22日，在《英文学丛志》（第一辑）上，发表根据詹姆斯·麦克佛森（James Macpherson）的 The Words of Ossian 翻译的《塞尔玛之歌》《卡里克乌拉之诗》（carrick-thura）。 2月23日，从该日开始讲授作为一般讲义的《李尔王》，很受欢迎，教室听课人员爆满。 4月，创作英文诗 We live in different words。 5月10日，在《帝国文学》（第十卷第五）上，发表新体诗《从军行》。 6月12日，附有夏目漱石所作序文《题小样物语十句》、小松武治所译的《莎翁物语集》刊行。 7月1日，谈话《英国现如今的戏剧情况（上）》在《歌舞伎》（第五十一号）刊载。 8月1日，谈话《英国现如今的戏剧情况（下）》在《歌舞伎》（第五十二号）刊载。 8月10日，高浜虚子在正连载《俳话（六）》的《杜鹃》杂志中，介绍了漱石的《俳体诗》三编。被认为均是给高浜虚子的书简中所写。 8月，从7月下旬至整个8月，连续寄给桥口贡十张自画水彩美术明信片。另外，9月以后至年末，算上寄给桥口十四张、寺田寅彦五张等，共计二十一张自画水彩美术明信片。	

续表

公历	年号	年龄（岁）	主要事项	背景事件
			9月26日，文科大学英文学科、漱石的前任教师小泉八云去世。 9月，兼任明治大学高等预科讲师。一周（周六）四个课时，月薪三十元。 10月10日，该日发行的《杜鹃》（第八卷第一号）刊载以下文章： 虚子、四方太、漱石三人所作"连句" 以"寺三题"为题的俳题诗中的《富寺》 "无题"的俳题诗两篇（其中一篇是与虚子合作）。 10月11日，与虚子合作的俳题诗《尼》（一至八）在《杜鹃》（第八卷第二号）上发表。 11月29日，完成《李尔王》的评释。 1月末—12月初，为虚子等人举办的文章会"山会"所写稿子完成，交给虚子。这份稿子在次年一月的《杜鹃》上以《我是猫》发表。 12月5日，开始作为文科大学一般讲义《汉姆雷特》的评释。 12月10日，以"夏目金之助校订"的中学以及师范学校的英语课外读物《New Century Supplementary Readers》（全三卷）由东京开成馆刊行。 12月10日，在该日发行的《杜鹃》（第八卷第三号）上发表以下文章： 俳题诗《尼》续（九至二十四） 俳题诗《冬夜》 12月13日，给野间真纲的书简中，附有以"真纲某日"开头的无题俳题诗一首。	日俄战争爆发
1905年	明治38年	38	1月1日，在《杜鹃》（第八卷第四号）上发表《我是猫》。该杂志同时刊载了俳题诗《童谣》。 1月3日，邀请虚子、阪本四方太、桥口贡、桥口清，享用用野间真纲送的猪肉做成的"杂煮"（一种年夜饭，在煮好的蔬菜、肉类中加入年糕做成的汤。也叫年糕汤。） 1月4日，同寺田寅彦在本乡散步，随后一同拜访虚子而来此会和的寒山鼠骨四人，同去本乡座看戏，因已满员未能入场，在"鳥料理ぼたん"（鸡肉料理牡丹店）吃完饭回家。 1月5日，在给井上微笑的书简中，写下无题俳题诗一首。	

续表

公历	年号	年龄（岁）	主要事项	背景事件
			1月10日，在《帝国文学》（第十一卷第一号）上发表《伦敦塔》。 1月15日，在《学灯》（第九年第一号）上发表《卡莱尔博物馆》。 2月2日，在给土井晚翠的书简中，绘制了水彩自画像。画像很淡，写到"我现在的脸就是这样"。 2月7日，在给寺田寅彦的明信片上，写着的不仅仅有熊本的漱石、英国的漱石、千驮木的漱石，还会产生"十年后，再十年后的漱石"。 2月10日，在《杜鹃》（第八卷第五号）上发表《我是猫（续篇）》。 2月15日，作为《卡莱尔博物馆》的续篇资料《卡莱尔藏书目录》在《学灯》（第九年第二号）刊载。 2月25日，邀请虚子、寅彦、野村传四、野间真纲、皆川正禧等到家中举办"食牛会"（聚会吃牛肉）。在虚子要求下，朗读《幻影之盾》。 3月10日，在《杜鹃》（第八卷第六号）上发表俳题诗《倾听一只莺啼》《听一个女人倾诉》。 3月11日，在明治大学作题为"伦敦之娱乐"的演讲。 3月17日，出席在大学校园内山上公馆举办的"英文会"。 4月1日，在《杜鹃》（第八卷第七号）上发表《我是猫（三）》。该杂志同时发表《幻影之盾》。 4月8日，面向中学的英语教科书《New Century Choice Readers》（全五卷）的修订再版，署名"夏目金之助校订"刊行。 4月8日，演讲稿《伦敦之娱乐》在《明治学报》（第八十号）刊载。 5月1日，在杂志《七人》（第七号）上发表《琴之空音》。 5月8日，在给村上霁月的书简中写道："与作为教师取得成功相比，作为蹩脚的文学家立足于世更为适合。" 5月8日，讲演《伦敦的娱乐（承前）》在《明治文学》（第八十七号）刊载。 5月15日，谈话《批评家的立场》在《新潮》（第二卷第六号）刊载。该杂志同时刊载了谈话《近作短评》。 6月10日，在《杜鹃》（第八卷第九号）上发表《我是猫（四）》。	

续表

公历	年号	年龄（岁）	主要事项	背景事件
			6月，在文科大学的讲演《英文学概说》结束，9月起开讲《十八世纪英文学》之序论。 6月30日，在山上公馆，与文科大学英文科毕业生们一起，拍毕业留念写真。 6月下旬以后，为帮助毕业生就业经常写书简问询。 7月1日，在《杜鹃》（第八卷第十号）上发表《我是猫（五）》。 7月2日，买巴拿马帽。在知心朋友面前吹嘘此事。 7月5日，漱石作序，浦濑白鱼译的《华兹华斯的诗》（Wordsworth, William）刊行。 7月中旬，受杂志《神泉》的小泽平吾之邀，与野村传四等一起观看了本乡座"金色夜叉"。 7月15日，在给中川芳太郎的书简中，汇报了极为繁忙的日常生活，写道："晚上经常有寅彦，四方太来，不用说传四君和奇瓢真拆两大文豪也会到访。" 8月1日，谈话《战后文坛的趋势》在《新小说》（第十年第八卷）刊载。 8月1日，谈话《关于当前小说以及文章》在《神泉》（第一卷第一号）刊载。该杂志同时刊载了谈话《本乡座金色夜叉》。 8月7日，寄书简给中村不折，拜托其为大仓书店即将刊行的单行本《我是猫》绘制插画。 8月8日，拜托桥口五叶做《我是猫》的封面等装订工作。 8月10日，在寄给野间真纲的明信片上，写着一首以"要下雨了吧"为开头的无题俳体诗。 8月13日，谈话《英国的园艺》在《日本园艺杂志》（第十七卷第八号）刊载。 8月15日，谈话《水枕》在《新潮》（第三卷第二号）刊载。 8月27日，同寺田寅彦、野村传四在市内闲逛一天。 9月1日，同寺田寅彦一起去若竹曲艺场，听了朝太夫的《野崎村》。 9月1日，在《中央公论》（第二十年第九号）发表《一夜》。 9月3日，同阪本四方太在上野观看了日月会后，到冈野小豆汤店，并且访问了中村不折。夜晚到若竹曲艺场听朝太夫的演出。	

续表

公历	年号	年龄（岁）	主要事项	背景事件
			9月15日，家中遭贼。将数日前刚收到的铃木三重吉寄来的厚重的书简拿去作手纸用了。 9月17日，在给高浜虚子的书简中，诉说不能按自己所想的获得用于创作的时间，写道："反正不想做的是教师，想从事的是创作。" 9月18日，于始讲授作为英国文学讲义的《十八世纪英国文学》（后来以《文学评论》刊行）。 另外，转向对文科大学一般讲义《暴风雨》（莎士比亚最后一部完整杰作）的评释。 9月24日，同寺田寅彦到谷中散步，在上野参观了白马会的展览会。 10月6日，单行本《我是猫》由大仓书店、服部书店刊行。从发售日到20日初版售罄。 10月6日，《我是猫》序发表。 10月10日，在《杜鹃》（第九卷第一号）上发表《我是猫（六）》。 10月29日，同寺田寅彦去听东京音乐学校的演奏会。 11月1日，谈话《夏目漱石氏曰》在《新声》（第十三编第六号）上刊载。 11月1日，在《中央公论》（第二十年第十一号）上发表《薤露行》。 11月4日，应服部书店要求，为单行本《我是猫》撰写广告文，寄给服部书店。 12月1日，在该日发行的杂志《太阳》的《杂言录》栏目中，刊载有嘲讽单行本《我是猫》和作者夏目漱石的评论。 12月14日，四女爱子出生。 12月29日，写书简给伊藤左千夫，高度赞扬刚发表在《杜鹃》上的《野菊之墓》。	《朴次茅斯条约》签订
1906年	明治39年	39	1月1日，《我是猫（七、八）》在《杜鹃》（第九卷第四号）上发表。 1月1日，谈话《我爱读的书》在《中央公论》（第二一年第一号）上刊载。 1月1日，谈话《往事》在报纸《日本》上刊载。	

续表

公历	年号	年龄（岁）	主要事项	背景事件
			1月9日，在给森田草平的书简中转告了回复土井晚翠寄来的贺年片的内容，写道："人总想着教授、博士等名誉是不行的"，"漱石即使沦为乞丐也是漱石"。 1月10日，在《帝国文学》（第十二卷第一号）上发表《趣味的遗传》。 1月，开始评释《奥赛罗》。 2月13日，在给森田草平的书简中，鼓励他说："不可以说自己很软弱。虽然我是个弱者，但是也会按自己柔弱的风格努力到死为止"，又写道："天下除自己之外没有更可靠的。而且没有比自己值得信赖的。" 2月中旬，大学委托其做英语考试委员，而漱石谢绝了。 2月24日，桥口五叶带来受托所作单行本《漾虚集》扉页插图草稿。寺田寅彦和中川芳太郎同在。 3月1日，服部书店主人带来拜托中村不折所作的《漾虚集》插图和桥口五叶所作的扉页插画。 3月10日，《我是猫（九）》在《杜鹃》（第九卷第六号）上发表。 3月15日，谈话《对我文章有神益的书籍》在《文章世界》（第一卷第一号）上刊载。 4月1日，《我是猫（十）》在《杜鹃》（第九卷第七号）上发表。 在该杂志上同时发表了《哥儿》。 4月3日，在给森田草平的书简中，高度赞赏岛崎藤村的《破戒》："《破戒》读完。可作为明治小说传于后世之名篇也。" 4月11日，在给铃木三重吉的书简中，告知寄来的《千鸟》已读，称之为"杰作"，并答应向《杜鹃》推荐。 4月30日，由《杜鹃》发售所的俳书堂领到《我是猫（十）》的稿费三十八元五十钱，《哥儿》稿费一百四十八元。 5月5日，在给森田草平的书简中诉说痛苦："因患慢性胃炎，饭后腹部疼痛难忍。" 5月17日，单行本《漾虚集》由大仓书店、服部书店刊行。 5月17日，单行本《漾虚集》序。 5月19日，在给中川芳太郎的书简中，对于拜托中川所作《英文学概说》的整理之事，写道："不必着急"。	

续表

公历	年号	年龄（岁）	主要事项	背景事件
			6月10日，谈话《文学谈片》在《中学世界》（第九卷第七号）刊载。 6月20日，抄录《我是猫》部分章节的《明治大家文集》（佐藤湖月编集）由日高有伦堂刊行（被认为未得到漱石的许可）。 6月20日，谈话《落第》在《中学文艺》（第一卷第四号）上刊登。 7月1日，答《夏期学生之读物》在《中央公论》（第二十一年第七号）刊载。 7月10日，在给狩野亨吉的书简中，对于其想招聘自己就任帝国大学文科大学校长、担任英国文学负责人的希望，表达了没有此意。 7月17日，写完了经过一年半有余连载的《我是猫》的结局部分。 7月27日，出席"纪元会"。 7月30日，正式拒绝了狩野亨吉希望自己转任京都帝国大学的请求。 8月1日，《我是猫（十一）》在《杜鹃》（第九卷第十一号）上发表。 8月1日，谈话《夏目漱石氏文学谈》在《早稻田文学》（第八号）上刊载。 8月15日，谈话《文章的混乱时代》在《文章世界》（第一卷第六号）上刊载。 8月31日，三女荣子患痢疾住进大学医院。警医来访，禁止6日前外出。 9月1日，在《新小说》（第十一年第九卷）上发表《草枕》。据说该杂志8月27日发售，29日售罄。 9月1日，谈话《我一家的读书法》在《世界的青年》（第一卷第一号）上刊载。 9月10日，谈话《现代读书法》在《成功》（第十卷第一号）上刊载。 9月16日，在神田的三崎座上演《我是猫》。 该日，镜子的父亲中根重一去世。 9月18日，在给畔柳芥舟的书简中写道："近来对访客的到来感到厌腻。"	

续表

公历	年号	年龄（岁）	主要事项	背景事件
			9月20日，摘录《伦敦塔》部分章节的《明治百家文选》（久保天随编）由隆文馆刊行（被认为未得到漱石的许可）。 9月26日，在高浜虚子的邀请下，陪一高的讲师莫里斯，看能乐演出。 9月30日，在给森田草平的书简中，分析整理了关于《草枕》"非人情"的思考。 10月1日，在《中央公论》（第二十一年第十号）上发表《百二十日》。 10月1日，谈话《女子和文学家》在《女子时事新闻》上刊载。 10月1日，答《我国的戏剧和演艺》在《新公论》（第二十一卷第十号）上刊载。 10月7日，通知野村传四、栗原元吉、野间真纲、寺田寅彦、高浜虚子等，从下次开始每周日下午三点以后为会面日。 10月上旬，全都在为今年从东京帝国大学毕业的森田草平、生田长江、川下江村三人的文集出版，和服部书店斡旋。 10月13日，在高浜虚子所负责的《国民新闻》文艺栏中，刊载了漱石写给虚子记录《百二十日》创作意图的书简。 10月15日，谈话《人为的兴趣》（人工的感兴）在《新潮》（第五卷第四号）上刊载。 10月18日，《奥赛罗》的评释结束。接着开始讲《罗密欧和朱丽叶》以及《威尼斯商人》，具体日期不详。 10月19日，在给野间真纲的书简中写道："近来觉得活在世上犹如浮在夜壶中一般。" 10月20日，在给皆川正禧的书简中写道："不知会不会辞去明治大学进入报社，国民新闻、读卖新闻等正在邀请入社"，并写下："世界上，哭是很滑稽的。笑是很丑陋的。" 10月21日，同松根东洋城去大森远足。 10月21日，谈话《作品中的人物》在《读卖新闻》上刊载。 10月23日，收到狩野亨吉"非急事"的书简很开心，写下关于当时自己的心境："我现在明白了世间就是一大战场。是奋勇杀敌，还是为敌人所降，想看下到底谁是赢家。"并且在当日的下封书简中写下了大学毕业以来的自我反省、重新面对社会现状的决心。	

续表

公历	年号	年龄（岁）	主要事项	背景事件
			10月24日，在给松根东洋城的书简中，抱怨东洋城所记录的谈话完成得不好。 另外，当日又寄给东洋城俳句六首。（《漱石全集》第十七卷，俳句1900—1905） 10月26日，在给铃木三重吉的书简中，述说了自己作为文学家的思想准备，写道："我一面涉足俳句文学的同时，另一方面想以像或生或死、拼个你死我活般的维新志士的壮烈精神，从事文学。" 10月28日，同寺田寅彦去听上野音乐学校主办的明治音乐演奏会。 11月1日，谈话《文章小笑话》（文章一口话）在《杜鹃》（第十卷第二号）上刊载。 11月1日，谈话《可称之为文学家的青年》在《中学杂志》（第二卷第四号）上刊载。 11月1日，谈话《描写自然的文章》在《新潮》（第十五编第五号）上刊载。 11月4日，单行本《我是猫》（中编）由大仓书店、服部书店刊行。 11月4日，单行本《我是猫》（中编）之"序"发表。 11月4日，为加快出版做准备，拜托中川芳太郎整理《文学论》。为《文学论》所写序文作为《文学论序》发表在《读卖新闻》。 11月10日，谈话《读书法》在《新文坛》（第一卷第四号）刊载（被认为是谈话《我一家的读书法》的擅自登载）。 11月11日，给高浜虚子的书简中写道："今天从早上开始在看文学论的原稿"，从此时开始校对中川芳太郎所整理的草稿。 11月15日，谈话《我的〈草枕〉》在《文章世界》（第一卷第九号）上刊载。 11月16日，写书简给泷田樗阴，推辞了读卖新闻通过泷田樗阴请求漱石担任该报纸《周日文坛》的负责人一职。 11月16日，寄给高浜虚子为《杜鹃》新年号所作俳句稿。（《漱石全集》第十七卷，俳句1910—1911） 12月9日，由于房东斋藤阿具决定转任到一高，有必要把房子腾出来。为寻求新住处，拜托朋友寻觅新址。	第一次西园寺公望内阁成立

续表

公历	年号	年龄（岁）	主要事项	背景事件
			从该日开始，着手写《野分》。 12月27日，搬迁至本乡区驹达西片町十番地七号（房租二十七日元）。	
1907年	明治40年	40	1月1日，单行本《鹑笼》由春阳堂刊行。 1月1日，单行本《鹑笼》之"序"发表。（明治39年11月执笔） 1月1日，在《杜鹃》（第十卷第四号）上发表《野分》。 1月1日，在《读卖新闻》上发表评论《作品的批评》。 1月1日，谈话《滑稽文学》在《滑稽文学》（第一卷第一号）上刊载。 1月1日，谈话《将来的文章》在《学生时报》（第二卷第一号）上刊载。 1月3日，召集寺田寅彦等门生，由松根东洋城下厨，共进晚餐。 1月4日，寄给高浜虚子为《杜鹃》2月号所作俳句。（《漱石全集》第十七卷，俳句1913—1914） 1月12日，谈话《漱石氏的写生文论》在《国民新闻》上刊载。 1月17日，在给野上弥生子的书简中，写有对弥生子寄给自己有关习作《明暗》的详细评论。 1月18日，将野上弥生子的短篇《缘》，寄给了高浜虚子。认为那是比较符合《杜鹃》杂志的作品。 1月20日，在《读卖新闻》上发表评论《写生文》。 1月下旬—2月上旬，推荐渡边和太郎购入画家庄野宗之助的画，并从中斡旋。 2月1日，谈话《家庭和文学》在《家庭文艺》（第一卷第二号）上刊载。 2月1日，谈话《我的过去》在《趣味》（第二卷第二号）上刊载。 2月10日，在给渡边和太郎的书简中写道："每天为去年腊月以来遗留的事情，感到无奈"，并述说《文学论》书稿校对的苦心。13日给片上天弦的书简中写道："每天……无法应对"16日给松根东洋城的心中写道："我为文学论而不知所措"等。 2月11日，拜访了铃木三重吉，见到文鸟后，告诉三重吉自己也想养一只（实际开始饲养是在1907年的秋天）。	

续表

公历	年号	年龄（岁）	主要事项	背景事件
			2月15日，谈话《漱石一席话》在《新潮》（第六卷地二号）上刊载。 2月24日，在五高时教过的学生白仁（后来的阪元）三郎，以探问漱石是否愿意加入朝日新闻社为目的，前来拜访。 3月5日，接受由大冢保治提出就任东京帝国大学教授，并开展英国文学讲座的交涉。 3月11日，在给白仁三郎的书简中，写下了加入朝日新闻社的条件。 3月15日，东京朝日新闻主编池边三山来访，漱石决心加入朝日新闻社。 3月25日，提交了解除东京帝国大学文科大学讲师的申请。 3月28日，开始向京都、大阪方向旅行。 3月31日，在京都所的狩野亨吉家，大阪朝日新闻社主编鸟居素三来访。 3月31日，委托解除第一高等学校讲师职务。 3月，辞去明治大学讲师职务。 4月1日，漱石写序、铃木三重吉所作《千代纸》刊行。 4月3日，谈话《大町桂月的事》在《东京朝日新闻》刊载。 4月4日，赴大阪，与大阪朝日新闻社长村山龙平会见。 4月5日，回到京都，步行参观了伏见、桃山、宇治。 4月8日，赴岚山，下保津川。 4月9日，同狩野亨吉、菅虎雄一起登比睿山。 4月9日，在《大阪朝日新闻》上发表《抵京的傍晚（上）》。 4月10日，招呼来关西的高浜虚子到寓所来，二人去了平八茶星。 4月10日，在《大阪朝日新闻》上发表《抵京的傍晚（中）》。 4月11日，晚上从京都出发，踏上返京之旅。 4月11日，在《大阪朝日新闻》上发表《抵京的傍晚（下）》。 4月12日，早上回到东京。 4月20日，在东京美术学校文学会做演讲。（后来演讲内容以《文艺哲学的基础》为题在《东京朝日新闻》《大阪朝日新闻》上发表）	

续表

公历	年号	年龄（岁）	主要事项	背景事件
			4月23日，为平井晚村的诗集《野葡萄》作序。（该书实际刊行日期是大正4年9月） 5月3日，在《东京朝日新闻》发表《入社辞》。同样的内容在《大阪朝日新闻》上以《开心的义务（上、下）》于4、5日发表。 5月4日，谈及松根东洋城写来的恋歌，漱石在书简中写道："老生虽不才，二十年前此事已了。" 5月4日，评论《文艺哲学的基础》开始在《东京朝日新闻》连载。直至6月4日，连载27回（8、10、12、14、15日暂停刊载）。《大阪朝日新闻》也几乎同时连载。 5月7日，单行本《文学论》由大仓书店刊行。 5月19日，单行本《我是猫》（下编）由大仓书店、服部书店刊行。 5月19日，单行本《我是猫》（下编）"序"发表。 5月中旬，受涩川玄耳之托，向寺田寅彦约科学读物稿件给朝日新闻。 5月26日，与小宫丰隆一起，由上野、浅草出发，散步到向岛。 5月28日，出版社的金尾文渊堂来询问在文科大学所作讲义《十八世纪英国文学》的出版事宜，漱石提名泷田、森田草平整理草稿。 5月28日，在《东京朝日新闻》《大阪朝日新闻》上，发布新连载小说《虞美人草》的预告。 5月29日，在前日的书简中，接到向涩川玄耳询问申报所得税的书简，坦白自己曾经"狡猾作假，企图缴纳相当少的所得税"，并表达了反省之意，"已经想着马上去登记了"。 5月30日，在给菅虎雄的明信片中告知寄送单行本《文学论》一事，并感叹该书排版错误颇多，写道："可能的话，想把印刷好的千本书堆在院子里付之一炬。"在这之前完成了《正误表》。 6月4日，在给小宫丰隆的明信片中，作为"广告"，写道："从今日开始要着手虞美人草的创作。" 6月5日，长男纯一出生。 6月9日，《文学论序》以抄录的形式再次在《大阪朝日新闻》上刊载。	

续表

公历	年号	年龄（岁）	主要事项	背景事件
			6月12日，在给涩川玄耳的书简中，表达了对于佐藤吉次进入朝日新闻社一事的感谢，同时拜托讨论自己松山中学时所教学生高须贺淳平入社一事。 6月15日，夏目漱石以创作《虞美人草》为由，拒绝了在17日由西园寺公望所邀请的文士招待会，并以一首俳句作为回报。 6月21日，绐铃木三重吉的书简中写道："今天虞美人草写作暂停。一生气就想用正宗（即镰仓时代著名的制刀工匠）的名刀，斩去妻子和女仆的头。" 6月23日，《虞美人草》开始在《东京朝日新闻》连载。直到12月29日，共连载一百二十七回（休刊日为9月25日、10月18日）。《大阪朝日新闻社》也同时连载，因其休刊日只有一天，所以提前一天于10月28日刊载结束。 6月25日，漱石作序，薮野惊十所著《东京参观》，刊行。期间，坪内道遥来访，商讨早稻田大学聘请一事，漱石拒绝了。 7月中旬，受朝日新闻社之托，给菅虎雄的书简中传达了想征求其义弟（即妻子的弟弟，大西克知）的意见，担任医学读物的作者。 7月4日，在《东京朝日新闻》上发表无署名报导《不像话的活版印刷店》，以谴责《文学论》多处排版错误的印刷店。 7月7日，创作谣曲《藤户》。次日在寄给小宫丰隆的明信片中写道："相当有意思，想着要不要再兴谣曲。" 7月12日，关于朝日新闻社所支付的临时奖金数额的疑问，写信告知了白仁三郎。同时听到了渡边三山的解释说明，次日邮寄了表达已理解的书简。 7月15日，同大冢保治一起去千叶一之宫"别荘地见分"。 7月16日，在给高浜虚子的书简中写道："五六日前想到了一点什么作了一首谣曲""于是想再兴谣曲"，并询问："可有好的先生？" 7月中旬，作为朝日新闻的连载小说作者，同大冢楠绪子交涉，并间接询问到了岛崎藤村的情况。 将朝日新闻医学读物的作者、五高时所教的学生行德俊则，介绍给涩川玄耳。	

续表

公历	年号	年龄(岁)	主要事项	背景事件
			7月19日，在给小宫丰隆的书简中，有关《虞美人草》中的藤尾，写道："那是个讨厌的女人""最后将其杀掉是整篇小说的立意。" 7月30日，在金尾文渊堂进行的《十八世纪英国文学》出版事宜受阻，取消了由该堂出版的计划。 8月4日，在《东京朝日新闻》上刊载的《虞美人草》（第四十三回）末尾，对屡次指出排版印刷错误的读者表达了感谢。 8月6日，在给小宫丰隆的书简中，谈及《虞美人草》的创作，写道："在写那部小说期间，腹中有个疙瘩，心情很沉重。怀孕的女人就是这样的吧"，并写道《虞美人草》不是为命令让人成为博士的"凡人"所写，而是为"博士以上的人物"所写。 9月8日，在给涩川玄耳的书简中，述说关于连载中的《虞美人草》校正的不满。 8月19—26日，连续寄给苦恼于恋爱问题的松根东洋城五张明信片，鼓励劝说他克服、解脱。 9月2日，由于房东说要将房租涨至三十五元，打算搬迁，拜托朋友找房子。在其中一封寄给畔柳芥舟的书简中，倾诉道："胃痛的不行。"另外在该日给野间真纲的书简中告知"小说终于要完稿"，《虞美人草》写完了。 9月4日，在《大阪朝日新闻》上，《虞美人草》的连载顺序弄错，一回漏载（漏载的一回在13日刊载）。 9月14日，写信给高浜虚子，感谢其给自己介绍谣曲老师宝生新。 9月19日，在《东京朝日新闻》的《朝日排坛》上发表咏鹿俳句"鹿十五句"。（《漱石全集》第十七卷，俳句1976—1990） 9月21日，在《东京朝日新闻》的《朝日排坛》上发表九首俳句。（《漱石全集》第十七卷，俳句1973—1975、1991—1996） 9月29日，搬迁至牛込区早稻田南町七番地。 9月，在奉送给斋藤阿具的单行本《我是猫》上写题词。 10月7日，邮寄书简给陷于经济困境的中村古峡，表达设法融通之旨。同此人在8月28日寄付的书简中有所商谈。 10月9日，回信给岩谷小波、田山花袋，说"难以出席"西园寺侯爵的招待会。	

续表

公历	年号	年龄（岁）	主要事项	背景事件
			10月中旬，为在《东京朝日新闻》上刊载关于户川秋古文艺的时评而努力。 10月29日，在《东京朝日新闻》上的《虞美人草》连载结束。《大阪朝日新闻》前日结束连载，在自己制作的报纸剪贴簿上，为表达此意在末尾作俳句一首："秋の蚊の鳴かずなりたる书斋かな"（大意：秋天到了，蚊子不再嗡嗡的书斋呀）。 11月7日，向高浜虚子推荐一高时教过的学生佐濑兰舟寄来的小说《割芦苇》（苇切），并将决定在《杜鹃》上刊载其作品的结果告知该生。 11月8日，从今天开始跟随宝生新学习谣曲。 11月14日，漱石作序，森田草平、川下江村、生田长江合著的《草云雀》刊行。 11月15日，漱石作序、本间久四郎译的《名著新译》刊行。 11月23日，漱石作序、生田长江所著《文学入门》刊行。 11月25日，出席将赴国外旅行的上田敏的送别会。 11月，名为荒井伴男的人来访，极力推销自己的经验作为小说题材。作了详细的听写笔记。 12月10日，《朝日新闻》要求连载新小说。 12月16日，在给小宫丰隆的书简中，谈及新小说《坑夫》，写道："在下仍在执笔中。计划每天写两三回。" 12月23日，为高浜虚子的短篇小说《鸡头》所作序文《虚子著〈鸡头〉序》在《东京朝日新闻》刊载。该书发行日期是明治41年1月1日。	
1908年	明治41年	41	1月1日，松根东洋城、森田草平、铃木三重吉、小宫丰隆等诸多门生新年拜会。该日的情景在第二年的新年小品《元日》中有所描绘。 1月1日，单行本《虞美人草》由春阳堂刊行。 1月1日，《坑夫》的连载在《东京朝日新闻》开始。4月6日九十一回连载结束（休刊日为1月2、4、31日，2月12日，3月22日，4月4日）。《大阪朝日新闻》与《东京朝日新闻》同时刊载，休刊日只有3月12日，所以连载了九十六回。《大阪朝日新闻》每回刊载的分量是一定的，而《东京朝日新闻》休刊日前后的章节分量有所调整。另外《大阪朝日新闻》至2月25日（第五十六回）刊载有野田九甫所绘插图，而《东京朝日新闻》没有插图。	

217

续表

公历	年号	年龄（岁）	主要事项	背景事件
			1月1日，谈话《令人爱读的外国小说戏曲》在《趣味》（第三卷第一号）上刊载。 1月21日，给菅虎雄的书简中，由诊治胃病的医生告知自己尿中含有糖分，所以就此拜托菅虎雄的义弟多加关注（即妻子的弟弟，南守雄）。 1月29日，《坑夫》（全九十六回）完稿。 2月4日，在给泷田樗阴的书简中写道："出现相当多的漱石论。已经有很多了。" 2月9日，谈话《名家所见之熊本》在《九州日日新闻》上刊载。 2月15日，在青年会馆举行的、东京朝日新闻主办的第一回演讲会上，发表演讲（4月，以《创作家的态度》为题在《杜鹃》上发表）。 2月17日，为大阪朝日新闻的长谷川如是闲赴京一事，向狩野亨吉写介绍信。 2月26日，在给畔柳芥舟的书简中写道："演讲会的笔记在朝日新闻不能发表的话，应该可以在《杜鹃》4月号上发表。" 3月16日，在给高浜虚子的书简中，关于《杜鹃》预定刊载的2月15日的演讲稿，写道："明日起开始思考演说内容。"17日在寄给虚子的书简中写道："文章好像越发长了。" 3月18日，在给小宫丰隆的明信片上写道："因心情烦闷谢绝来访。"次日在写给高浜虚子的书简中写道："近来总是厌倦与人会面。" 3月22日，同寺田寅彦一起去听上野的音乐会。 3月23日，各家报纸报导了森田草平和平冢明子自杀未遂事件。 3月23日，写信告诉高浜虚子，演讲原稿在300页以内，以及计划明日完稿。 3月26日，在《东京朝日新闻》上，刊载了关于森田草平和平冢明子失踪事件的谈话。该日，生田长江带森田草平来。森田草平在漱石家寄宿到4月10日。 4月1日，在《杜鹃》（第十一卷第七号）上发表《创作家的态度》。	

续表

公历	年号	年龄（岁）	主要事项	背景事件
			4月6日，《坑夫》在《东京朝日新闻》《大阪朝日新闻》上，连载结束。 4月15日，谈话《〈坑夫〉的创作意图和自然派传奇派的关系》在《文章世界》（第三卷第五号）上刊载。 4月15日，答《名士与饮料》在《读卖新闻》上刊载。 5月1日，在《杜鹃》（第十一卷第八号）上发表同松根东洋城合作的《连句片片》。 5月上旬，同作为朝日新闻特派员被派往俄罗斯的二叶亭四迷、上京的鸟居素川一起，在神田川鳗料理店共进午餐。 5月17日，在给小宫丰隆的书简中写道："因长女患淋巴性结核病，想着让她吃点美味的东西，夏天或去海边之类的"，另外写到，关于福楼拜著作《萨朗波》的读后感，为"瑰丽无比"。 5月17日，在送给美国人的单行本《我是猫》上写献词。 6月1日，谈话《关于近代小说二三》在《新小说》上刊载。 6月10日，漱石作序、松根东洋城撰写的《新春夏秋冬 春之部》刊行。 6月11日，在给高须贺淳平的书简中记述的高浜虚子《俳谐师》的批评，以《漱石的俳谐师评》为题在《国民新闻》上刊载。 6月13日，在《大阪朝日新闻》上发表《文鸟》第一回。21日全九回连载结束。未在《东京朝日新闻》上刊载。 6月，经过大概一个月时间，在记事本上摘录下自杀或杀人等报纸的第三版消息。（三面记事：第三版消息，社会新闻。原来报纸为四版，第三版刊登社会新闻，因此而得名。） 7月1日，《杜鹃》（第十一卷第十号）刊载了有关伦敦的简短谈话。 7月1日，在给高浜虚子的书简中，写道："在下想以梦十夜为题写几篇试试。第一夜今日寄往大阪。" 7月1日，谈话《赴俄国的长谷川二叶亭氏》在《趣味》（第三卷第七号）上刊载。 7月中旬，通过高浜虚子，打听松根东洋城与镜子的堂妹结婚一事，结局不顺。	

续表

公历	年号	年龄（岁）	主要事项	背景事件
			7月15日，谈话《独步氏之作品中有低徊趣味》在《新潮》国木田独步（6月23日去世）追悼特集号上刊载。 7月25日，在《东京朝日新闻》上发表《梦十夜》之《第一夜》。刊载至8月5日《第十夜》结束（暂停刊载日为7月26日、8月1日）。《大阪朝日新闻》于26日刊载《第一夜》，与《东京朝日新闻》同时刊载结束（暂停刊载日为8月1日）。 7月27日，在给村上霁月的书简中，决定在岛崎藤村《春》之后连载小说，写道："现在只是整理腹稿中，想在三四天内动笔。" 8月3日，谈话《文章之变迁》在《江湖》（第一年第五号）上刊载。 8月19日，在《东京朝日新闻》《大阪朝日新闻》上，发表了连载新小说《三四郎》的预告。 8月28日，漱石作序，沼波琼音和天生目杜南合编的《古今名流俳句谈》刊行。 9月1日，在《东京朝日新闻》上发表《三四郎》第一回。连载至12月29日一百一十七回结束（休刊日为9月24日、11月4日、11月24日）。《大阪朝日新闻》同。 9月1日，谈话《正冈子规》在纪念子规七年忌的《杜鹃》（第十一卷第十二号）上刊载。 9月初，6日来拜访漱石的寺田寅彦在该日的日记中写道："听说有浜尾总长让夏目先生回归东大的谈判。" 9月10日，归省的小宫丰隆上京来访。同寺田寅彦一起三人到户山原是散步。 9月14日，《我是猫》中的原型猫死了，将此死亡通知寄给各位门生。 9月15日，收录《坑夫》《野分》的单行本《草合》由春阳堂刊行。 9月15日，谈话《时机来了》在《文章世界》（第三卷第十二号）上刊载。 9月16日，在给桥口五叶的信中表达了其为单行本《草合》作扉页插图的感谢，并写道："《坑夫》甚是有趣，而《野分》写作不成功。" 10月1日，谈话《若说了不起的事倒也有一些》在《新潮》（第九卷第四号）上刊载。	

续表

公历	年号	年龄（岁）	主要事项	背景事件
			10月1日，谈话《无教养之文士与有教养之文士》在《英语青年》（第二十卷第一号）上刊载。 10月1日，《文鸟》在《杜鹃》（第十二卷第一号）上再次刊载。 10月5日，《三四郎》完稿。 10月7日，谈话《专业的倾向》在《国民新闻》上刊载。 10月10日，同寺田寅彦、铃木三重吉、野上丰一郎、小宫丰隆等人一起去八王子远足。 10月10日，在寄给国民新闻文学部编辑的七日书写的信中，讲述了对谈话报道《专业的倾向》的不满，并作为《漱石氏来信》在该杂志上刊载。 10月11日，同小宫丰隆一起去了落语研究会听了小さん（小さん：净琉璃、歌舞伎中的角色）。 10月11日，收录《伦敦塔》中久保天随编的《详注细评现代名家文选》由金刺芳流堂刊行（被认为未得到漱石的许可）。 10月17日，同寺田寅彦一起去看文部省美术展览会。 10月中旬至下旬，三女荣子百日咳接着患胃伤寒。另外，此时长女开始向中岛六郎学习小提琴入门。 10月21日，谈话《小说中的人名》在《国民新闻》上刊载。 10月30日，该日的《国民新闻》上刊载了关于文部省美术展览会的简短谈话。 11月1日，谈话《存在于标准的设定方法上》在《新潮》（第九卷第五号）上刊载。 11月1日，谈话《本性之色、个性之香》在《新天地》（第一卷第二号）上刊载。 11月7日，在《国民新闻》上发表评论《答田山花袋君》。 11月20日，谈话《新年物与文士》在《国民新闻》上刊载。冒头写道："受春阳堂所催，在做《文学评论》的订正工作。" 11月20日，答《文坛诸名家雅号之由来》在《中学世界》（第十一卷第十五号）上刊载。 11月22日，在给铃木三重吉的书简中写道："文学评论让人大伤脑筋，而且白费力气，因此倍感讨厌。" 12月1日，谈话《米尔顿杂话》在《英语青年》（第二十卷第五号）上刊载。	

续表

公历	年号	年龄（岁）	主要事项	背景事件
			12月16日，次男伸六出生。 12月20日，在给小宫丰隆的书简中，写下欲立足文坛者的思想准备，其中写道："你若知晓以上条件的话，也可执笔。" 12月29日，《东京朝日新闻》《大阪朝日新闻》《三四郎》连载完毕。	西园寺内阁总辞职
1909年	明治42年	42	1月1日，在《东京朝日新闻》和《大阪朝日新闻》上同时发表小品文《元日》。 1月1日，谈话《一贯的不努力》在《中学世界》（第十二卷第一号）上刊载。 1月1日，谈话《文坛的改变》在《秀才文坛》（第九卷第一号）上刊载。 1月1日，谈话《我的新年》在《明治之家庭》（第五卷第一号）上刊载。 1月1日，谈话《文坛的趋势》在《趣味》（第四卷第一号）上刊载。 1月9日，谈话《文士和酒、烟草》在《国民新闻》上刊载。 1月10日，在给阪元三郎的书简中，说在众多来访者当中来取"谈话"的杂志记者"最陈腐"，写道："不能给主人公丝毫的好处。不仅仅如此，还向杂志写别人的坏话。" 1月12日，谈话《小说中所用之天然》在《国民新闻》上刊载。 1月14日，小品系列作品《永日小品》的第一回《蛇》在《东京朝日新闻》和《大阪朝日新闻》上发表。 1月15日，《永日小品》的第二回《小偷》（上）在《东京朝日新闻》和《大阪朝日新闻》上发表。《小偷》（下）在次日发表。 1月15日，谈话《坡（埃德加·爱伦·坡）的想象》在《英语青年》（第二十卷第八号）上刊载。 1月17日，在给冈田耕三（后来的林原耕三）的书简中写道："胃痛，状况很不好。" 1月17日，在《东京朝日新闻》和《大阪朝日新闻》上发表《永日小品》之《柿子》。	

续表

公历	年号	年龄（岁）	主要事项	背景事件
			1月18日，在《东京朝日新闻》和《大阪朝日新闻》上发表《永日小品》之《火钵》。 1月19日，与森鸥外、幸田露伴、坪内逍遥等一起，被邀请参加文部大臣小松原英太郎在官邸召开的、为谋求文艺健康发展的恳亲会。 该日《东京朝日新闻》上，刊载了关于文部省所考虑的文艺院的简短谈话。 1月21日，在《大阪朝日新闻》上发表《永日小品》之《下宿》。《东京朝日新闻》于22日、23日分两回刊载。 1月22日，在《大阪朝日新闻》上发表《永日小品》之《过去的味道》。《东京朝日新闻》于24日刊载。 1月23日，在《大阪朝日新闻》上发表《永日小品》之《猫之墓》（上）。《猫之墓》（下）在次日发表。《东京朝日新闻》分别于25日、26日刊载。 1月25日，在《大阪朝日新闻》上发表《永日小品》之《暖梦》。《东京朝日新闻》于27日刊载。 1月29日，在《大阪朝日新闻》上发表《永日小品》之《印象》。《大阪朝日新闻》于31日刊载。 同一天在《大阪朝日新闻》上发表《永日小品》之《人》。该文于次日在《东京朝日新闻》上刊载。 1月30日，在《国民新闻》上发表评论《关于康拉德所描述之自然》。 2月1日，在《大阪朝日新闻》上发表《永日小品》之《山鸡》（上）。《山鸡》（下）在一日后发表。《东京朝日新闻》于3、4日刊载。 2月1日，谈话《予之希望乃使独立之作品也》在《新潮》（第十卷第二号）上刊载。 2月1日，谈话《作为作家的女子》在《女子文坛》（第五年第二号）上刊载。 2月3日，在绘春阳堂的本多啸月的书简中，提醒他注意对《文学评论》的校正，原稿脱落了一页。 2月5日，收录有《梦十夜》的合著集《丛云》（群云）（大町桂月等编），由日高有伦堂刊行。慰问生病的田冈岭云。 2月5日，在《大阪朝日新闻》上发表《永日小品》之《蒙娜丽莎》。《东京朝日新闻》6日刊载。	

续表

公历	年号	年龄（岁）	主要事项	背景事件
			2月5日，谈话《关于"俳谐师"》在《东京朝日新闻》上刊载。 2月6日，在《大阪朝日新闻》上发表《永日小品》之《火灾》。《东京朝日新闻》8日刊载。 2月7日，关于从1月1日开始在《东京朝日新闻》上连载的森田草平的《煤烟》，在给森田的书简中写道："听说在社会上大体评价很好，很不错。"并给予创作上的建议。 2月8日，在《大阪朝日新闻》上发表《永日小品》之《雾》。《东京朝日新闻》9日刊载。 2月9日，在《大阪朝日新闻》上发表《永日小品》之《挂轴》。《东京朝日新闻》10日刊载。 2月10日，谈话《读书与创作》在《中学世界》（第十二卷第二号）上刊载。 2月11日，在《大阪朝日新闻》纪元节（庆祝神武天皇即位的纪念日。二战后废除，1966年改为建国纪念日，第二年开始实施）专题页上发表小品文《纪元节》。未在《东京朝日新闻》上刊载。 2月14日，在《东京朝日新闻》《大阪朝日新闻》上发表《永日小品》之《赚钱的活儿》。《东京朝日新闻》以后不再刊载《永日小品》。 2月15日，在《大阪朝日新闻》上发表《永日小品》之《行列》。 2月22日，在《大阪朝日新闻》上发表《永日小品》之《往昔》。 2月27日，在《大阪朝日新闻》上发表《永日小品》之《声音》。 3月1日，在给春阳堂的书简中，告诉对方单行本《三四郎》的校订工作，由西村诚三郎来做，而不是小宫丰隆（此举是为补贴西村诚三郎的生活费）。 3月1日，在《大阪朝日新闻》上发表《永日小品》之《金钱》。 3月2日，今日起至8月28日，在大仓书店发行的"当用日记"（记载眼下要事的日记）上留下了每日的记录。 3月4日，在《大阪朝日新闻》上发表《永日小品》之《心》。 3月5日，漱石作序、松根东洋城撰写的《新春夏秋冬 夏之部》刊行。	

续表

公历	年号	年龄（岁）	主要事项	背景事件
			3月9日，在《大阪朝日新闻》上发表《永日小品》之《变化》（《永日小品》作为连载小品文至此结束）。 3月10日，在《大阪朝日新闻》上发表小品文《库莱格先生》（上），（中）在11日发表，（下）在12日刊载。《东京朝日新闻》未刊载。 3月13日，夜，到赤阪拜访松根东洋城，同野上丰一郎、山崎乐堂等一起唱《樱川》《船便庆》等。深夜回家途中，在神乐阪遭遇地震。 3月16日，单行本《文学评论》由春阳堂刊行。 3月16日，出席寺田寅彦德国留学送别会。 3月25日，在日记中写道："因心情不好，未送寺田出发"，"食欲皆无。" 3月31日，在给铃木三重吉的书简中写道："近段时间以来，因厌食，而胃痛，甚是难受。" 4月3日，在给大谷绕石的书简中写道："《永日小品》为何不在东京刊载，在下也不知道。" 4月4日，日记中记下了前夜接受小林医师诊治的感想，"好像身体中没有一处是健全的"。 4月5日，给高浜虚子送去《文学评论》，在日记中写道："自己也不如平常那样喝酒闲聊。" 4月7日，为米山保三郎的写真题俳句一首，交给了米山的哥哥米山熊次郎。（《漱石全集》第十七卷，俳句2096） 4月11日，有关养父盐原昌之助的事情，在日记中写道："高田和哥哥来了说盐原吵闹着要申诉什么的，不知何意。真是不懂情理的贪婪之人。" 4月中旬至下旬，三女荣子由白喉引起肺炎、镜子患子宫内膜炎、四女爱子和纯一患感冒，家人相继生病。 4月25日，为反对文部省在东京帝国大学设置商业学科，废除东京高商专业部的方案，高商的学生举行罢课。漱石看到此报导后在日记中写下批判性的感想："历来高商的学生比其他学生会讨价还价。" 5月2日，送来的杂志《太阳》5月号上刊载了博文馆创业纪念事业"新过名家投票"的结果，得知获得了"文艺界"领域的一等。在日记中写道："想拒绝颁发给当选者的金杯。" 5月5日，在《东京朝日新闻》上发表评论《关于太阳杂志募集名家投票》。	

续表

公历	年号	年龄（岁）	主要事项	背景事件
			5月12日，同高浜虚子等一起到明治座观戏。 5月13日，单行本《三四郎》由春阳堂刊行。 5月15日，在日记中写道："二叶亭在印度洋上逝世。可怜！" 5月15日，在《国民新闻》上发表评论《为虚子君问明治座所感》。 5月16日，发小桑原喜市之妻前来借钱。在日记中写道："自新年至今临时有人来借的钱、给人的零花钱等，算来有二百日元。这样的话会入不敷出的。" 5月17日，在日记中写道："《三四郎》发行。登出检印两千部，书店即日售罄的广告。"据日记记载，漱石20日也未收到赠书。 5月21日，谈话《梅瑞狄斯的讣告》在《国民新闻》上刊载。接着次日再次刊载。 5月30日，出席国际新闻协会。伊藤博文、桂太郎等出席。在日记中写道："干杯之辞有很多种，都是空话。" 二叶亭的遗骨抵达东京，吊唁死者家属。 5月31日，动笔写《其后》。 6月1日，谈话《感觉良好的人》在《新小说》（第十四年第六卷）之《已故二叶亭氏追忆录》上刊载。 6月2日，出席在染井墓地举行的二叶亭四迷的葬礼。 6月4日，参观太平洋画会的展览会。 6月11日，同高浜虚子一起去歌舞伎座。 6月15日，在《太阳》（第十五卷第九号）上，发表引用之前发表过的评论《关于太阳杂志募集名家投票》所详述的同题评论。 6月15日，把寄给高浜虚子关于歌舞伎座感想的书简，作为《漱石氏来翰》在今日及次日的《国民新闻》上刊载。 6月20日，在《大阪朝日新闻》上发表开始连载新小说《其后》的预告。 6月24日，俄国的日本学者叶利谢耶夫由小宫丰隆陪同来参加星期四会。 6月27日，在《东京朝日新闻》上发表《其后》第一回。连载至10月14日第一百一十回结束。与《大阪朝日新闻》相同。	

续表

公历	年号	年龄（岁）	主要事项	背景事件
			6月30日，用《三四郎》的版税，花四百日元为笔子购买的钢琴送到。 7月11日，翻译尼采《查拉特拉图斯如是说》的生田长江来访，"商讨不清楚的地方"。 7月18日，在日记中写道："女儿们裸体在家中跑来跑去。天气炎热的缘故，至于脱光衣服也是理所当然的。" 7月20日，在自家厨房安装三处煤气。 8月1日，坪内逍遥、内田鲁庵合编，收录有《长谷川君和我》的《二叶亭四迷》由易风社刊行。 8月1日，谈话《夏》在《新潮》（第十一卷第二号）上刊载。 8月6日，到麻布饭仓的南满铁道支社拜访中村是公。之后同理事清野长太狼等到接待处游玩。 8月6日，谈话《关于泰尼松》在《国民新闻》上刊载。 8月10日，谈话《文士与八月》在《国民新闻》上刊载。 8月14日，《其后》完稿。 8月18日，参加菅虎雄夫人的葬礼。 8月20日，在日记中写道："患急性胃炎"，"麻烦得想死。" 8月24日，读了不认识的内田荣造送来的习作《老猫》，回信中写下读后感："笔法认真而无卖弄之处，很好。" 8月27日，为钱所困的泉镜花，前来拜托帮助其小说在朝日新闻上连载。 9月2日，受满铁的邀请赴满洲、朝鲜旅行，向大阪出发。 9月3日，早上抵达大阪，九时出港。 9月3日，谈话《执笔》在《国民新闻》上刊载。 9月5日，在《大阪朝日新闻》上发表《读〈额之男〉》。 9月6日，到达大连。 9月10日，到达旅顺，与老朋友佐藤友熊再会。访问了日俄战争的战场。 9月13日，在给镜子的书简中写道："昨天晚上被邀请讲演，今晚也必须演说。" 9月16日，到达营口。 9月17日，在营口俱乐部发表演讲。 9月19日，到达奉天。 9月21日，17日讲演的后半部分以《关于趣味》为题在《满洲新报》上刊载。关于前半部分的刊载，不详。	

续表

公历	年号	年龄（岁）	主要事项	背景事件
			9月22日，经长春到达哈尔滨。 9月28日，到达平壤。 9月30日，从平壤出发到达京城（朝鲜南大门站。现为韩国首尔站）。 10月10日，为《其后》作空歌三首。 10月13日，从京城出发。 10月14日，到达下关。 10月14日，《其后》在《东京朝日新闻》《大阪朝日新闻》的连载结束。 10月15日，乘火车去大阪，拜访大阪朝日新闻社。拜访长谷川如是闲，二人去浜寺。 10月17日，返京。 10月18日，谈话《满韩的文明》在《东京朝日新闻》上刊载。同样的内容该日在《大阪朝日新闻》以《满韩视察》为题刊载。 10月19日，谈话《火车之中》在《国民新闻》上刊载。 10月21日，在《东京朝日新闻》上发表《满韩处处》第一回。连载至12月30日第五十一回结束。《大阪朝日新闻》于10月22日至12月29日连载。 10月29日，谈话《昨日午前的日记》在《国民新闻》上刊载。 11月1日，漱石作序、松根东洋城撰写的《新春夏秋冬 秋之部》刊行。 11月9日，在《国民新闻》上发表《读〈如梦〉》。 11月20日，寄书简给大冢保治，介绍森田草平负责《东京朝日新闻》开设的"文艺栏"，同时，恳请成为特约撰稿人。 森田草平获得永井荷风应允其在《东京朝日新闻》连载小说的承诺。漱石写信给永井荷风表示感谢。 11月25日，在《东京朝日新闻》上发表《〈煤烟〉序》，为新开设的"文艺栏"增添色彩。 11月25日，漱石所作序、樋口铜牛所著《俳谐新研究》刊行。 11月下旬，为《东京朝日新闻》的"文艺栏"提供帮助，向以在柏林的寺田寅彦为首的中岛六郎、阿部次郎、新海竹太郎等人寄书简索稿。	

续表

公历	年号	年龄（岁）	主要事项	背景事件
			12月16日，在《东京朝日新闻》（文艺栏）上发表评论《日英博览会的美术品》。	
1910年	明治43年	43	1月1日，在《东京朝日新闻》和《大阪朝日新闻》上同时发表《元日》。 1月1日，单行本《其后》由春阳堂刊行。 1月5日，在《东京朝日新闻》（文艺栏）上发表评论《东洋美术图谱》。 1月9日，为东大时所教学生川井田藤助的英语会话著作写序，并投函。 1月，设立以图振兴下挂宝生流的霞宝会，作为发起人，并联名。 2月1日，在《东京朝日新闻》（文艺栏）上发表评论《客观描写与印象描写》。 2月3日，阿部次郎得知自己在《东京朝日新闻》（文艺栏）上的投稿，被变更标题、取消笔名、篡改字句，发出抗议书简。漱石做了回复。参与修改的有负责"文艺栏"的森田草平、安倍能成。阿次郎部的《不自知的自然主义者》在6日刊载。 2月15日，漱石作序、森田草平所著《烟煤》第一卷刊行。 3月1日，在《东京朝日新闻》上发表《门》第一回。连载至6月12日第一百零四回结束。《大阪朝日新闻》同。 3月2日，五女雏子出生。 3月12日，含有漱石序文《不折俳画序》的中村不折画《不折俳画》（二）刊行。 3月13日，在给渡边三山的书简中，让其转告佐藤北江总编辑，"文艺栏"的稿件未正规刊载，且有经常积压的现象。 3月18日，在《东京朝日新闻》（文艺栏）上发表评论《关于草平氏的论文》。 3月30日，由武者小路实笃获赠《白桦》杂志创刊第一号，在该杂志上读到了刊载的武者小路实笃的《读〈其后〉》，并回复书简表达感谢。 4月1日，谈话《文话》在《新国民》（第十一卷第一号）刊载。 4月18日，小川烟村和仓光空喝合编的《名士禅》刊行，载有谈话《消除欲望》。	

229

续表

公历	年号	年龄（岁）	主要事项	背景事件
			4月29日，通过森田草平，拜托长冢节给《东京朝日新闻》小说投稿，得到了应允的回信，漱石在回复书简中表达感谢以及计划在《门》之后刊载之意。 5月10日，出席在上野精养轩举行的二叶亭四迷追悼会。 5月12日，在二叶亭四迷追悼会上的谈话，刊载在《东京朝日新闻》上。 5月15日，收录有《梦十夜》《永日小品》等的单行本《四篇》刊行。 6月6日，在内幸町的长与胃肠医院接受检查。 6月9日，在日记中写道："胃肠医院的检查结果来看，大便中有出血反应，怀疑是胃溃疡。" 6月9日，在《东京朝日新闻》（文艺栏）上发表评论《长冢节氏的小说〈周六〉》。 6月12日，《门》连载结束。 6月16日，决定到胃肠医院住院。 7月1日，为止住胃溃疡出血，开始"腹部熏蒸"疗法（至7月14日）。在该日日记中写道："从今天开始用蒟蒻熏烤腹部。疼痛难忍。" 7月7日，前来探望的野上丰一郎，带来了将佐久间艇长的遗书制成写真版的书。 7月10日，有很多探望者来访，日记中写道："度过热闹的周日。" 7月18日，森田草平想擅自采用已被判为不予采用的生田长江投给"文艺栏"的稿件，因此在日记中写道："很窝火，在自己写好替代稿件之前让其带回了报社。" 7月19日，在《东京朝日新闻》（文艺栏）上发表评论《文艺和英勇》。 7月20日，在《东京朝日新闻》（文艺栏）上发表评论《艇长的遗书和中佐的诗》。 7月21日，在《东京朝日新闻》（文艺栏）上发表评论《鉴赏的统一和独立》。 7月23日，在《东京朝日新闻》（文艺栏）上发表评论《主义的功过》。 7月25日，仓光空喝前来探望，看到带来收录有漱石谈话《消除欲望》的《名士禅》，在日记中写道："与我有关，故在说谎。" 7月28日，受森圆月之托，为正冈子规的书幅题词。	

续表

公历	年号	年龄（岁）	主要事项	背景事件
			7月31日，受森圆月题扇之托，作五言绝句一首。在日记中写道："十年来几乎未作汉诗。自己都感觉不可思议。"该日从胃病医院出院。 7月31日，在《东京朝日新闻》（文艺栏）上发表评论《好坏与优劣》（上），（下）于8月1日刊载。 8月2日，给住院期间前来探望的人写信表达感谢。 8月3日，抄录《虞美人草》部分章节的《漫游必携纪行文粹》由春阳堂刊行（被认为未获得漱石的许可）。 8月6日，为转地疗养从东京出发，抵达修善寺温泉菊屋旅馆。 8月7日，由于房间不合适，暂时入住到新建的十榻榻米大的房间。日记中写到"胃无异常"。 8月8日，在日记中写道："患胃痉挛""总之，胸口憋闷难以忍受"等。 8月12日，中断两日的日记之后，在该日日记中写道："如梦般在生死中度日"，诉说胃病带来的痛苦时写道："没有人理解这份痛苦。"大雨，东京家里来问水灾的情况。 8月13日，在《东京朝日新闻》（文艺栏）上发表评论《欲脱离自然的艺术（新日本画谱序）》（上），（下）于15日刊载。 8月14日，在日记中写到"整夜听到暴雨的声响""胃部不适""痛苦"等。 8月16日，未记载15日日记，只写下"痛苦，不能写一个字。" 8月17日，日记中写道："17日咳血，如熊胆一般，医生看后面带愁容。" 8月18日，朝日新闻社派员工（阪元三郎）和胃肠医院的医师（森成麟造）连夜赶到。 8月19日，镜子奔赴到修善寺。夜吐血180克。 8月21日，日记中写道："今日没有任何痛苦。" 8月23日，日记中写道："打嗝都有血腥味儿。" 8月24日，吐血500克，不省人事。 8月25日，闻听病危消息，亲朋好友、门生等纷纷奔赴医院。 8月28日，病情稳定，医师（额田）判定脱离危险了。 9月5日，漱石作序、石井柏亭所著《新日本画谱》上卷刊行。	

续表

公历	年号	年龄（岁）	主要事项	背景事件
			9月8日，今日起又开始写日记，冒头写俳句三首。（《漱石全集》第十七卷，俳句2123—2125） 9月17日，日记上抹掉了吐血后写下的第一首五言绝句习作。 9月20日，得五言绝句一首（《漱石全集》第十八卷，汉诗78）。以后至10月27日，经过仔细推敲，共创作十五首汉诗。这些汉诗全部运用在《往事漫忆》中。 9月23日，读完从8月7日开始阅读的威廉·詹姆士的《多元的宇宙》。在日记中写道："读了喜欢的书，心情很舒畅。"24日、25日读贝内德托·克罗齐的《美学》。 该日得俳句五首，日记中写道："过4点，开始排便，颜色接近正常。" 10月4日，读完C.D.彭斯的《现今哲学》。5日开始读M.贝灵的《俄罗斯文学的概观》。 10月7日，在日记中写道："安眠如常人。" 10月11日，乘坐担架回归东京，立刻在长与胃肠医院住院，日记中写道："入院如同回归故乡。" 10月12日，镜子告知胃肠医院的院长长与称吉已于9月5日去世。日记中写道："很震惊。"并吟咏道："逝く人に、留まる人に、来る雁。"（大意：有人逝去，有人在，还有归来雁） 在该日《东京朝日新闻》上刊载短文致谢生病期间前来探望的亲朋好友。 10月20日，写《往事漫忆》第一回，寄给森田草平。开始读莱斯特·弗兰克·沃德的《动态社会学》。 10月25日，创作汉诗（92）一首，俳句三首（2218—2220）。 10月29日，在《东京朝日新闻》（文艺栏上）发表《往事漫忆》第一回。连载是断续的，于明治44年2月20日，三十二回结束。 10月30日，日记中写道："祈求娴静的场所，非常讨厌人声嘈杂之地。" 10月31日，在给镜子的书简中，关于付给医师谢礼等事情责备镜子说话不得要领，写道："身体的安静和内心的平静是最好的药物，对我而言，却是重要的病。请给我这种药。"	

续表

公历	年号	年龄（岁）	主要事项	背景事件
			11月5日，看到森圆月送来的蔵泽的竹子挂轴，告诉森圆月自己的感受："拜见此挂轴惊喜倍至"，"拍手称赞、手舞足蹈。" 11月13日，得知大冢楠绪子5日去世。 11月21日，在给高浜虚子的书简中写道："近来小说、杂志都不喜欢"，就读些汉文、诗集呀"外国稍微难点的东西"，所以"文苑的动静不熟悉""这样的话反而更开心"。 11月30日，以谈话《对话》为序文的、本间久所著《枯木》刊行。 12月14日，在给小宫丰隆的书简中，告诫对方在来信中不必一一告知"同谁饮酒啦"。两日后在给小宫的书简中，为破坏了对方的心情而道歉，写道："请以后不必放在心上。" 12月中旬至明治44年1月，频繁给森田草平投寄关于"文艺栏"开展意见的书简。	大逆事件 日本吞并朝鲜
1911年	明治44年	44	1月1日，在寄给森鸥外的书简中，表达了对其新年的问候以及前年10月所赠《涓滴》的感谢，并拜托森田草平一同呈上《门》。 1月1日，单行本《门》由春阳堂刊行。 1月1日，谈话《语学养成法》（上）在《学生》（第二卷第一号）刊载，（下）于2月1日发行的第二号上刊载。 2月10日，身体恢复正常，想进行被医师所制止的谣曲创作。从这个月初开始，就拜托镜子把谣曲的谱本带到医院来，然而终未实现。该日，记下了与已理解自己的医师进行的交谈记录，写信通知镜子说："诸事请为为夫处理为宜。" 2月12日，此日起至14日，围绕"文艺栏"，持续三天写信给森田草平表达不满。 2月17日，给小宫丰隆的书简中，谈到对于武者小路实笃所赠《忠厚老实人》的读后感，写道："就那样书写纯粹之人的恋情，这就有价值。"建议小宫丰隆也读一下。 2月19日，以《东京朝日新闻》为首的各报纸，纷纷报导文部省决定授予漱石、露伴、佐佐木信纲等博士称号，并于18日召开博士会。	

续表

公历	年号	年龄（岁）	主要事项	背景事件
			2月20日，由文部省专门学务局长福原镣二郎发来、夏目金之助收的书简中，传达了"为授予博士学位请于21日10时前往出席"的通知。 2月20日，《往事漫忆》在《东京朝日新闻》连载结束。 2月21日，在给福原镣二郎的书简中写道："在下时至今日只是作为夏目某活着，而且以后也希望作为夏目某生活下去。因此我不想接受博士学位。"这封书简于24日在各报纸公开发表。 2月25日，关于辞退博士称号的谈话在《东京朝日新闻》刊载。 2月26日，从胃肠医院出院。 3月6日，在《东京朝日新闻》（文艺栏）上发表涉及博士辞退问题的评论《博士问题和默多克先生和我》（上），（中）（下）分别在7、8日刊载。《大阪朝日新闻》于8、9、11日刊载。 3月7日，谈话《成为尸体被舍弃的博士称号》在《中央新闻》上刊载。 3月8日，谈话《敕令的解释不同》在《东京朝日新闻》上刊载。 3月16日，在《东京朝日新闻》（文艺栏）上发表评论《默多克先生的日本历史》（上），（下）于次日刊载。《大阪朝日新闻》于18、19日刊载。 3月19日，有关"文艺栏"的编集一事，在给小宫丰隆的书简中写道："森田开始写小说的话，编辑就由你来做，对我和森田都很便利。"4月以后，关于文艺栏的指示、交换意见都交由小宫丰隆来做。 4月9日，在《大阪朝日新闻》（周日附录"春"）上发表《病院的新年》。《东京朝日新闻》于13日的文艺栏刊载。 4月11日，写下关于学位辞退的思考。 4月12日，在漱石山房举行森成麟造送别会（其打算回故乡高田开办医院）。 4月13日，在给福原镣二郎的书简中，对于其谈到不认可辞退文部省的学位授予，漱石写道："没有必要要接受的义务，所以学位称号会再次返还到您手中。" 4月15日，在《东京朝日新闻》（文艺栏）上发表评论《博士问题始末》。《大阪朝日新闻》于17日刊载。	

续表

公历	年号	年龄（岁）	主要事项	背景事件
			5月3日，在《东京朝日新闻》（文艺栏）上发表署名"愚石"的评论《生的绘画与死的绘画》（上），（下）于次日发表。此评论可能为漱石所写。 5月7日，镜子的表妹房举行结婚典礼。 5月9日，在铃木的父亲家举行了镜子的弟媳幸世的婚宴，漱石出席，并在日记中详细记下了当时的情形。 5月11日，去参观在上野公园举办的东京劝业博览会。 5月14日，受松根东洋城之邀，在其家享用乡土料理"萨摩"。 5月15日，杉村楚人冠将东湖书简的评注投《英语青年》刊载，漱石写信给杉村怀疑其中有误。然后，二人就此交换了意见，杉村将其中的经过在连载杂志上作了介绍。 5月17日，平冢明子（约好与森田草平一起自杀，结果未遂）的母亲，由生田长江陪伴来访，要求取消刊载森田在《东京朝日新闻》上连载的《煤烟》的续篇《自叙传》。 该日，文部省公布了文艺委员会制度，有森鸥外、幸田露伴、德富苏峰、上田敏等十六位委员。漱石未当选。 5月18日，在《东京朝日新闻》（文艺栏）上发表评论《文艺委员会做什么？》（上），（中）（下）于19、20日刊载。《大阪朝日新闻》于19日起三天连载。 5月19日，去高田家探望哮喘恶化的异母姐姐（高田房）。 5月21日，在《东京朝日新闻》（文艺栏）上发表评论《太平洋画会》（上），（下）于次日刊载。 5月22日，受邀观看了在帝国剧场文艺协会公演的《哈姆雷特》。 5月23日，在《东京朝日新闻》（文艺栏）上发表书评《田中王堂氏的〈由书斋到街头〉》。 5月27日，担当家里的女佣西村梅结婚仪式的媒人。 6月1日，谈话《西洋所没有的》在《俳味》（第二卷第六号）上刊载。 6月3日，出席雅乐稽古所的音乐演习。 6月5日，在《东京朝日新闻》（文艺栏）上发表评论《坪内博士与〈汉姆雷特〉》（上），（下）于次日发表。《大阪朝日新闻》于6、7日刊载。 6月7日，在日记中写道："去新的地方学习隅田川的道白。"	

续表

公历	年号	年龄（岁）	主要事项	背景事件
			6月8日，在日记中写道："结城素明同森圆月来，交换了绘画和书法。" 6月10日，出席朝日新闻的评议委员会会议，在日记中写道："森田的小说评价不好，一半辩护，一半同意，回家。" 6月17日，受长野县教育会之邀作演讲，同镜子一同出发去长野。 6月18日，在长野县会议事院进行演讲（后以《教育与文艺》为题在《信浓教育》上刊载）。结束后，受森成麟造邀请去了高田。 6月19日，在高田中学校进行演讲（后以《脱高田气质》为题在《高田日报》刊载）。 6月20日，谈话《夏目博士座谈》在《高田日报》上刊载。 6月21日，在诹访的高岛寻常高等小学校进行演讲（以《我观"职业"》为题在《南信日日新闻》上刊载）。结束后返京。 6月22日，讲演《我观"职业"》在《南信日日新闻》上开始刊载。至30日，刊载八回。 该日寺田寅彦由国外留学归来。 6月24日，寄书简给津田青枫，就《东京朝日新闻》插绘工作，进行斡旋。 6月27日，开始读亨利柏格森的论文。 6月28日，在东京帝国大学山上公馆召开的美学研究会上，发表讲演。 6月29日，出席在神田南明馆举行的霞宝会之谣会。 7月1日，日记中有"读亨利柏格森的'世间'和'空间'"的记载。 7月1日，高浜虚子将单行本未收录的、《杜鹃》上刊载的插绘、短评、诗歌俳句等，编辑成《插绘》刊行。收录了漱石的俳体诗《尼》《童谣》。 7月1日，演讲《教育与文艺》在《信浓教育》上刊载。 7月2日，缩印版的单行本《我是猫》由大仓书店刊行。 7月3日，受寺田寅彦之邀，本该出席五高校友的聚餐，因被雨淋，转而到了上野的精养轩。 7月4日，在《东京朝日新闻》（文艺栏）上发表小品《子规的画》。《大阪朝日新闻》于8日刊载。	

续表

公历	年号	年龄（岁）	主要事项	背景事件
			7月10日，出席朝日新闻的评议委员会会议后，在安倍能成的带领下，拜访了拉斐尔科培尔。 7月11日，带荣子、爱子、纯一散步。 7月14日，在《东京朝日新闻》（文艺栏）上发表评论《学者与名誉》。《大阪朝日新闻》于17日刊载。 7月15日，在笔子、恒子、荣子的央求下去看电影。 7月15日，关于萨克雷的谈话在《英语青年》（第二十五卷第八号）上刊载。 7月16日，在《东京朝日新闻》（文艺栏）上发表《科培尔先生》（上），（下）于次日发表。《大阪朝日新闻》于18、19日刊载。 7月19日，在《东京朝日新闻》（文艺栏）上发表小品《奇怪的声音》（上），（下）于次日发表。《大阪朝日新闻》于20、21日刊载。 7月21日，到满铁拜访中村是公，同游镰仓，在松山茂丸的别墅下榻。 7月22日，在小坪垂钓等，傍晚返京。 7月25日，在《东京朝日新闻》（文艺栏）上发表小品《书信》第一回。至31日连载七回结束。《大阪朝日新闻》于8月15日至21日刊载。 8月5日，谈话《可登山否、可下海否》在《新国民》（第十三卷第五号）刊载。 8月11日，为主持大阪朝日新闻的讲演会，离开东京。原本预定10日出发，因台风铁道一度中断，推迟了预定时间。 8月12日，入住箕面的朝日俱乐部。 8月13日，在明石的公会堂进行以《道乐与职业》为题的演讲。 8月14日，乘电车抵达和歌浦，坐电梯、参拜了纪三井寺。 8月15日，参观了新和歌浦之后，在县会议事堂进行了以《现代日本的开化》为题的演讲。欲出席演讲后谢绝的宴会，因狂风暴雨，漱石等人未返回和歌浦，留宿在新和歌浦。 8月16日，回到大阪。 8月17日，在堺之市立高等女学校讲堂进行以《内容与形式》为题的讲演。	

公历	年号	年龄（岁）	主要事项	背景事件
			8月18日，在大阪的中之岛公会堂进行以《文艺与道德》为题的讲演。后来回忆到，讲演后，回到紫云楼住处时"在屋内休息，虽什么都没有吃，但感到恶心……接着就出血了，所以很震惊"。 8月18日，单行本《来自剪贴簿》由春阳堂刊行。 8月19日，经由大阪朝日新闻介绍，住进大阪市东区的汤川胃肠医院。 8月21日，镜子由东京奔赴而来。 8月24日，在《东京朝日新闻》（文艺栏）上发表署名为"愚石"的评论《不折画集》和《畿内参观》（上），（下）于次日刊载。此评论可能出自漱石之手。 9月14日，昨日从大阪出发，今日抵达东京。 9月16日，在自家接受由佐藤恒佑医师主刀的痔疮切除手术。此后，为能够行走，隔日到该医师的诊所去。 9月19日，在朝日新闻社的评议委员会会议上，弓削田精一以森田草平《自叙传》的评价为发端，主张废除"文艺栏"，池边三山则是拥护的，两人之间展开了激烈的论争。 9月20日，弓削田精一递出辞呈，之后，池边三山也递出辞呈。 9月25日，在给长谷川如是闲的书简中写到，将8月进行的讲演编辑成一本书，刚开始"演说的订正"，"池边三山来了，说那些多余的事不做也罢，就把草稿笔记夺去带走了"。 改日在给松根东洋城的书简中写道："切口に冷やかな风の厕より。"（大意：伤口上吹来厕所冰凉的风） 9月29日，池边三山决定退出朝日新闻社。 10月3日，在给弓削田精一的书简中写到，与池边关系破裂的发端若是"森田之事"的话，这个责任在"负责文艺方面的我"身上，"无颜面对""想与你见面好好谈谈"。 10月16日，摘录《二百一十日》的部分章节的《漫游必携新续纪行文粹》由春阳堂刊行（被认为未获得漱石的许可）。 10月24日，关于"文艺栏"，同朝日新闻社编辑部进行协商，决定废止此栏目，以及将森田草平免职。 11月1日，写了辞呈。存放在了池边三山那里。	

续表

公历	年号	年龄（岁）	主要事项	背景事件
			11月1日，谈话《稽古的历史》在《能乐》（第九卷第十一号）上刊载。 11月10日，收录今年8月在关西地区进行的讲演《道乐与职业》《现代日本的开化》《内容和形式》《文艺与道德》的《朝日讲演集》由朝日新闻社刊行。 11月15日，在给池边三山的书简中，写道："想着按计划应该将放在你那里的辞呈交到社长手中了""请多多关照。" 11月18日，弓削田精一来访，放弃辞职的念头接受挽留。19日的日记中写道："该日被镜子埋怨道'你在与不在，朝日新闻不是一样的事吗？'，回答说'你说得对'"。 11月19日，日记中写到袁世凯组阁一事。 11月20日，池边三山把预先存放的辞呈送了回来。 11月23日，邀请寺田寅彦到上野的表庆馆参观书画。 11月28日，到帝国剧场观看文艺协会的《玩偶之家》演出。 11月29日，五女雏子猝亡。 12月2日，举行雏子的葬礼。 12月3日，收拾骨灰。日记中写道："我的胃生了病。感觉自己的精神也生病了。因为不管如何，每当想起时，总能引起难以恢复的哀愁。" 12月13日，日记中写道："在被炉里和爱子玩耍，做游戏。吃了八块烤白薯。"和孩子们一起唱"还要再睡多久是新年"的歌。 12月15日，开始写新年起开始连载的小说《彼岸过迄》。	
1912年	明治45年大正元年	45	1月1日，在《东京朝日新闻》《大阪朝日新闻》发表《关于彼岸过迄》。 1月2日，在《东京朝日新闻》上发表《彼岸过迄》第一回《洗澡之后》（一）。至4月29日连载一百一十八回结束。《大阪朝日新闻》同。 1月14日，《彼岸过迄》之《停车站》开始刊载。 1月28日，在给鸟居素川的书简中写道："刚刚痊愈，担心自己的健康。特意每天只写一回小说，其他的不能写，所以每天为时间所追赶，难以平静下来。" 2月1日，谈话《娜拉能成功吗？》在《国民杂志》（第三卷第三号）上刊载。	

续表

公历	年号	年龄（岁）	主要事项	背景事件
			2月19日，《彼岸过迄》之《报告》开始刊载。《大阪朝日新闻》20日开始刊载。 2月28日，池边三山去世。 3月1日，在《东京朝日新闻》上发表池边三山的追悼文《三山居士》。《大阪朝日新闻》于2日刊载。 3月4日，参加在青山斋场举行的池边三山的葬礼（根据《东京朝日新闻》3月5日报道）。 3月4日，《门》成为文部省文艺委员会推荐的候补文艺作品，但是未被选中。谈话《终于安心了》在《读卖新闻》上刊载。 3月5日，《彼岸过迄》之《下雨天》开始刊载。 3月13日，《彼岸过迄》之《须永的故事》开始连载。 3月17日，在美术新报主办的第二回美术展览会上，观看了津田青枫的绘画，在给该人的书简中写道："能转让非卖品黑貂皮吗？"久违地欣赏到了青木繁的绘画作品，对其印象是"我认为那个人是个天才"。 另外，写书简给福冈医科大学的久保猪之吉，介绍长冢节。 3月21日，在给中村古峡的书简中写道："由于《下雨天》有我自己感怀至深的事，那是3月2日（雏子的生日）动笔，同7日（雏子百天）脱稿，在下感到欣慰的是能好好祭奠亡女。" 4月，与森田草平一同参加石川啄木的葬礼。 4月17日，《彼岸过迄》之《松本的故事》开始刊载。 4月19日，去赶海。在日记中写道："遭遇风雨弄得狼狈不堪。" 4月21日，在《东京朝日新闻》上，18日写给高浜虚子的书简以"漱石氏的《朝鲜》评论"。 4月29日，《彼岸过迄》之《始末》刊载，《彼岸过迄》刊载结束。 5月15日，漱石作序、长冢节所著《土》由春阳堂刊行。 5月18日，漱石作序、池边吉太郎述的《明治维新三大政治家》（再版）由新潮社刊行。 5月中旬至下旬，作汉诗《春日偶成》十首。 5月26日，去上野公园的日本美术协会观看健笔会的展览会。	

续表

公历	年号	年龄（岁）	主要事项	背景事件
			受户川秋骨之托所作的画赞虽未成功，挥毫汉诗两首，并于次日寄给汤浅廉孙和三须林锕二。 5月28日，在给户川秋骨的书简中写道："直到今天上午，想尝试一下绘画……" 村上霁月、松根东洋城、杉村楚人冠、金子熏园等前来索赠书法和墨宝。 5月，应流山的秋元梧楼的要求，为《三愚集》录下小林一茶俳句二十六首，并作序。该书并小川芋钱的插图的刊行在漱石逝世后的大正9年。 6月1日。长冢节单行本《土》的序文《关于〈土〉》在春阳堂的文艺杂志《新小说》上再次刊载。 6月6日，去青年会馆听露西亚音乐团的演出。 6月7日，在给寺田寅彦的书简中写道："近来作画，将所画山水画装裱，再见面时请您鉴定"。 6月9日，去听上野音乐会。 6月10日，去观行启能。日记中记载当时的场景："皇后陛下皇太子殿下让烟给我。但是我戒烟了。这应是陛下殿下对我等臣民客气""皇室也不是神的集合。" 6月17日，应松根东洋城要求，作"壁十句"。 6月23日，受中村是公之邀，乘坐中村的汽车由向岛出发到堀切菖蒲园、筑地巡游。 6月29日，出发去镰仓，7月1日返回。 6月30日，在丸善的《钢笔的印象和图解目录》上发表《我和钢笔》。 7月13日，受横山大观、笹川临风之邀，去下谷的伊予纹。 7月20日，在日记中写道："晚上收到天皇病重的号外"，接着记下对中止举办纳凉烟火大会、纷纷议论演剧等演出停止状况的批判意见。 7月21日，在镰仓红之谷租了别墅（房租为两个月四十日元），让孩子们去那里居住。自己很早乘一电车出发去拜访菅虎雄。夏天频频来往于东京与镰仓之间。 7月23日，受中村是公之邀在筑地的山口共进晚餐。 7月下旬，应流山的秋元梧楼的要求为其所编《明治百俳家短册帖》作序，附汉诗一首。 另外，作诗回应横山大观赠画，并挥毫一首赠送大观。	

241

续表

公历	年号	年龄（岁）	主要事项	背景事件
			7月30日，明治天皇逝世。31日，明治改元大正。 7月下旬至9月上旬，在给担当单行本《彼岸过迄》校正工作的冈田耕三的书简中，就有关校正问题常常给出意见。 8月2日，日记中写到次男伸六的病情"比两天前烧得厉害……"。 8月8日，在给森圆月的书简中写道："看到各报纸对天皇及皇室所使用的语言过于敬仰，感觉难以卒读。" 8月12日，在给森成麟造的书简中写道："我去看须贺医生，每天喝药六次，因为喝三次的话感觉身体状况会变坏，病情会反复""感觉已不会长久了。" 8月17日，从东京出发去往盐原温泉。 8月18日，中村是公到达盐原温泉，与漱石会合。 8月24日，骑马到中禅寺湖。 8月26日，从轻井泽经丰业、长野到汤田中。 8月31日，回到东京。 8月，在镰仓避暑地的孩子们频频寄美术明信片来。 9月1日，《杜鹃》杂志上开始连载梅列日科夫斯基的《列奥纳多·达·芬奇》，高浜虚子要求漱石写篇对此翻译的感想，漱石的回复书简在该日刊行的《杜鹃》上，以《来至海边》为题发表。 9月5日，答问《明治时代的著述中有不朽生命的东西》在《读书之友》（第五号）上刊载。 9月8日，受松根东洋城之托作"悼亡天皇之句"两句。 9月10日，参加田冈岭云的葬礼。 9月11日，受中村是公之托，关于释宗演赴满洲弘扬佛法，通过菅虎雄交涉完毕，该日同中村、满铁理事的犬冢信太郎一起去镰仓的东庆寺拜访宗演。 9月12日，从镰仓回来。 9月15日，单行本《彼岸过迄》由春阳堂刊行。 9月22日，在《大阪朝日新闻》上发表小品《初秋一日》。 9月26日，在佐藤诊疗所接受痔疮手术，这样又住进医院。 10月2日，从该医院出院。以后，也因治疗来此诊疗所。 10月4日，日记中写道："胃不好。泛酸。" 10月12日，在给阿部次郎的书简中写道："我近来习惯了孤独，即使不受艺术上的同情，也终能生活下去。"	

续表

公历	年号	年龄（岁）	主要事项	背景事件
			10月13日，第六回文部省美术展览会在上野公园竹之台陈列馆举办，同寺田寅彦一同去参观。 10月15日，在《东京朝日新闻》上发表评论《文展与艺术》。连载至28日十二回结束。《大阪朝日新闻》17日至28日刊载。 10月20日，谈话《读书与西洋社会》在《读卖新闻》上刊载。 10月25日，漱石作序、秋元梧楼所著《明治百俳家短册帖》刊行。 10月26日，同津田青枫一起去观看文展。会场上遇见深田康算，之后三人去观看炭笔划会的展览会。 11月10日，与松根东洋城一同去长谷川时雨主办的舞蹈研究会的舞会。去红叶馆。 11月18日，在给津田青枫的书简中写道："今日在套廊上很认真地画了一副水仙画。比起画的作品来，画的过程我更开心。" 这时候，也画了广为人知的《山上有山图》。 11月30日，新连载小说《行人》起稿，第一回寄给了东京朝日新闻社。 11—12月，在给校订单行本《社会与自我》的冈田耕三的书简中，频频给出校订上的意见。 12月1日，同寺田寅彦、小宫丰隆一起，去听东京音乐学校教授勇克的送别演奏会。 漱石作序、高原操所著《极北日本》刊行。 12月3日，在新富座听越路大夫。 12月6日，在《东京朝日新闻》上发表《行人》第一回《朋友》（一）。《朋友》于大正2年1月9日三十三回结束（休刊日为12月22、24日）。《大阪朝日新闻》同（只是休刊日为22.27日）。 12月11日，关于装电话一事，该日给安倍能成的书简中写道："两三天前寒舍装了电话。" 12月22日，出席在神田桥的三河屋举行的安倍能成的婚宴。 1月8日，在给津田青枫的书简中写道："在下现在因忙于写作也没有外出……"	第一次护宪运动兴起

243

续表

公历	年号	年龄（岁）	主要事项	背景事件
1913年	大正2年	46	1月10日，《行人》之《兄》连载开始，至2月25日第四十四回结束。《东京朝日新闻》的休刊日为1月24日，2月7、11日。《大阪朝日新闻》的休刊日为1月24日，2月6、11日。 1月上旬，菅虎雄为单行本《社会与自我》扉页题字。 2月5日，单行本《社会与自我》由实业之日本社刊行。 2月5日，单行本《社会与自我》序发表 2月15日，在给森欧外的书简中表达了受赠《青年》的感谢及作为回赠寄送《社会与自我》之意。 2月26日，《行人》之《归来以后》开始连载。4月7日三十八回连载结束。《东京朝日新闻》的休刊日为3月28日，4月3、4日。《大阪朝日新闻》的休刊日为3月27日，4月3、4日。《行人》在此中断。 2月26日，在给山本笑月的书简中，作为《归来》后《朝日新闻》的连载小说，表达推荐"无名之文士"中勘助的经历记述（后来的《银匙》）之意。 3月9日，打算与寺田寅彦一起去南美博览会，未果，一人到上野竹之台陈列馆，观看津田青枫出品的光风会展览会。 3月10日，摘录《伦敦塔》部分章节的泉斜汀所编的《现代名家一人一景》由应来社刊行。 3月16日，在给中勘助的书简中写道："君之小说于在下的之后刊载"，并就报纸连载的分量调节给出意见。 4月2日，在给山本笑月的书简中写道："还是一写稿件头就晕。一站起来就摇晃。胸口也时常感到疼痛。今天尝试着写了一回"，并告之，因以后的事情未知，想先积累一部分。关于这时的病情，5月30日在写给森成麟造的书简中写道："病同原来的一样，排出好看的血便如履墨般鲜艳。" 4月7日，《行人》之《归来》连载结束。在其结尾处作为"通知"，写道："本篇博得很好的评价，已经接近完结之际，漱石氏因病不得不停笔，本日起暂停，他日以单行本刊行之时完成此事，幸而得以谅解。" 4月16日，该日的《中央新闻》上刊载了《漱石氏生病》的报导。据担任主治医生的须贺胃肠病院院长介绍，漱石胃溃疡复发和患有严重的神经衰弱，"不会发生诸如发狂的事情"。	

续表

公历	年号	年龄（岁）	主要事项	背景事件
			5月14日，在给桥口五叶的书简中，表达了前来探望的感谢之情，写道："以后病情应该会好转，这两天重新下床了，每天寓乐于绘画。" 5月28日，参加了在市谷河田町的月桂寺举行的池边三山一周忌追悼会，其后出席了午餐会。这是漱石病后首次外出。 6月10日，相继去参观太平洋画会、日本水彩画会的展览会。 7月2日，在给津田青枫的书简中写道："两三天前起，就停止绘画了"，并报告了参观进行中的高桥广湖的遗作展览会和健笔会一事。 7月7日，答问《书籍与风景和色?》在《时事新报》上刊载。 7月15日，收录《伦敦塔》和《我是猫》部分章节的玉井广平所编的《明治文学选》由春阳堂刊行。 7月15日，漱石作序、野上八重子译的《传说的时代》刊行。 7月20日，在津田青枫的带领下，买了绘制油画的工具，画了抚子花和紫阳花。 9月5日，参加在谷中斋场举行的冈仓天心的葬礼。 9月15日，在《东京朝日新闻》上发表《关于〈行人〉续稿》。 9月18日，《行人》之《烦恼》开始连载。《东京朝日新闻》于11月15日连载五十二回结束。休刊日为9月20、26日，10月10、12、18、25日，11月1日。《大阪朝日新闻》于11月17日连载结束。休刊日为9月23、26日，10月9、11、21、24、31日，11月9、10日。 9月26日，去上野的表庆馆观看宗达、光琳、抱一等的绘画。 10月5日，在回复和辻哲郎的书简中，告知对方已知其寄来的《近于异性间恋爱的热度和感觉》中所关注的问题，写道："我现在注意到要入道了"。 10月25日，获赠和辻哲郎著作《尼采研究》。 11月8日，出席在帝国酒店举行的白桦主办的音乐会。 11月15日，在《东京朝日新闻》上，《行人》之《烦恼》连载结束，于是《行人》完结。 11月22日，去观看长谷川时雨的舞蹈研究会。	

续表

公历	年号	年龄（岁）	主要事项	背景事件
			11月30日，长谷川时雨和尾上菊五郎来访，拜托漱石做新开办的狂言座的顾问。 12月1日，谈话《由漱石山房》在《新潮》（第十九卷第六号）上刊载。 12月8日，去参观在上野美术馆召开的平泉书屋古书展览会。该日在给津田青枫的书简中写道："我一生能画一张为他人所见后，有种难得的心情的绘画，就可以了。" 12月10日，缩印版单行本《鹑笼 虞美人草》由春阳堂刊行。 12月12日，受第一高等学校辩论部主办的讲演会之邀，作题为《演题未定》的讲演。 12月14日，在给长谷川时雨、尾上菊五郎的书简中写到，虽然狂言座宗旨书的顾问名单上出现了漱石，但想先做一个普通会员。	第三次桂内阁总辞职
1914年	大正3年	47	1月1日，漱石作序、想田秋晓编的《高岳》刊行。 1月5日，在第一高等学校所做的《演题未定》讲演，在该日发行的该校《校友会杂志》上刊载。这个讲演，在迄今的《漱石全集》中以"模仿与独立"而为人所知。 1月7日，单行本《行人》由大仓书店刊行。 1月7日，在《东京朝日新闻》上发表评论《外行与内行》（一）。至12日刊载五回结束。 1月17日，受东京高等工业学校文艺部之邀，在该校作题为《无题》的讲演。 1月24日，邀请畔柳芥舟、笹川临风到自己家来，共进晚餐。 1月26日，同镜子一起到帝国剧场观看无名会的奥赛罗公演。 2月10日，漱石作序、米洼太刀雄所著《海的罗曼斯》刊行。 2月21日，应邀将阿尔志跋绥夫所著《沙宁》的评论谈话在《新文坛》（第十卷第五号）上刊载。 2月28日，受邀观看狂言座第一回公演。 3月2日，在给小宫丰隆的书简中写道："我暂时不去看戏"，在给长谷川时雨的书简中，关于同狂言座的关系，写道："于是，我谢绝此事。" 3月21日，出席在神田青年馆举行的平出修的永别会。	

续表

公历	年号	年龄（岁）	主要事项	背景事件
			3月22日，谈话《文士的生活》在《大阪朝日新闻》上刊载。 3月29日，在给津田青枫的书简中写，"我讨厌看到那些愚蠢地活在世上的人们，然后如果碰到微不足道的不愉快的事情，五六天都不愉快""我想自己也有那讨厌的秉性"，而且"世上喜欢的人渐渐离去，这样能看到美丽的天地草木""我靠这些活着"。 3月30日，给山本笑月的书简中，写有新连载小说《心》的报纸预告。 4月9日，去在上野公园举办的东京大正博览会的美术馆。 4月10日，漱石作序、保阪归一所著《我辈之观美国》刊行。 4月14日，在给寺田寅彦的书简中写，"近来没有去拜访别人，也不喜欢人来访，总觉得每天在无聊中度过"，新小说尚未着手"这或许是神经衰弱的结果所致"。 4月15日，缩印版单行本《三四郎 其后 门》由春阳堂刊行。 4月16日，《心》的预告文在《东京朝日新闻》上刊载。 4月20日，在《东京朝日新闻》上发表《心 先生之遗书》第一回。连载至8月11日，一百一十回结束。 5月1日，答问《会心的一篇及一节》在《读书世界》（第四卷第一号）上刊载。 5月10日，在东京高等工业学校文艺部杂志《浅草文库》上，将1月在该校进行的讲演的主要内容，以《说话》为题刊载。 5月15日，在给水落露石的书简中写道："俳句几乎不做，这段时间不知为何不想看到十七字的罗列（按：指由十七个日文假名作成的俳句）能写下四五十余字（按：指汉诗文）。" 6月2日，将曾迁至北海道的户籍，迁到现在居住之地早稻田南町七番地。 6月15日，漱石作序、冈本一平著及绘的《探访画趣》刊行。 7月9日，给朝日新闻总编的信中，述说了对连载中的《心》的校正上的不满。 7月15日，受即将离开日本的克贝尔之邀，共进晚餐。	

续表

公历	年号	年龄（岁）	主要事项	背景事件
			7月29日，村上霁月送来明月和尚的《无弦琴》匾额，十二日元。 8月11日，《东京朝日新闻》上《心》连载结束。 8月12日，在《东京朝日新闻》上发表《克贝尔先生的告别》。 8月13日，在《东京朝日新闻》上发表《战争造成的差错》。 8月15日，答问《兴趣和爱好（时尚）》在《文章世界》（第九卷第九号）上刊载。 8月23日，《心》单行本以自费出版的形式由岩波书店售出，装订也是自行设计，被认为在该日时漱石与岩波茂雄交谈了书的设计。 9月1日，答问《新进作家及其作品》在《新潮》（第二十一卷第三号）上刊载。 9月20日，单行本《心》由岩波书店刊行。 9月26日，在《时事新闻》上刊载自己撰写的单行本《心》的广告文。同期，其他报纸也刊载了此文。 9月，这一个月间因胃病不得不卧床。 10月17日，在中国的桥口贡，送来"汉大吉砖瓦砚"，漱石在回信中表达感谢，并写道："我的病还是以前的胃病，卧床一个月有余，这两天能起床了，但是站立不稳。" 11月7日，参加镜子的妹夫铃木祯次的父亲的葬礼。对铃木祯次的做法和镜子的态度很生气，日记中写道："混帐东西，怎能在葬礼期间与人吵架、训斥自己的老婆！" 11月8日，写下了很长的日记，记述对镜子和女仆的不满和愤懑。 11月9日，写了更长的日记，发泄对镜子和女仆的不满和愤懑。对料理家计也有不满，写道："12月起决定自己来料理日常开销。" 11月11日，成为庆祝杉浦重刚花甲之年祝贺会的发起人，因该祝贺会的邀请函上有"文学博士"的头衔，漱石写信给该会事务所要求取消。通知发起人取消已经送出的部分，面向一般参会者未发送的取消这一头衔。 11月14日，在给冈田耕三的书简中写，"与生相比，会选择死""死的话，愿大家在灵柩前为我高唱万岁"，尽管如此，写下"倒不想自杀"的生死观。 11月18日，缩印版单行本《哥儿》由春阳堂刊行。	

248

续表

公历	年号	年龄（岁）	主要事项	背景事件
			11月19日，《哥儿》作为新潮社代表性名作选集之二刊行。 11月20日，从谈话《文章小故事》《行人》《虞美人草》等七部作品中，各摘录一部分编成的《现代二十名家 文章作法讲话》刊行。 11月25日，在学习院辅仁会发表讲演。后来在印刷时添加标题为《我的个人主义》。 11月至12月，漱石的忠实读者吉永秀子来访四五次，讲述其极其悲痛的经历。 12月12日，从今日开始在记事本上记下每天家计的收支情况。 12月12日，该日的《读卖新闻》上刊载了《漱石氏珍奇的取消》的标题新闻，报导了杉浦重刚花甲祝贺会邀请函一事。介绍了漱石寄出含有作为发起人捐款一日元、邮寄明信片取消头衔称谓的费用、印刷费在内五日元以及写给事务所的书简。 12月15日，缩印版单行本《草枕》由春阳堂刊行。	第一次世界大战爆发
1915年	大正4年	48	1月1日，在给寺田寅彦的贺年片上写道："今年我或许仍不会死去。" 1月1日，缩印版单行本《彼岸过迄 四篇》由春阳堂刊行。 1月13日，在《东京朝日新闻》发表《玻璃门内》第一回。连载至2月23日结束。 1月25日，作为铃木三重吉编集发行的现代名作集第七编的《伦敦塔》刊行。 2月14日，《玻璃门内》脱稿。 3月1日，追悼2月8日去世的长冢节的谈话《喜欢吊钟的人》在《俳味》（第六卷第三号）上刊载。 3月1日，答问《对书斋的希望》在《新潮》（第二十二卷第三号）上刊载。 3月19日，早上从东京站出发，下午七点半抵达京都站。津田青枫来迎接，到木屋町的北大嘉，在此停留至4月16日。 3月20日，同津田青枫及其兄长西川一草亭一起去大石忌。与祇园茶屋大友的老板娘几田多佳相遇，并开始交往。 3月21日，拜访西川一草亭家，并住下。该日日记中写道："说自己现在的想法，是有当为无我的决心。"	

续表

公历	年号	年龄（岁）	主要事项	背景事件
			3月22日，《我的个人主义》在学习院的《辅仁杂志》（第九十五号）刊载。 3月24日，日记中写道："晚上状态不好，因此决定明天出发"，想着提前返京。 3月25日，身体状况不好，日记中写道："退了卧铺车厢，生病了要躺下休息"，打消了返京的念头。另外写道："收到姐姐病危的电报。回去的话我也会很严重，所以没有办法，只能断念。"28日给镜子的书简中写道："很对不起姐姐"，异母姐姐高田房在此期间去世。 3月28日，单行本《玻璃门内》由岩波书店刊行。 4月13日，漱石为松根东洋城主办的于2月发刊的俳句杂志《涩柿》，在该日发行的第三号及以后的封面题字。 4月17日，返京。 5月8日，给在京都滞留期间成为好友的祈园的艺伎君菊和金之助，寄去约定书写的画帖三册。三册为：《咄哉帖》《不成帖》《不知帖》。 5月10日，书写《般若心经》。 5月23日，缩印版单行本《文学评论》由春阳堂刊行。 6月3日，在《东京朝日新闻》上发表《道草》第一回。连载至9月14日一百零二回结束（休载日6月5日、7月31日）。《大阪朝日新闻》同期刊载，但休载日为6月10日、8月7日。 6月上旬，去参观为纪念光琳逝世二百年，在三越举办的展览会。 6月15日，武者小路实笃来信说受到报纸上对自己作品的恶意中伤，漱石回复说"不顺心之事""令人生气之事""应愤慨之事"世上太多了，凭"人的力量"是不能清除这些的，若是与此战斗相比，任其行之，则更为高尚，"想尽可能地加强自身的修养"。 7月19日，在自家招待携夫人一同上京的大谷饶石，共进晚餐。打开留声机请谷饶大石夫妇欣赏西洋音乐。 7月22日，《答问"世界的大变局和战后的日本"》在《大和新闻》上刊载。 8月9日，在日记中写道："我不想做束缚他人的意志而为我作艺术作品这样愚蠢的事情。" 8月15日，缩印版单行本《梦十夜》由春阳堂刊行。	

续表

公历	年号	年龄（岁）	主要事项	背景事件
			8月15日，缩印版单行本《满韩处处》由春阳堂刊行。 8月25日，谈话《猫的故事、绘画的故事》于今明两日在《报知新闻》上刊载。 9月8日，缩印版单行本《伦敦塔 幻影之盾 薤露行》由千章堂刊行。 9月12日，单行本《色鸟》由新潮社刊行。 9月14日，《道草》连载结束。 9月15日，缩印版单行本《往事漫忆》由春阳堂刊行。 9月中旬，接受石田宪次的访问，进行了以莎士比亚为主的英国文学为中心的交谈。当时的谈话，在漱石逝世后的大正6年2月1日发行的《英语教育》上，以《漱石先生的谈片》为题刊载。 9月27日，回答了担任单行本《道草》校正工作的冈田耕三的疑问。 10月3日，同寺田寅彦一起，到华族会馆举办的音乐会听肖邦的乐曲。 10月10日，单行本《道草》由岩波书店刊行。 10月11日，在该日发行的《美术新报》上发表一篇论及津田青枫之画的文章。 10月11日，谈话《文坛的此刻》在《大阪朝日新闻》上刊载。 10月18日，缩印版单行本《三四郎》由春阳堂刊行。 11月10日，缩印本《社会与自我》由实业之日本刊行。 11月18日，在冈田耕三的带领下，芥川龙之介和久米正雄初次来访。 11月18日，缩印版单行本《其后》由春阳堂刊行。 11月23日，单行本《金刚草》（大正名著文库第二十二编）由志诚堂刊行。 12月12日，参观在日本侨俱乐部召开的国华社25年茶话会展览会。 12月18日，缩印版单行本《门》由春阳堂刊行。	日本签订对华"二十一条"
1916年	大正5年	49	1月1日，缩印版单行本《虞美人草》由春阳堂刊行。 1月1日，在《东京朝日新闻》《大阪朝日新闻》社发表《点头录》第一回。	

续表

公历	年号	年龄（岁）	主要事项	背景事件
			1月8日，小宫丰隆的次男出生，拜托漱石取名，列举多个名字寄去，最后选中"金吾"。 1月10日，在《东京朝日新闻》上发表《点头录》第二回《军国主义（一）》，（二）至（四）于12、13、14日刊载。《大阪朝日新闻》于12日至15日连载。 1月17日，在《东京朝日新闻》上发表《点头录》第六回《特赖奇克（一）》（特赖奇克即海因里希·冯·特赖奇克，1834—1896，德国历史家、政治家。鼓吹集权国家思想。代表作为《十九世纪德国史》《政治学讲义》等），（二）至（四）于19、20、21日刊载。《大阪朝日新闻》于18日至21日连载。 1月19日，在给松山忠二郎的书简中写，"从左肩到手腕剧痛""写稿件等非常痛苦"…… 1月21日，《点头录》在《东京朝日新闻》《大阪朝日新闻》连载九回（完结）。 1月28日，兼带治疗风湿病，同中村是公、田中清次郎等去汤河原，至2月16日，住在天野屋旅馆。 2月16日，从汤河原返京。 2月19日，同芥川龙之介通信，赞扬其作品《鼻》。 2月26日，在给神谷久贤的书简中写道："风湿大体痊愈，手腕稍稍有点麻木。" 3月3日，参观上野的国民美术协会的展览会。 4月1日，谈话《莎翁当时的舞台》在《日本及日本人》（第六百七十七号）上刊载。 4月8日，散步途中，偶然看到该日在青山练马场举行的美国飞行家斯密斯的飞行表演，在记事本上记下了当时的情况。 4月上旬，在记事本上设定"Live"一栏，写道："读俄国小说看到和自己写相同的事而感到吃惊。" 4月20日，因糖尿病检查，将19日早上至20日早上二十四小时的尿液送至东大医院的真锅嘉一郎处。 5月1日，答问《给文章初学者的十五名家的箴言》在《文章俱乐部》（创刊第一号）上刊载。 5月3日，缩印版单行本《行人》由大仓书店刊行。 5月16日，从5月7日至该日，因"病"卧床。	

续表

公历	年号	年龄（岁）	主要事项	背景事件
			5月18日，起稿新连载小说《明暗》。至11月21日第一百八十八回中断，每天执笔一回，逐回寄到《东京朝日新闻》。 5月26日，在《东京朝日新闻》上发表《明暗》第一回。连载至12月14日中断，共一百八十八回。《大阪朝日新闻》在5月25日的晚报（日期是26日，但刊行是25日）上刊载第一回，以后均在晚报上刊载，至12月26日（晚报日期是27日）一百八十八回结束。 6月10日，执笔《明暗》第二十四回，并寄送。 7月1日，答问《如何看待泰戈尔》在《新潮》（第二十五卷第一号）上刊载。 7月4日，去观看伊达家所藏美术工艺品的拍卖投标会。 7月9日，在给真锅嘉一郎的书简中写道："非常感谢每天为我验尿，托您的福，糖分减少了，手腕的神经痛也痊愈了。" 7月13日，参加9日去世的上田敏的葬礼。 8月5日，在给和辻哲郎的书简中写道："这个夏天过得非常不错，每天写小说也没有痛苦"，"通过艺术性的劳动度过漫长的夏日，这本身上就是非常愉悦的"，"所有的快乐最后都会被生理性的东西所消弱。" 8月14日，作七言律诗一首（汉诗134）。以后至10月12日为止的七十天，不间断地创作七言律诗七十首。（汉诗134—203） 8月21日，在千叶一宫避暑的芥川龙之介、久米正雄发来明信片，漱石回复道："我一如既往的上午写《明暗》。心情是苦痛、快乐、机械的三者兼备"，汉诗创作是每日必做的事，并将该日的作品抄送过去。 8月24日，再次在给芥川和久米的书简中写，"君等朝气蓬勃的青春气息也让作为老人的我变得年轻""当牛之事怎么说都是有必要的""牛是超然不顾一切的拉着走下去，而不问拉的是什么""推动的是人类，而不是文士"等，告诉想作为作家立世的二人，要有以上思想准备。 9月20日，谈话《文章的一长一短》在《日本及日本人》（第六百八十九号）刊载。 11月13日，创作"自笑壶中大梦人"为开头的七言律诗。（汉诗206）	

续表

公历	年号	年龄（岁）	主要事项	背景事件
			11月16日，举办"周四会"。这是最后一次。 11月19日，创作"大愚难到志难成"为开头的七言律诗。（汉诗207） 11月20日，夜，创作"真踪寂寞杳难寻"为开头的七言律诗。该诗是最后之作。（汉诗208） 11月21日，执笔《明暗》第一百八十八回，并寄送。这一回是绝笔之作。 出席在筑地精养轩举行的长野隆、江川久子的结婚典礼。 11月22日，胃溃疡复发，为写《明暗》临坐桌前，但是未能写一字。后来，接受主治医师真锅嘉一郎的治疗。 11月28日，严重内出血。 12月2日，再次出现严重的内出血，不省人事。需要绝对安静，谢绝与人见面。 12月9日，下午六时四十五分，因胃溃疡复发，医治无效离世。 12月10日，在东京帝国大学医科大学，由长与又郎主刀，进行尸体解剖。 12月12日，在青山斋场举行葬礼。葬礼的首席僧人释宗演赐戒名"文献院古道漱石居士"。 12月14日，《东京朝日新闻》连载《明暗》一百八十八回，就此中断。 12月28日，安葬在杂司谷墓地。	
1917年	大正6年		1月26日，单行本《明暗》作为"漱石遗著"由岩波书店刊行。 2月1日，谈话《漱石先生的谈片》在《英语青年》（第三十六卷第九号）上刊载。 11月10日，《漱石俳句集》由岩波书店刊行。 12月9日，最初的《漱石全集》的第一回第二卷由岩波书店刊行。	

主要参考文献

[1][日]夏目金之助.漱石全集(全二十九卷)[M].东京:岩波书店,1993.

[2][日]夏目漱石.明暗[M].于雷,译.上海:上海译文出版社,1987.

[3][日]夏目漱石.梦十夜[M].李振声,译.桂林:广西师范大学出版社,2003.

[4][日]夏目漱石.我是猫[M].刘振瀛,译.上海:上海译文出版社,2011.

[5][日]夏目漱石.玻璃门内[M].吴树文,译.上海:上海文艺出版社,2012.

[6][日]夏目漱石.杂忆录[M].文洁若,译.北京:红旗出版社,2013.

[7][日]夏目漱石.草枕[M].陈德文,译.上海:上海译文出版社,2014.

[8][日]夏目漱石.文学论[M].王向远,译.上海:上海译文出版社,2016.

[9][日]和田利男.漱石汉诗研究[M].京都:人文书院,1937.

[10][日]小宫丰隆.夏目漱石[M].东京:岩波书店,1938.

[11][日]松冈让.漱石的汉诗[M].东京:朝日新闻社,1966.

[12][日]宫井一郎.漱石的世界[M].东京:讲谈社,1967.

[13][日]吉川幸次郎.漱石诗注[M].东京:岩波书店,1967.

[14][日]古川久.夏目漱石与佛教·汉文学的关联[M].东京:佛之世界社,1968.

[15][日]吉川幸次郎.吉川幸次郎全集(第十八卷)[M].东京:筑摩书房,1970.

[16][日]福原麟太郎.夏目漱石[M].东京:荒井出版,1973.

[17][日]和田利男.漱石的诗与俳句[M].东京:めるくまーる社,1974.

[18][日]渡部升一.漱石和汉诗[M].东京:英潮社,1975.

[19][日]飯田利行.漱石詩集譯[M].东京:国会刊行会,1976.

[20][日]江藤淳.朝日小事典夏目漱石[M].东京:朝日新闻社,1977.

[21][日]吉田精一.夏目漱石必携[M].东京:学灯社,1977.

[22][日]竹盛天雄.夏目漱石必携別册国文学5[M].东京:学灯社,1977.

[23][日]古川久.夏目漱石辞典[M].东京:东京堂,1978.

[24][日]冈崎义惠.漱石与则天去私[M].东京:宝文馆,1978.

[25][日]三好行雄,等.讲座夏目漱石(全五册)[M].东京:有斐阁,1981.

[26][日]竹盛天雄.夏目漱石必携Ⅱ別册国文学14[M].东京:学灯社,1982.

[27][日]中村宏.漱石汉诗世界[M].东京:第一书房,1983.

[28][日]佐古纯一郎.漱石诗集全释[M].东京:二松学舍大学出版部,1983.

[29][日]斋藤顺二.夏目漱石汉诗考[M].东京:教育出版中心,1984.

[30][日]荒正人.漱石研究年表(增補改訂)[M].东京:集英社,1984.

[31][日]井出大.漱石汉诗研究[M].长野:银河书房,1985.

[32] [日] 松冈让. 漱石先生 [M]. 东京：岩波书店，1986.

[33] [日] 高木文雄. 漱石汉诗研究资料集 [M]. 名古屋：名古屋大学出版社，1987.

[34] 吴鲁鄂. 夏目漱石与中国文化 [M]. 武汉：武汉大学出版社，1989.

[35] [日] 三好行雄. 夏目漱石事典 别册国文学 [M]. 东京：学灯社，1990.

[36] [日] 佐古纯一郎. 夏目漱石文学 [M]. 东京：朝文社，1990.

[37] [日] 江藤淳. 漱石与其时代（全五册）[M]. 东京：新潮社，1993.

[38] [日] 小森阳一. 重读夏目漱石 [M]. 东京：筑摩书房，1995.

[39] [日] 一海知义. 漱石与河上肇 [M]. 东京：藤原书店，1996.

[40] [日] 加藤二郎. 漱石与禅 [M]. 东京：翰林书房，1999.

[41] [日] 中山高明. 夏目漱石的修善寺 [M]. 静冈：静冈新闻社，2003.

[42] [日] 加藤二郎. 漱石与汉诗 [M]. 东京：翰林书房，2004.

[43] 徐前. 漱石与子规的汉诗 [M]. 东京：明治书院，2005.

[44] [日] 田中邦夫. 漱石《明暗》的汉诗 [M]. 东京：翰林书房，2010.

[45] 安勇花. 夏目漱石的汉诗世界 [M]. 延吉：延边大学出版社，2010.

[46] [日] 古井由吉. 读夏目漱石的汉诗 [M]. 东京：岩波书店，2011.

[47] [日] 柄谷行人. 新版漱石论集成 [M]. 东京：岩波书店，2016.

[48] [日] 和田利男. 漱石汉诗 [M]. 东京：文艺春秋，2016.

[49] 胡兴荣. 夏目漱石的《明暗》和当时的汉诗 [M]. 上海：上海交通大学出版社，2016.

[50] [日] 山口直孝. 汉文脉的漱石 [M]. 东京：翰林书房，2018.

[51] 李国栋. 夏目漱石文学主脉研究 [M]. 北京：北京大学出版社, 1990.

[52] 何乃英. 夏目漱石和他的一生 [M]. 武汉：华中科技大学出版社, 2017.

[53] 何少贤. 夏目漱石文艺理论研究：纪念漱石诞辰150周年 [M]. 北京：中国文学出版社, 2019.

[54] （战国）左丘明. 左传 [M]. 杜预, 注. 上海：上海古籍出版社, 2016.

[55] （汉）司马迁. 史记 [M]. 北京：中华书局, 1959.

[56] （汉）班固. 汉书 [M]. 北京：中华书局, 1962.

[57] （汉）刘向. 烈女传 [M]. 张涛, 译注. 济南：山东大学出版社, 1990.

[58] （汉）毛亨, 传. （汉）郑玄, 笺. （唐）孔颖达, 疏. 毛诗正义 [M]. 十三经注疏整理委员会, 整理. 北京：北京大学出版社, 1999.

[59] （汉）郑玄, 注. （唐）孔颖达, 疏. 礼记正义 [M]. 十三经注疏整理委员会, 整理. 北京：北京大学出版社, 1999.

[60] （汉）赵岐, 注. （宋）孙奭, 疏. 孟子注疏 [M]. 十三经注疏整理委员会, 整理. 北京：北京大学出版社, 2000.

[61] （魏）何晏, 注. （宋）邢昺, 疏. 论语注疏 [M]. 十三经注疏整理委员会, 整理. 北京：北京大学出版社, 2000.

[62] [晋] 郭象, 注. （唐）成玄英, 疏. 庄子注疏 [M]. 曹础基, 黄兰发, 点校. 北京：中华书局, 2010.

[63] （南朝·梁）钟嵘. 诗品译注 [M]. 周振甫, 译注. 北京：中华书局, 1998.

[64] （南朝·陈）徐陵. 玉台新咏 [M]. 吴兆宜, 注. 程琰删, 补. 穆克宏, 点校. 北京：中华书局, 1999.

[65] （南朝·宋）刘义庆. 世说新语汇校集注 [M]. 刘孝, 标注. 朱铸禹, 汇校集注. 上海：上海古籍出版社, 2002.

[66] （南朝·梁）刘勰. 文心雕龙 [M]. 黄淑琳, 注. 北京：国家

图书馆出版社, 2017.

[67]（北齐）魏收, 撰. 魏书 [M]. 北京：中华书局, 1974.

[68]（唐）房玄龄, 等撰. 晋书 [M]. 北京：中华书局, 1974.

[69]（唐）杜甫. 杜诗详注 [M]. 仇兆鳌, 注. 北京：中华书局, 1979.

[70]（唐）柳宗元. 柳宗元集 [M]. 北京：中华书局, 1979.

[71]（唐）欧阳询, 撰. 艺文类聚（第九十七卷）[M]. 汪绍楹, 校. 上海：上海古籍出版社, 1985.

[72]（唐）冯贽, 撰. 云仙杂记校注（卷六）[M]. 齐仕蓉, 校注. 重庆：西南师范大学出版社, 1990.

[73]（唐）薛用弱. 集异记 博异记 [M]. 北京：商务印书馆, 2014.

[74]（宋）左圭, 辑. 百川学海（第二十二卷）[M]. 武进陶氏景宋咸淳刊本, 1927.

[75]（宋）李昉, 等. 文苑英华 [M]. 北京：中华书局, 1982.

[76]（宋）黎靖德. 朱子语类 [M]. 王星贤, 点校. 北京：中华书局, 1986.

[77]（宋）苏辙. 苏辙集·栾城后集 [M]. 陈宏天, 高秀芳, 点校. 北京：中华书局, 1990.

[78]（宋）辛弃疾, 撰. 稼轩词编年笺注 [M]. 邓广铭, 笺注. 上海：上海古籍出版社, 1993.

[79]（宋）郭茂倩. 乐府诗集 [M]. 北京：中华书局, 1998.

[80]（宋）苏轼. 苏轼诗集合注 [M]. 冯应榴, 辑注. 黄任柯, 朱怀春, 校点. 上海：上海古籍出版社, 2001.

[81]（宋）苏轼. 东坡题跋校注 [M]. 涂友祥, 校注. 上海：上海远东出版社, 2011.

[82]（宋）吴坰, 撰. 钦定四库全书·子部·五总志 [M]. 第 863 册.

[83]（元）吴莱. 渊颖集 [M]. 北京：商务印书馆, 1937.

[84]（宋）普济. 五灯会元 [M]. 苏渊雷, 点校. 北京：中华书局, 1984.

[85]（明）高启. 高青丘集 [M]. 金檀, 辑注. 徐澄宇, 沈北宗, 校点. 上海：上海古籍出版社, 1985.

[86]（明）董其昌. 容台集 [M]. 邵海清, 点校. 杭州：西泠印社出版社, 2012.

[87]（明）王阳明. 传习录 [M]. 叶圣陶, 点校. 北京：北京时代华文书局, 2014.

[88]（明）于谦. 于谦集 [M]. 魏得良, 点校. 上海：上海古籍出版社, 2015.

[89]（清）赵翼. 瓯北诗话 [M]. 霍松林, 胡主佑, 校点. 北京：人民文学出版社, 1963.

[90]（清）张廷玉, 等. 明史（第二十四册）[M]. 北京：中华书局, 1974.

[91]（清）刘熙载, 撰. 艺概 [M]. 上海：上海古籍出版社, 1978.

[92]（清）顾炎武. 日知录集释 [M]. 黄汝成, 集释. 栾保群, 吕宗力, 校点. 石家庄：花山文艺出版社, 1990.

[93] 王国维. 人间词话 [M]. 徐调孚, 校. 北京：人民文学出版社, 1960.

[94] 陈鼓应. 老子注译及评介 [M]. 北京：中华书局, 1984.

[95] 杨明照. 抱朴子外篇校笺 [M]. 北京：中华书局, 1999.

[96] 刘学锴, 余恕诚. 李商隐诗歌集解 [M]. 北京：中华书局, 2004。

[97] 论语译注 [M]. 杨伯俊, 译注. 北京：中华书局, 2015.

[98] 袁行霈. 陶渊明集笺注 [M]. 北京：中华书局, 2018.